同路人大学生交通科技创新作品集

信息控制

TRAFFIC INFORMATION AND CONTROL

COLLECTION OF UNDERGRADUATE STUDENT INNOVATIONS ON TRANSPORTATION SCIENCE AND TECHNOLOGY

杜豫川　张桁嘉　主编

同济大学出版社

内 容 简 介

同路人交通科技大赛作为锻炼、提高同济大学交通类专业本科生创新素养和动手能力的重要平台，至今已成功举办了18届。这一平台也成为2019年学院获批交通运输部的创新人才培养示范基地的重要支撑。在第19届同路人交通科技大赛即将启动之际，学院的大学生实验交通科技创新基地汇编出版了《同路人大学生交通科技创新作品集》系列丛书。本册《同路人大学生交通科技创新作品集——信息控制》收录了近几年在全国大学生交通科技大赛和同路人交通科技大赛中信息控制类的优秀学生论文，以期为大学生开展交通科技创新研究提供参考和思路。

图书在版编目(CIP)数据

同路人大学生交通科技创新作品集.信息控制 / 杜豫川，张桁嘉主编. —上海：同济大学出版社，2021.2

ISBN 978-7-5608-8907-8

Ⅰ.①同… Ⅱ.①杜… ②张… Ⅲ.①交通运输—科技成果—汇编 Ⅳ.①U-12

中国版本图书馆CIP数据核字(2019)第279850号

同路人大学生交通科技创新作品集——信息控制

杜豫川　张桁嘉　**主编**

责任编辑　陆克丽霞　　**责任校对**　徐春莲　　**封面设计**　陈益平

出版发行　同济大学出版社　　www.tongjipress.com.cn

(地址：上海市四平路1239号　邮编：200092　电话：021-65985622)

经　　销　全国各地新华书店

排　　版　南京文脉图文设计制作有限公司

印　　刷　江苏凤凰数码印务有限公司

开　　本　787 mm×1092 mm　1/16

印　　张　12

字　　数　300 000

版　　次　2021年2月第1版　　2021年2月第1次印刷

书　　号　ISBN 978-7-5608-8907-8

定　　价　78.00元

序　　言

欣喜地读完所收录的科技创新成果，细细感受着同学们的所学所思，回想多年前举办同路人交通科技大赛时的初衷，欣慰地看到众多教师和学生的共同努力结出了硕果。

我们生活在一个科学技术日新月异、不断变革的时代，系统的课堂教学体系只能完成基础的训练和起步的知识积累；我们生活在一个社会不断发展的时代，所面临的交通问题也在不断变化，解决问题的经验需要在实践中不断丰富和完善。在这样一个时代，大学不仅具有传授知识的义务，同时也肩负着启迪创新的责任。正因为如此，为了使大学生们能系统应用所学的知识来尝试解决各种实际问题和面对的挑战，同济大学交通运输工程学院通过搭建同路人交通科技大赛这样一个平台，为其创建一个实践环境。可以说，这是大学培养体系中不可缺少的重要环节。

同路人交通科技大赛的奖状并非仅仅是一张“产品合格证”。虽然同学们的很多成果还显得稚嫩，距离实用也还有一定差距，但他们的探索得到了专业老师的认同和肯定。同时，每年同路人交通科技大赛的成功举办也表明学院在创新人才的重要培养环节中取得了阶段性收获。

交通是一个不断面对新问题和新挑战的领域。交通学科所培养的人才必须不断地开拓创新，勇于超越他们的前辈，才能够适应社会发展所带来的新需求。交通面对的是一个复杂适应系统，尽管人工智能等技术将接替一些初级技术工作，但从复制性工作中解脱出来的交通工程师，必须承担需要运用大智慧才能解决更加复杂的交通问题的设计工作。因此，创新教育在交通学科中占据重要地位。然而，创新教育并非等价于创造技能教育。创新教育是指培养学生通过创新意识、创新技能来更合理地解决实际问题，它也是交通规划与管理领域非常重要的内容。通过交通科技大赛的形式，鼓励学生去研究社会和技术发展过程中产生的新课题，引导学生深入认识和理解实际问题，锻炼学生综合应用所学知识的能力，这是一种十分有效的创新教育方式。

交通领域的科技创新并非指单纯依靠灵感来解决实际问题。若缺少对问题的全面理解、缺少对已有知识和经验的系统继承，而仅仅试图依靠突发奇想来获得能对行业产生重大影响的创新成果，这基本上是行不通的。正因为如此，同路人交通科技大赛并非创新人才成长的捷径，而是培养学生创新能力过程中不可缺少的一个环节。

长江后浪推前浪，交通学科要将培养能超越前人的后辈学子作为重要职责，以此不断探索创新教育的新方法、新形式，努力培养有志于中国交通事业的学生们，在不久的未来能在继承中不断地创造新型服务、新型技术和新型管理/治理方法，以便更好地贡献社会。

杨东援

2019年10月于同济大学

目　录

面向无人驾驶的智慧路灯定位系统设计

周华骏，王天佐，吴　冕，李泊霖，申思语

| 摘要 |

在汽车电动化、网联化、智能化和共享化发展的背景下，未来的城市路灯将不仅仅是照明工具，还将成为智能交通基础设施系统的重要组成部分。因此，智慧路灯的布设不仅要考虑照明功能，还应考虑其附属功能，如通信、定位、监控、无线充电等。

智慧路灯的推进需要顶层设计、分步实施，而本项目仅面向无人驾驶汽车定位功能展开研究。先前在美国发生的几起无人车测试事故说明，仅依靠车端激光雷达、摄像头等车载设备进行定位感知的可靠度还不足，想要同时实现 L2-L5 不同等级的自动驾驶还需要基础设施端提供更多的信息，甚至在网联环境下主导车辆运行。目前，超宽带(Ultra-Wide Band，UWB)高精度定位技术在中国智能网联汽车测试中被广泛应用，这也是实现上海洋山港自动化码头的基础技术。本项目主要结合 UWB 定位，研究智慧路灯的空间布设方法、信号通视检验模型和结合深度学习的动态环境下的定位精度提升方法。

本项目在立面布设上，考虑到非视距折射因素的干扰，由此给出路灯基站的建议布设高度。在平面布局上，结合现有路灯布设规范，以成本最低为目标，建立了分别针对路段和交叉口的 n 次最优覆盖模型。利用三维交互开发引擎 Unity 对不同场景进行建模，对智慧路灯布设方案进行通视检验和优化。

本项目结合深度学习进行了智慧路灯高精度定位自适应学习系统设计，以适应不同天气和动态交通环境等。该深度学习系统基于自动驾驶实验基地的实测高精度激光雷达和 UWB 定位数据，利用异常检测算法对 UWB 数据进行预处理，以激光雷达的定位数据为真值，通过前向级联神经网络对 UWB 定位系统进行深度学习训练。RMSE 结果表明，增加自适应学习系统后，UWB 智慧路灯系统的定位误差明显降低。

| 关键词 |

智慧路灯；UWB；基站布局；n 次最优覆盖模型；Unity 通视检验；深度学习

1　研究背景

近年来，无人驾驶一直是智慧交通领域的研究热点，而车辆精确定位则是实现无人驾驶的关键技术之一。

目前,实现无人驾驶定位的主流技术是基于车端的激光雷达和摄像头来进行定位,但是激光雷达的价格非常昂贵,难以推广使用,并且激光雷达和视觉定位技术在恶劣天气下的表现不佳。而近期 Uber 和 Tesla 几起无人驾驶事故的发生,说明仅仅依靠激光雷达和摄像头等车载设备进行定位感知,其可靠度还不能得到保障,因此实现无人驾驶可能还需要基础设施端在车辆感知上进行协同配合。

我们的研究试图将 UWB 这种基于基础设施端的定位技术应用到无人驾驶的定位中来。UWB 是一种无载波通信技术,被广泛应用于室内定位,近些年来也逐渐在上海虹桥机场、上海洋山港等室外场景中得到应用。UWB 具有一系列的优势:相比激光雷达和机器视觉定位而言,UWB 定位受恶劣天气的影响较小,适用范围更广。同时,较为低廉的价格使得它易于推广使用。虽然,UWB 目前的定位精度只能控制在 10～50 cm,但是我们可以利用一些手段来提高它在实际动态环境下的定位精度,使其能够满足无人驾驶定位的需求。

路灯是城市中必不可少的基础设施,它布局密、覆盖广、规律性强,而且有着得天独厚的电力供应条件。因此,近年来,人们探索将 Wi-Fi、充电桩、视频监控等智能设备集成到路灯上,由此诞生了"智慧路灯"这一概念。我们的研究主要是探索性地将 UWB 短程通信技术和智慧路灯结合起来,依托路灯建立起基于基础设施端的精准定位系统。

2 设计原理

2.1 定位系统布设模型

2.1.1 设计思路

本项目首先给出了基站布设的关键参数——基站有效检测距离的实验标定方法。随后,将基站布设分为立面布设和平面布设两部分,以基站立面和平面布局对布设精度的影响分析为基础,以保证布设精度和基站节点覆盖效率最优为目标,对布设场景进行细分,给出了各类场景下的布设模型及方案。并通过三维建模利用三维交互开发引擎 Unity 进行实际场景下的通视检验,以补充和完善理论布设方案。

2.1.2 研究方法及成果

1. UWB 基站有效检测距离标定

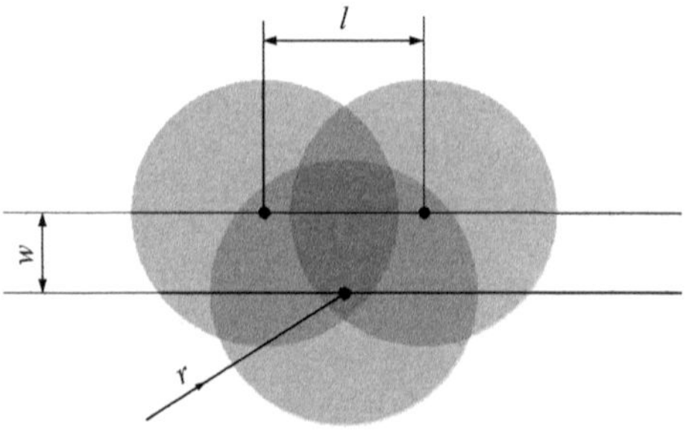

图 1 有效检测距离(r)、道路宽度(w)、同侧布设间距(l)

本项目在上海国际汽车城科技创新港进行实验,使定位标签沿直线远离基站区域,统计每个定位点与接收信号的最远 UWB 基站之间的距离,以最远检测距离作为 UWB 基站的有效检测距离。如图 1 所示,基站有效检测距离与道路宽度是确定基站布设间距的重要参数。图 2 为上海国际汽车城实地测定的有效检测距离。

2. 立面布设

在立面布设方面,本项目针对有/无大型车这

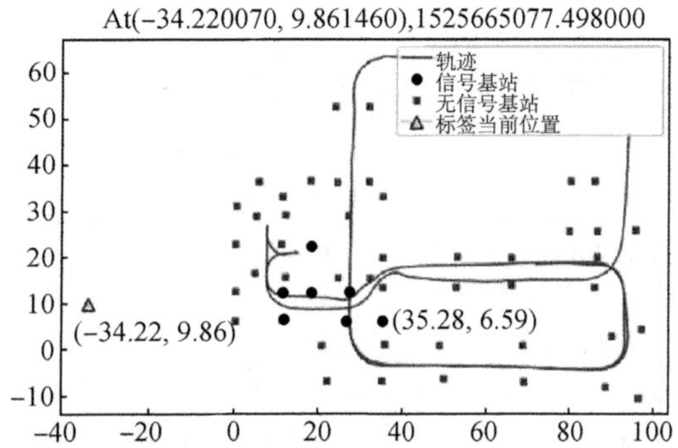

图 2　上海国际汽车城实地测定的有效检测距离

两种场景给出了基站布设的建议高度。

对于有大型车行驶的环境，为了避免非视距因素的影响，保证定位精度，根据《汽车参考参数表》和《城市道路工程设计规范》，计算得到基站的安装高度应为 8.6 m。

对于无大型车行驶的环境，主要考虑因素为定位精度。我们在 MATLAB 软件中对 UWB 的 TDOA 定位算法进行了仿真(图 3)，确定基站的布设高度基本为 2～4.2 m。该高度低于路灯的一般高度，可以很好地适应现有路灯。图 4 为定位误差随高度的变化。

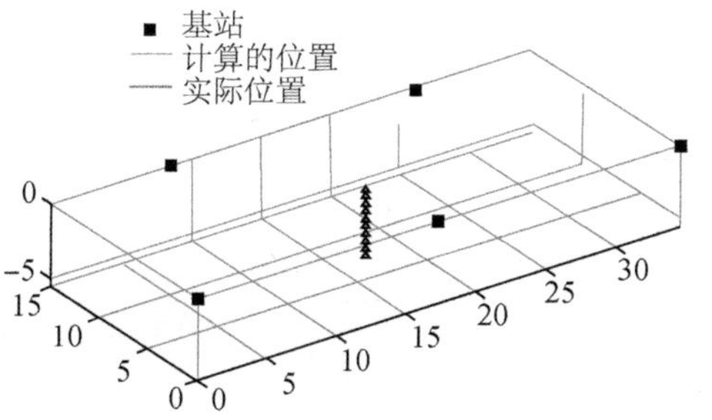

图 3　仿真的基站与标签立体图

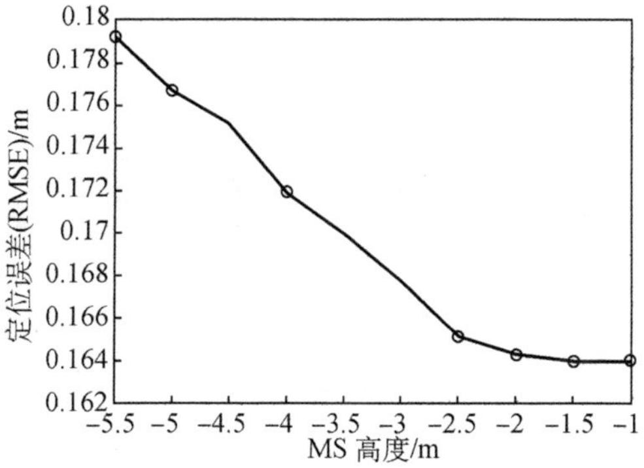

图 4　定位误差随高度的变化

3. 平面布设

道路网是由交叉口和路段组成的，因此我们针对这两类场景分别给出平面布设方案。

路段部分，我们针对直线路段和弯道分别建立了 n 次无缝最优覆盖模型(表 1)，并利用 MATLAB 仿真模型对理论模型进行了验证，如图 5 所示。

表 1　路段 n 次无缝最优覆盖模型

直线带形平面无缝 n 次最优覆盖模型		
n	节点形式	同侧节点间距
奇数	等腰三角形	$l=\frac{2}{n}(r+\sqrt{r^2-w^2})$
偶数	矩形	$l=\frac{4\sqrt{r^2-w^2}}{n}$

（续表）

圆曲线带形平面无缝 n 次最优覆盖模型				
n	节点形式	同侧节点间距（注：$\gamma=\alpha+\theta$；$\gamma'=2\theta$）		
奇数	等腰三角形	节点位置	弧间距	直线间距
		内侧曲线	$A_1=\dfrac{2\gamma r}{n}$	$L_1=r\cdot\sin\left(\dfrac{2\gamma}{n}\right)$
		外侧曲线	$A_2=\dfrac{2\gamma(r+w)}{n}$	$L_2=(r+w)\sin\left(\dfrac{2\gamma}{n}\right)$
偶数	矩形	节点位置	弧间距	直线间距
		内侧曲线	$A_1'=\dfrac{2\gamma' r}{n}$	$L_1'=r\cdot\sin\left(\dfrac{2\gamma'}{n}\right)$
		外侧曲线	$A_2'=\dfrac{2\gamma'(r+w)}{n}$	$L_2'=(r+w)\sin\left(\dfrac{2\gamma'}{n}\right)$

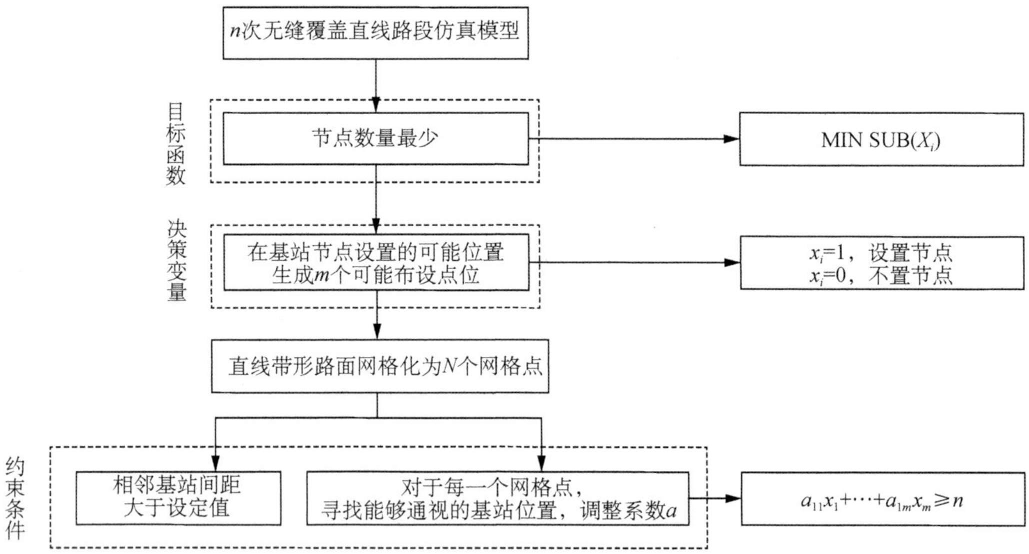

图 5　MATLAB 仿真模型构建思路流程

对于交叉口，因其情况比较复杂，应至少实现 4 次覆盖，我们结合交叉口的几何特征和先有路灯的布局模式，给出了 4 次和 5 次覆盖情况下各类交叉口（十字形、T 形、环形）的基站布局方案。我们以上海国际汽车城科技创新港 UWB 基站的有效检测半径（69.85 m）为例进行计算，对于双向两车道路段（约宽 7 m），计算得到 UWB 基站同侧布设间距为 69 m，按照规范计算路灯间距为 11 m。因此，可以每隔 5 个路灯布设 1 个 UWB 基站，如此基站同侧布设间距便可与路灯布设间距有效结合。

最后，我们给出了针对城市路网的综合场景布设流程及具体案例，如图 6 和图 7 所示。

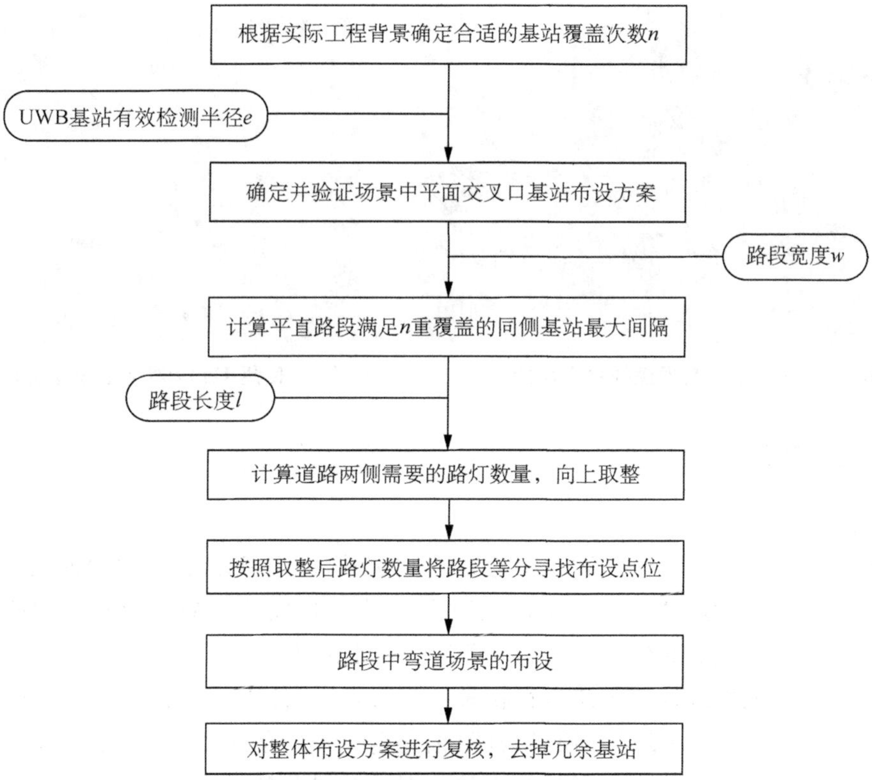

图 6　城市路网智慧路灯布设流程

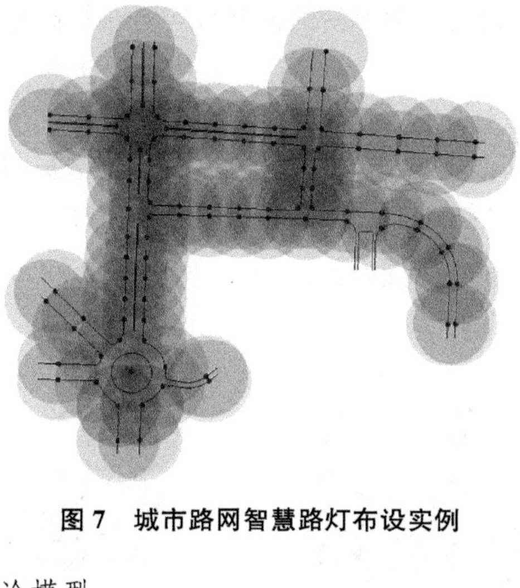

图 7　城市路网智慧路灯布设实例

4. 使用 Unity 完善理论模型

考虑现实中的树木、建筑物等可能会对定位信号产生遮挡，因此，我们对现实场景进行了建模，对路面进行通视检验(图 8)，找出未实现基站信号 n 次覆盖的区域，并相应地加设基站，以实现对理论布设模型方案的补充和完善。

针对地下车库这种规律性不强的复杂场景，也可直接使用 Unity 建模布设，如图 9 所示。

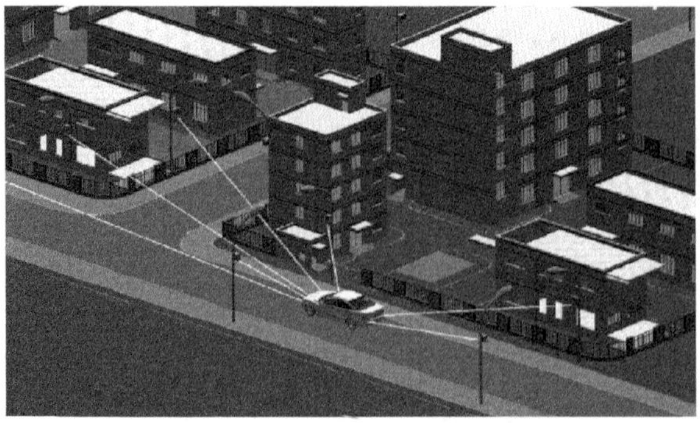

图 8　在 Unity 中实现通视检测功能

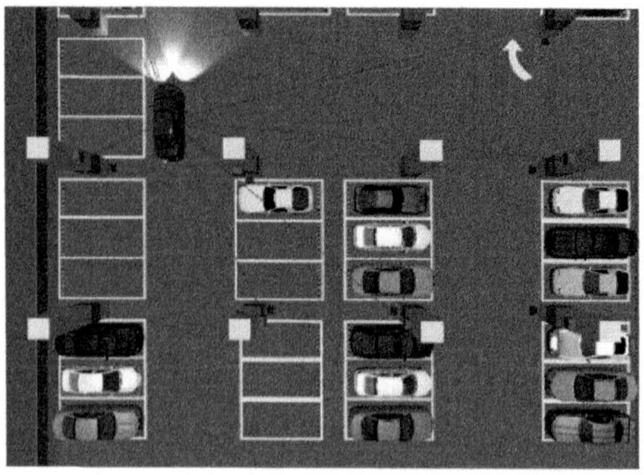

图 9　使用 Unity 对地下车库进行基站布设

2.2　精准定位功能

2.2.1　设计思路

我们在上海国际汽车城科技创新港进行驾驶实验，同时获取了精度较低的 UWB 定位数据和高精度激光雷达定位数据。UWB 定位数据在一些特定位置会存在有规律可循的误差，导致这种误差的可能因素有很多，如复杂的非视距传播等。

对于这种复杂的情况往往无法进行机理分析，定位算法上的改进对此也无能为力。但是，若使用大量数据训练深度学习模型，则可根据各种不同的环境信息(信号存在特定的遮挡、干扰等)和动态信息(天气、交通流状态等)，对定位结果进行针对性的优化。因此，针对新建场景，首先使用高精度定位试验车反复行驶采集数据，对深度学习模型进行充分训练，之后自动驾驶汽车便可以仅仅利用学习后的模型来实时获得高精度的定位信息。

2.2.2　研究方法

我们在 TDOA 定位算法上增加了深度学习(图 10)。首先，我们对收集到的定位数据进行预处理：使用线性插值法，将 UWB 定位数据对应至激光雷达数据的每个时间点；采用基于高斯分布的异常检测算法剔除异常点的数据。此外，我们对二者的空间坐标系进行了统一。

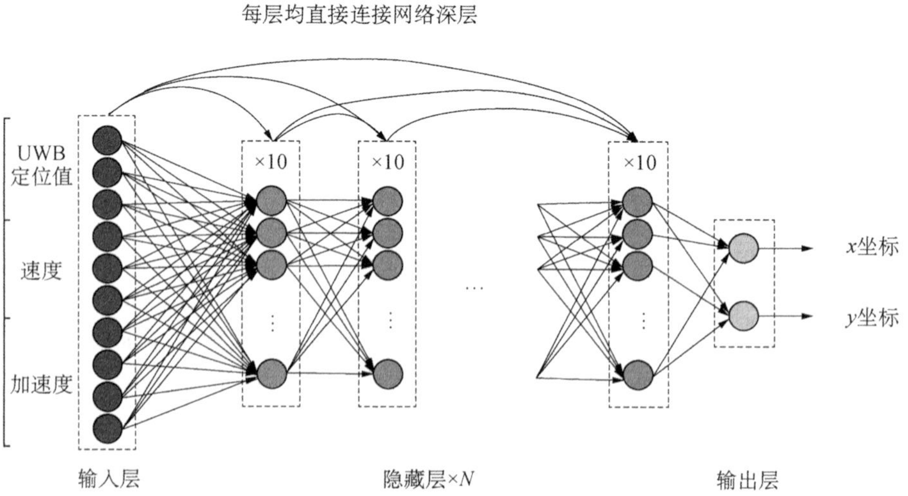

图 10　深度学习模型

其次，我们将数据随机划分为测试集和训练集，采用深度级联 BP 神经网络进行训练，模型输入 UWB 定位数据(坐标 x、坐标 y) 和底盘数据(速度、方向角)，输出高精度的激光雷达定位数据(坐标 x、坐标 y)。

深度学习后，定位的均方根误差从 0.986 m 降至 0.0712 m，足够满足一般场景下控车的要求。图 11 为使用 Tableau 展示学习前后的定位效果。

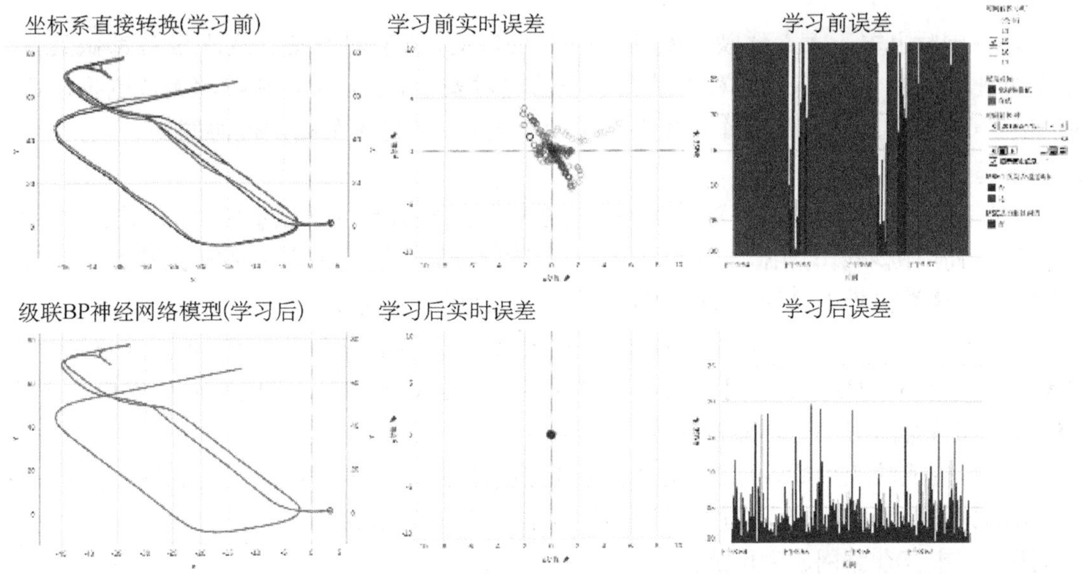

图 11　使用 Tableau 展示学习前后定位效果

3　创新特色

(1) 将 UWB 与路灯相结合，提出具备车辆高精度定位功能的智慧路灯概念

在目前主流的车端定位技术仍不能保证零失误的背景下，本项目针对场端定位技术——UWB，给出了一套从全局布设到训练优化的完整技术方案。探索性地将 UWB 这种场端定位技术与智慧路灯结合起来，建立起依托路灯的基于基础设施端的车辆高精度定位系统。

(2) 提出面向无人驾驶高精度定位的智慧路灯布局方法

结合现有路灯布设规范，考虑 UWB 无线通信信号的衰变，以道路上任一点都有三个及以上可视基站为优化目标，考虑不同道路的横断面形式，分别建立了针对路段(直线、曲线)和交叉口(十字形、T 形、环形等)典型场景的 n 次最优覆盖模型，得到的布设方案能够较好地与现有路灯布局相结合。

(3) 利用 Unity 开发车路通信通视检验与优化平台

利用 Unity 三维交互开发引擎对不同场景进行建模，结合 C# 脚本编程，建立车路通信通视检验平台，对独立场景中的智慧路灯布设方案进行通视验证，以优化布设方案。

(4) 利用深度学习方法提升 UWB 在实际动态环境下的定位精度

由于实际环境中UWB定位系统会受到其他未知因素的干扰，本项目在提出一般布设规则的基础上，结合机器学习进行了智慧路灯高精度定位自适应学习系统设计，以提升在不同天气、交通环境下的定位精度。

4 应用前景

目前，国际上关于无人驾驶技术的研究方兴未艾，而车端设备和场端设备都做到信息化、智能化和网联化，以保证各种驾驶场景中的绝对安全，是无人驾驶技术大范围推广应用的前提。UWB短程通信技术作为场端定位的关键技术，其和车端定位协同配合，有望实现零失误、零伤亡的目标。

在地下车库、立体停车楼、隧道等特殊场景中，差分GPS由于卫星信号的遮挡无法提供定位信息，而周围环境的相似性又导致了依靠识别场景特征点来定位的激光雷达难以实现精准定位。这类情景中，UWB的室内定位性能表现却十分优越。

一些工业园区或智慧社区交通量小、车速较低、交通流构成较为简单、道路宽度较小，同时场景规模较小，规划实施智慧路灯布设方案的难度也相对较小，因此它们可以成为UWB定位技术和智慧路灯相结合的首选试验场景。

在园区内成功应用后，可进一步将UWB定位技术和城市路网中的路灯进行结合，以实现针对部分城市道路的推广应用。UWB定位技术良好的稳定性，以及较高的定位频率，使其应用于城市复杂路网成为可能。

将UWB技术和智慧路灯结合起来，对于实现智慧园区和智慧城市道路无人驾驶的目标而言，是一种很好的解决方案，在未来有着非常广阔的应用前景。

参考文献

[1] 赵盼.城市环境下无人驾驶车辆运动控制方法的研究[D].合肥：中国科学技术大学，2012.

[2] 周恭谦，杨露菁，刘忠，等.基于TDOA定位的基站布设对模糊区分布及定位精度的影响分析[J].海军工程大学学报，2017，29(1)：96-101.

[3] 方旺盛，陈耀宇.矿井巷道WSNs等腰三角形节点覆盖模型[J].传感器与微系统，2014，33(3)：30-33，36.

[4] LIAO L，CHEN W，ZHANG C，et al. One stone two birds：wireless access-point deployment for both coverage and localization[C]//Proceedings of the 2010 IEEE Fifth International Conference on Networking，Architecture，and Storage，2013.

[5] 马灵芝.基于TDOA无线传感定位算法的研究及应用[D].济南：山东大学，2012.

[6] 屠晓东.基于UWB信号的多基站与单基站定位算法的研究与性能分析[D].青岛：中国海洋大学，2012.

[7] Chan Y T，Ho K C. A simple and efficient estimator for hyperbolic location[C]//Proceedings of the IEEE Transactions on Signal，1994.

作者简介

周华骏，同济大学交通运输工程学院，交通工程专业。

王天佐，同济大学交通运输工程学院，交通工程专业。

吴　冕，同济大学交通运输工程学院，交通工程专业。

李泊霖，同济大学交通运输工程学院，交通工程专业。

申思语，同济大学交通运输工程学院，交通工程专业。

指导老师

杜豫川，教授，同济大学交通运输工程学院。

黄世泽，副教授，同济大学交通运输工程学院。

面向大型全自动泊车系统的优化控制方法

阴丹宁，樊相宜，蔡秀挺，吴正浩，杨　扬

| 摘要 |

现有的自动泊车系统仅从车辆角度出发对技术进行了优化，而对于整个泊车系统的控制优化作用转为有限。本文从泊车系统结构、出入库路径选择以及冲突规则优化设计的角度出发，在现有停车场构造的基础上提出了“内部多路”“内部多路外部环路”“内部单路外部环路”三种调度方案；根据元胞自动机和优先队列的原理，通过逻辑演绎和数学演绎建立自动泊车模型，实现了对嘉亭荟停车场的仿真，提出了定量评价因素，并根据AHP对模型仿真结果综合评分，最终推选出案例中优化效果较优的“内部单路外部环路模型”。开发自动泊车系统人机交互平台，为实现全自动化泊车系统的开发应用提供可能。

| 关键词 |

全自动泊车系统；结构设计；泊位分配；元胞自动机；停车场运行仿真

1　研究背景

自动泊车系统是指不用人工干预自动停车入位的系统。目前，各大汽车生产商及工业集团研发的自动泊车系统现已投入应用，福特、特斯拉、法雷奥等公司均研发了自动泊车系统，利用超声波传感器、多重360°摄像头以及红外探测仪等设备解决了多数车主泊车技术欠缺的烦恼。

然而，现有的自动泊车系统仅从车辆角度出发进行技术优化，并未解决停车场内部冲突、出口缴费排队以及无效绕行等问题。同时，目前尚没有很好的办法来评估停车库运行组织模型和模拟停车场运营的仿真平台的效果，因而其对于整个泊车系统的控制优化作用十分有限。

为了全面有效地对现存问题进行研究，本项目设计了多种停车场调度方法，建立自动泊车模型并编写相应算法搭建仿真平台，确立了最优停车场结构与路径诱导算法，进一步开发自动泊车系统人机交互平台，为实现全自动化泊车系统的开发应用提供可能。

2 控制方法

2.1 自动泊车系统优化思路

本项目设计了三种泊车系统结构并建立了调度方法，同时对其进行横向比对：多路泊车系统的结构基于普通停车场设计；内部多路外部环路系统的结构是在多路泊车系统外围加设一圈取车位（图 1）；内部单路外部环路系统的构造是将原有停车场分片区地构建单向行驶路径并保留外围取车位（图 2）。

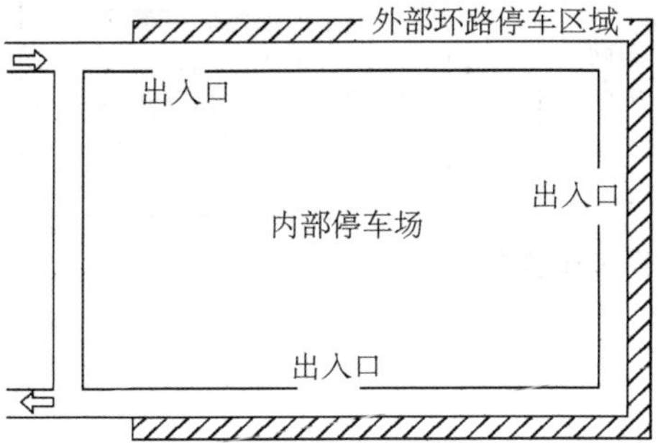

图 1 内部多路外部环路结构示意图

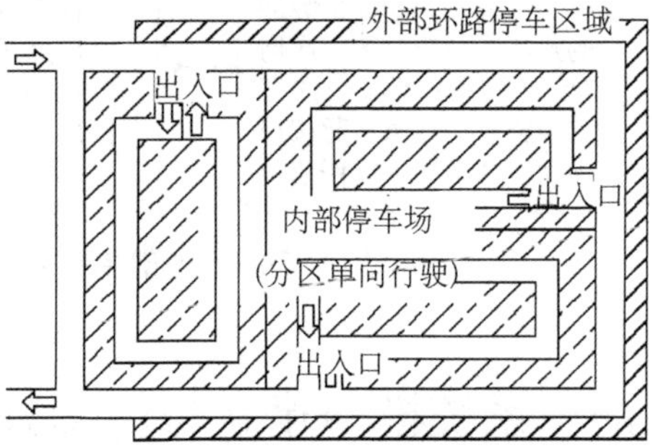

图 2 内部单路外部环路结构示意图

2.2 多路泊车系统车辆调度方案

多路泊车系统车辆调度方案如图 3 所示。在此调度方案中，若取车用户没能及时到达车辆出库口，易在取车处形成排队拥堵。

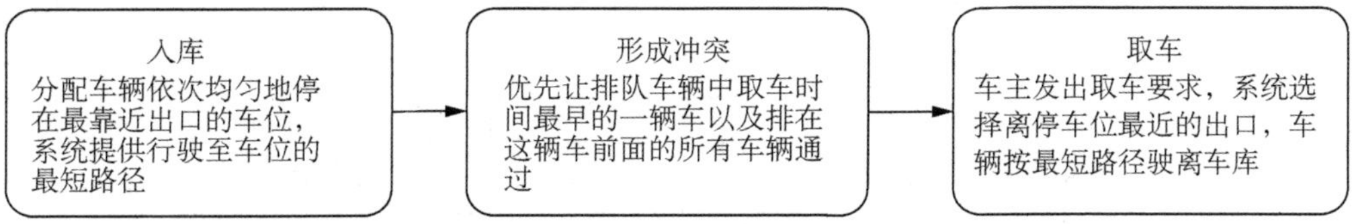

图 3 多路泊车系统车辆调度方案

2.3 内部多路外部环路泊车系统车辆调度方案

内部多路外部环路泊车系统车辆调度方案如图 4 所示。外围增设的停车位能有效解决

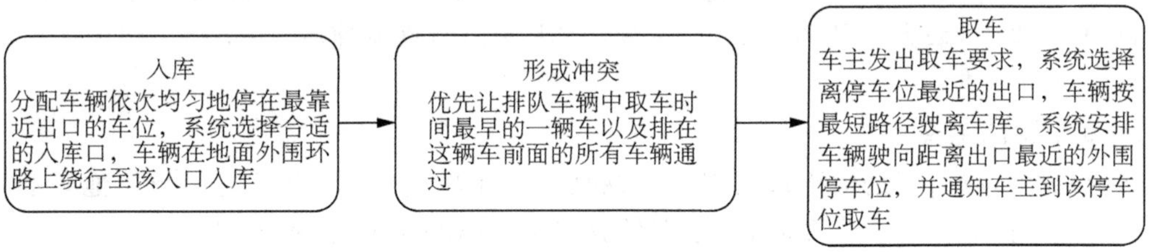

图 4 内部多路外部环路泊车系统车辆调度方案

出口处混乱的问题;若车主未按时取车,即该车在外围停车位停留时间超过 15 min,该车将被系统视为新的入库车辆,重新从外部环路驶入车库。

2.4 内部单路外部环路泊车系统车辆调度方案

内部单路外部环路泊车系统车辆调度方案如图 5 所示。内部单路与位置更新设计避免了停车场内形成冲突;若车主未按时取车,即该车在外围停车位停留时间超过 15 min,该车将被系统视为新的入库车辆,重新从外部环路驶入车库。

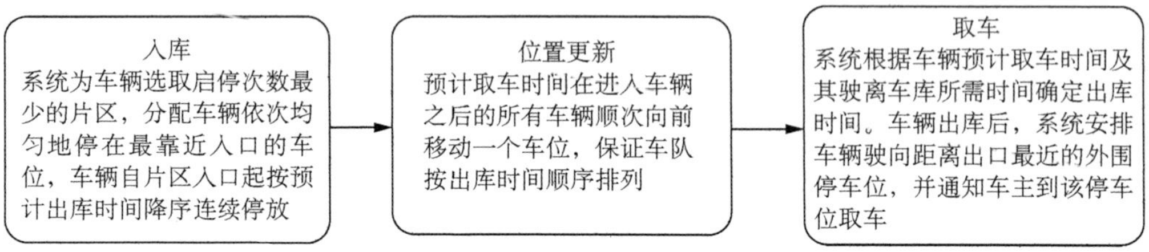

图 5　内部单路外部环路泊车系统车辆调度方案

3　泊车系统模型建立与仿真分析

本文用演绎法建立模型,利用元胞自动机和优先队列的原理通过逻辑演绎和数学演绎建立自动泊车系统,进一步结合实际数据和仿真分析验证模型的优化方案。

3.1 全自动泊车模型建立

模型被定义为五元组集合结构:$S=<X, Q, Y, \delta, \lambda>$,模型建立所基于的逻辑结构如图 6 所示。

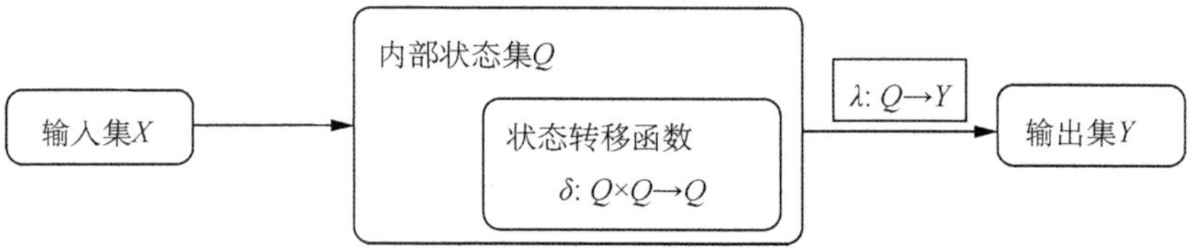

图 6　模型建立所基于的逻辑结构

1. 输入集

$X=<$ 出入口数量 n,停车位数量 P,停车场道路方向 A_j,车辆入库时间 t_i,车辆取车时间 t'_i,车身长度 L,最大行驶速度 $V_{\max}$,常规加速度 a_n,常规减速度 $b_n >$。

2. 内部状态集

1) 安全距离定义

安全距离 $Gap_{\text{safe}, n}$ 是指当自动泊车车辆驶入停车场时,车辆为了避免与其他车辆发生追尾所必须保持的一个安全车间距,根据计算安全距离的原理,得到下式:

$$Gap_{\text{safe}, n}=x_{n+1}, t-x_{nt}-l_{n+1}=v_{nt}\times\tau_n+v_n(t)22b_n-v_n+1(t)22b_n \tag{1}$$

式中 $Gap_{\text{safe}, n}$—— 第 n 辆车所需的安全距离；

x_{nt}——t 时刻第 n 辆车所在的位置；

l_{n+1}—— 前方车辆车身长度；

b_n—— 第 n 辆车减速度；

τ_n—— 第 n 辆车的反应时间；

v_{nt}——t 时刻第 n 辆车的速度。

2）驾驶模型

当第 n 辆车与其前方车辆之间的车间距与该车行驶所需的安全间距相等时，即 $Gap_n = Gap_{\text{safe}, n}$，在保证车辆安全行驶的情况下，该车将保持原速度行驶：

$$v_{nt} \rightarrow \min(v_{nt}, Gap_n) \tag{2}$$

当第 n 辆车与其前方车辆之间的车间距小于该车行驶所需的安全间距时，即 $Gap_n < Gap_{\text{safe}, n}$，说明前方车道已被车辆占据，为了确保安全驾驶，车辆须减速，则该车将会停下等待前方车道畅通后再继续向前行驶：

$$v_{nt} \rightarrow 0 \tag{3}$$

3）位置更新

在速度演化更新规则的基础上，进行车辆位置的更新，如式(4)所示：

$$x_{n+1, t} = x_{nt} + v_n \times \Delta t \tag{4}$$

式中 x_{nt}——t 时刻第 n 辆车所在的位置；

$x_{n+1, t}$——t 时刻第 n 辆车的前方车辆所在的位置；

Δt—— 仿真时间步长。

4）车辆存取

在车辆存取的过程中采用了优先队列的数据结构来调整车辆在停车场中的停放位置，经过算法优化后缩短取车时间。

使用 *extractMax*(*s*)，在车辆出库之前，先将其从车辆队列中取出停放到车辆队列的队尾位置，再执行 *maxHeapify* 方法维护最优的车辆停放情况：

$$\left.\begin{array}{l}\text{MAX}-\text{HEAP}-\text{INSERT}(\text{A}, \text{key}) \\ \text{A.heap}-\text{size}=\text{A. heap}-\text{size}+1 \\ \text{A}[\text{A. heap}-\text{size}]=-\infty \\ \text{HEAP}-\text{INCREASE}-\text{KEY}(\text{A}, \text{A. heap-size}, \text{key})\end{array}\right\} \tag{5}$$

increaseKey(*s*, *x*, *k*)的实现方式是定义每辆车的值为预计取车时间，将下标为 x 的车辆的值修改为 k 后，不断与排在车辆队列的其他车辆的值相比较，直至最终找到合适的位置，使得车辆队列满足按出库时间顺序排列的最优设计，优先队列规则如图 7 所示，逻辑规则见式(6)。

$$\left.\begin{array}{l}\text{HEAP}-\text{INCREASE}-\text{KEY}(\text{A, key})\\ \text{if key} < \text{A}[i]\\ \text{A}[i]=\text{key}\\ \text{while } i>1 \text{ and A}[\text{PARENT}(i)] < \text{A}[i]\\ \text{exchange A}[i]\text{with A}[\text{PARENT}(i)]\\ i=\text{PARENT}(i)\end{array}\right\} \tag{6}$$

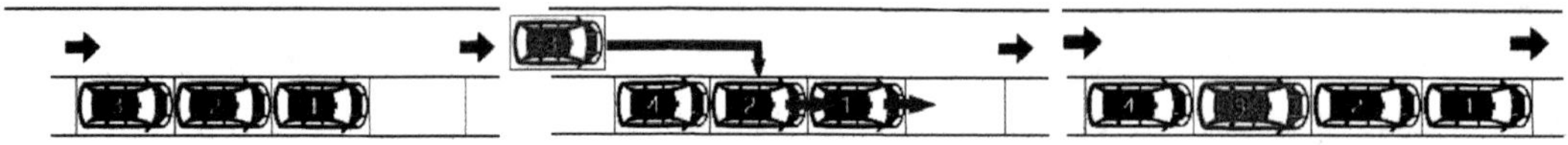

图 7　优先队列规则

3. 输出集

从用户体验、汽车能耗、系统效率等角度出发，本文提出了用户取车等待时间、车辆启停次数和停车场效率系数三个评价指标作为模型的输出结果：

$Y=<$ 用户取车等待时间 t_i，车辆启停次数 N_i，停车场效率系数 $\eta >$。

3.2　全自动泊车系统仿真分析

全自动泊车系统仿真实现流程如图 8 所示。

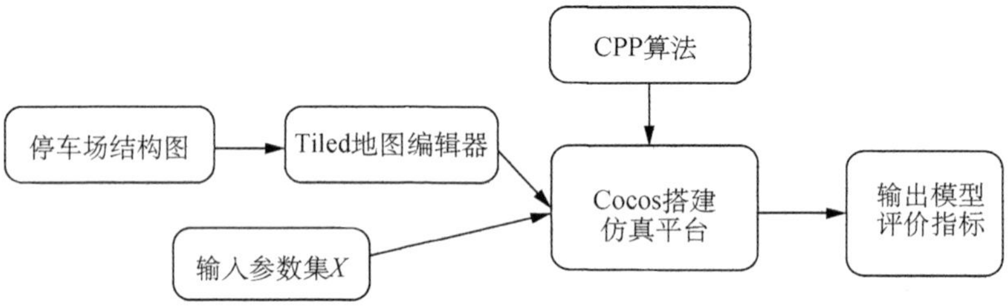

图 8　全自动泊车系统仿真流程

Tiled 是基于 Java/Qt 的开源区块地图编辑器，本项目运用 Tiled 将停车场结构的 CAD 图转化成网格地图，给单元格附上相应属性，规定道路行驶规则。

Cocos 是一款游戏开发平台。以 Tiled 停车场构造图为基础，在 Cocos 平台上结合 CPP 算法编写，运用模型中的思路来实现停车场车辆调度的可视化仿真，根据仿真结果计算指标。

4　实例应用分析

4.1　现有自动泊车系统

本项目考察了上海嘉亭荟地下停车场，将其结构简化为 3 个出入口、282 个停车位的单层停车场作为应用分析实例。通过仿真来观察现有自动泊车系统在此实例中的运行状况。车辆将停入其经过的第一个空车位；在冲突点处，后到者需避让先到者。结果停车场内多个节点出现严重拥堵，个别排队可能会溢出至下游交叉口。

4.2 模型评价体系构建

本文选取用户平均取车时间、停车场效率系数、车辆能耗作为评价指标，以系统最优为目标，结合问卷调查结果来确定指标的权重，基于层次分析法建立评价体系(图 9)。各指标及权重如表 1 所列。

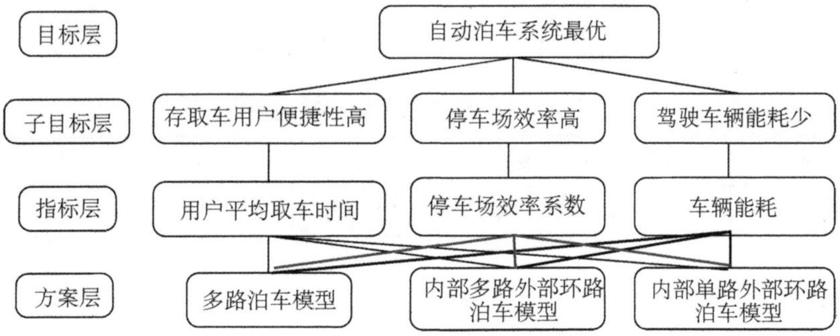

图 9　评价体系构建

表 1　指标及权重

指标	权重
用户平均取车时间	0.2941
停车场效率系数	0.5882
车辆能耗	0.1176

4.3 优化控制方案应用与分析

将前文所描述的三种优化控制方案应用到该实例中，其 CAD 结构图和 Tiled 网格地图如图 10—图 12 所示。Tiled 网格地图色块与功能对照见表 2。

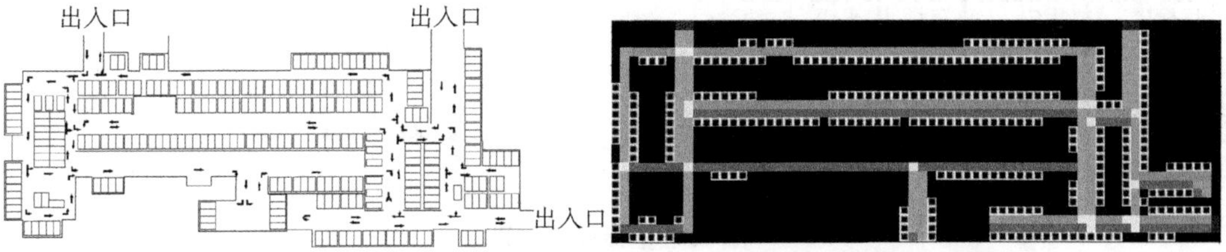

(a) CAD结构图　　(b) Tiled网格地图

图 10　内部多路方案

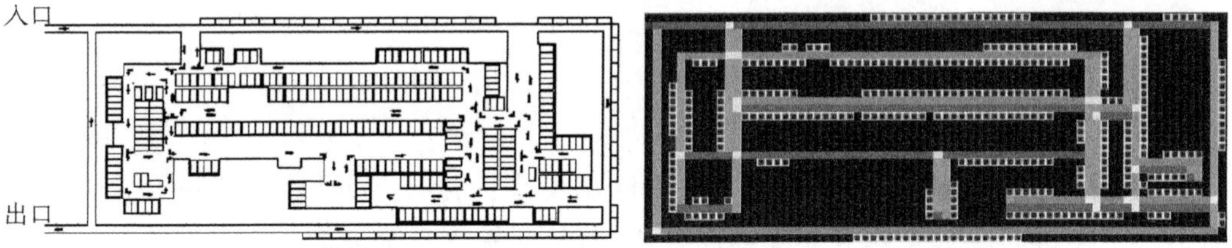

(a) CAD结构图　　(b) Tiled网格地图

图 11　内部多路外部环路方案

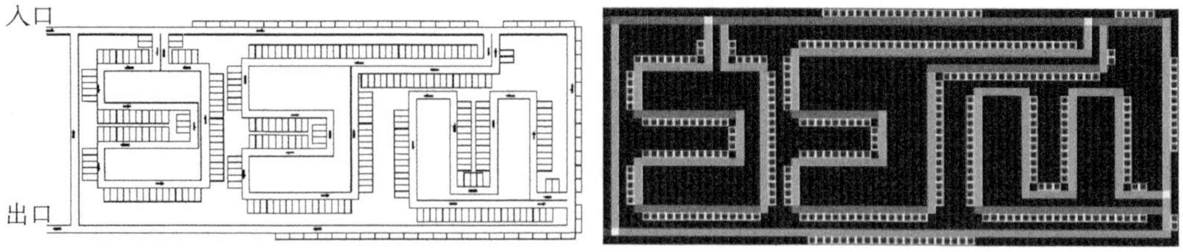

(a) CAD结构图　　(b) Tiled网格地图

图 12　内部单路外部环路方案

表 2　Tiled 网格地图色块与功能对照

颜色	粉色	浅绿	紫色	浅蓝	浅黄	红色	白色外圈
功能	向左车道	向下车道	向右车道	向上车道	交叉路口	出入口	停车位

4.4　仿真运行分析

利用 Tiled 地图编辑器、Cocos 游戏开发平台和 C＋＋编程语言运行仿真，并量化求解指标，得到的结果如表 3 所列。

表 3　仿真运行结果

评价指标	内部多路方案	内部多路外部环路方案	内部单路外部环路方案
用户平均取车时间(单位化)	124.31	90.96	32.58
停车场效率系数	0.43	0.58	0.89
车辆能耗/次	21.02	14.74	49.61

基于层次分析法计算出的指标评价结果如图 13 所示。

目标层	用户	停车场	车辆	综合
内部多路	0.311	0.023	0.188	0.522
内部多路外部环路	0.396	0.038	0.207	0.641
内部单路外部环路	0.543	0.058	0.105	0.706

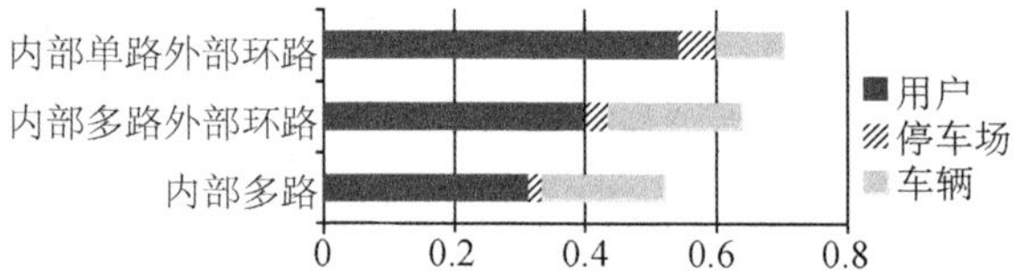

图 13　指标评价结果

对于该应用实例，内部多路外部环路方案的综合评分最高。在上述三种优化控制方案中，内部多路外部环路方案最适用于基于实例的大型全自动泊车系统。

5　创新特色

(1) 现有自动泊车系统大多仅从车辆角度出发来优化技术问题，本文则是从停车场的角度出发，对全部车辆进行宏观调度与路径规划，从而保障系统最优。

(2) 适用于停车场内部导流的仿真软件仍处于空白阶段，本文使用 Cocos 这一游戏开发引擎自行开发出了一套停车场内部全面仿真软件。

(3) 开发与全自动泊车系统兼容的人机交互平台，通过人性化设计提高系统的用户友好程度，为用户提供多样化的服务。

6 前景分析

在未来，基于现有研究成果探讨多种停车场构造，解决应用于不同规模的停车场的算法优化问题。开发智慧信息共享平台以便进行统一管理，从而更好地服务用户，实现用户与系统的高效关联。

| 参考文献 |

[1] 吴若伟，楼佩煌.基于 Dijkstra 算法的大型停车场最优泊车路径规划[J].工业控制计算机，2013，26(5)：93-95.

[2] 丁喆.基于 Vissim 仿真软件的停车场自动生成及评估系统设计[C]//中国运筹学会智能计算分会.第三届中国智能计算大会论文集，2009.

[3] 于德新，杨兆升，刘雪杰.基于停车场选择的停车诱导路径优化方法研究[J].交通运输系统工程与信息，2006，6(6)：41-48.

作者简介

阴丹宁，同济大学交通运输工程学院，交通工程专业。

樊相宜，同济大学交通运输工程学院，交通工程专业。

蔡秀挺，同济大学交通运输工程学院，交通工程专业。

吴正浩，同济大学软件学院，软件工程专业。

杨　扬，同济大学软件学院，软件工程专业。

指导老师

杜豫川，教授，同济大学交通运输工程学院。

基于舒适度的自动驾驶车速控制策略研究

李亦舜，谈超鹏，史佳晨，徐嫣然

|摘要|

传统的自动驾驶研究主要集中在安全避障和协调控制方面，较少对乘客舒适度进行考虑。根据用户特征分析，定量地解析行驶舒适度与道路工况、行驶状态的相关关系等，在安全、效率的基础上提出了保障乘客舒适度的速度控制策略。本文利用谱密度分析和1/3倍频程带通滤波的方法求解了车内振动的加权加速度均方根值，并以此作为舒适性评价指标；通过控制变量法设计现场试验，就路面平整度、道路线形及速度对舒适性的影响分别进行了量化；根据双变量试验，建立多元线性回归模型有效拟合三者之间的相关关系；结合问卷调查及现场实验，对驾驶员进行分类；针对驾驶员的驾驶偏好，提出双曲函数的速度变化策略，且针对模型中的 k 值进行了讨论，并开发了一套基于舒适度的自动驾驶车速控制系统。结果证明：车辆速度、路面平整度与车内舒适度呈多元线性关系，拟合优度为0.84；双曲函数可以保证改变车速的同时，维持稳定的运行状态；基于行驶状态的分类可以有效地对驾驶员偏好进行分类。本系统可以有效地提高乘客的出行质量，并在未来无人驾驶技术的改良中起到一定的作用。

|关键词|

自动驾驶；舒适度；路面平整度；速度控制策略；双曲函数；行为分析

1 研究背景

近年来自动驾驶和车联网技术迅猛发展，自动驾驶汽车从根本上改变了传统的“人-车-路”这一闭环控制方式，提高了交通系统的效率和安全性。然而，传统的自动驾驶策略虽然实现了车辆安全避障功能及高效的调度运行策略，却忽视了驾驶过程中道路工况对乘客舒适度的影响。因此，本文提出基于舒适度的自动驾驶车速控制策略。

2 研究内容

本文首先计算了加权加速度均方根值作为舒适度的客观评价指标。其次，采用数据分析和问卷调查相结合的方法对驾驶员进行分类，从而得到不同类型驾驶员对舒适度的不同期望值。再次，通过对舒适度影响因素的解析，得到了保证舒适度的建议车速。然后，提出速度变化策略以保证减速过程的舒适性。最终，本文基于以上成果开发出集合型辅助驾驶系统。本文的研究内容如图 1 所示。

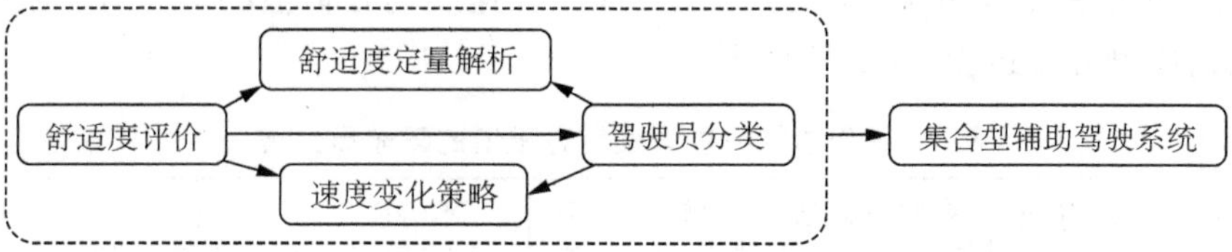

图 1　研究内容

2.1　舒适度评价及实验方法

为了准确描述驾驶员的舒适度状态，本文采用国际标准中的加权加速度均方根值作为评价舒适度的客观指标，并通过现场实验的方式进行模拟。

首先，利用自主研发的检测设备测量车内不同位置的加速度情况，通过傅里叶变换将时域数据转化为频域数据，数据处理流程如图 2 所示。

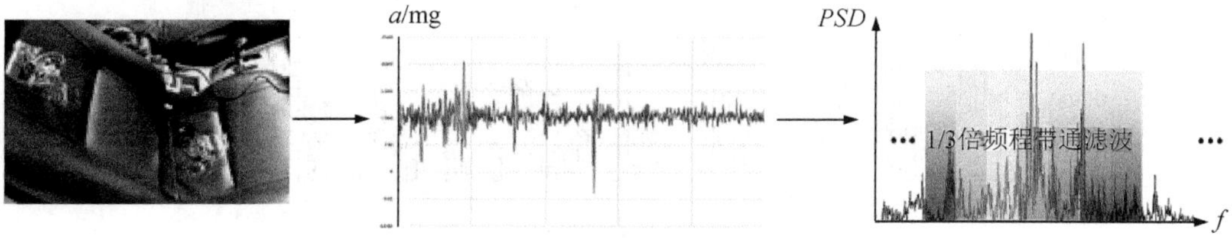

图 2　数据处理流程

功率谱密度(Power Spectral Density，PSD)函数包围的面积即为响应的均方根值。人体对不同频率振动的感知程度是不同的，故对不同频率进行 1/3 倍频带划分，加权计算得到单位点单方向的加权加速度均方根值，继而通过加权平均方法计算多方向、多位点的舒适度评价的数值。

为了保证解析精度，故在大量里程道路上进行实验。仪器安装等其他实验条件参照国际标准 ISO2631。道路选择能够覆盖大范围的道路工况条件。实验路段及里程如表 1 所列。

表 1　实验路段及里程

实验道路	里程/km	实验目的
曹安公路	27.6	多线形的舒适度评价
G15 高速	38.2	双变量舒适度预估模型标定
郊环线	30.3	速度梯度试验

在非高速路段进行 30～80 km/h、高速路段进行 60～90 km/h，梯度为 10 km/h 的多次实验，每个速度进行两次实验，求取平均值 $\bar{a}_v$ 进行计算。

2.2 驾驶员分类

考虑不同驾驶员对振动的耐受性不同，对舒适度的期望值也不同，所以需要对驾驶员进行分类。根据《汽车平顺性试验方法》(GB/T 4970—2009)中总加权加速度均方根值与人的主观感受之间的关系表，并依据驾驶过程中总加权加速度均方根值的大小，将驾驶员分为三类：保守型、适中型和激进型，如表 2 所列。

表 2 基于总加权加速度均方根值的驾驶员分类

$\bar{a}_v$	没有不舒服	有些不舒服	比较不舒服	不舒服	很不舒服	极不舒服
	<0.315	0.315～0.63	0.5～1	0.8～1.6	1.25～2.5	>2
分类	保守型		适中型		激进型	

实验随机选取 10 名驾驶员，以其正常行驶状态驶过同一路段，途中记录每名驾驶员的振动数据，并求其总加权加速度均方根值，得到直方图及分类结果如图 3 所示。

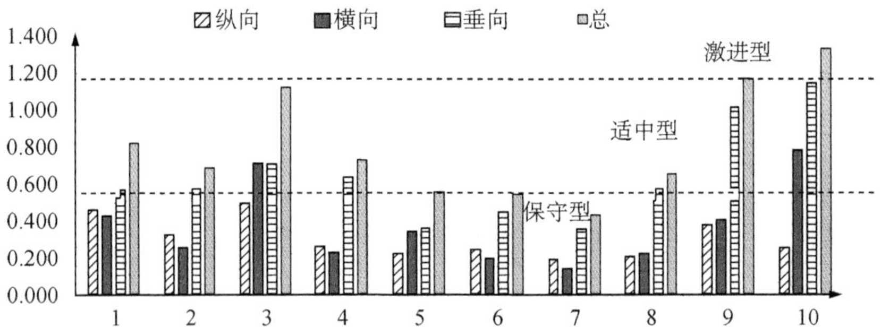

图 3 不同驾驶员的类型分类

为了对上述驾驶员分类结果进行验证，本文采用了问卷调查的方法。问卷结果采用等距式选项分值，以统计各驾驶员的问卷得分，并将由此得到的驾驶员分类结果与基于加权加速度均方根值的驾驶员分类结果进行对比，如表 3 所列，可以看出两种分类结果基本相同，即说明基于舒适度的分类方法可以表征驾驶员的行为特征。

表 3 两种驾驶员分类结果对比

驾驶员类型	基于加权加速度均方根值的驾驶员分类	基于问卷调查的驾驶员分类
激进型	10	10
适中型	1, 2, 3, 4, 8, 9	1, 2, 3, 4, 7, 8
保守型	5, 6, 7	5, 6, 9

2.3 舒适度影响因素定量解析及应用

2.3.1 舒适度与道路工况的关系模型

为了探究舒适度与道路工况的相关关系，本文主要从路面平整度及道路线形两方面，通过控制变量的方法进行试验，得到舒适度与不平整度的拟合结果如图 4 所示。

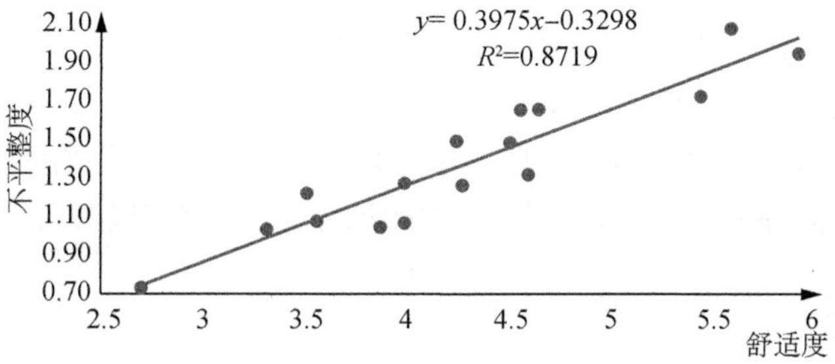

图 4　舒适度与不平整度拟合结果

2.3.2　舒适度与速度的关系模型

行驶速度直接影响驾驶员的舒适度，故在此探究舒适度与速度的关系。在同一路段（曹安公路 K19—K34 段）以不同速度梯度驶过并记录舒适度，拟合结果如表 4 所列。

表 4　舒适度与速度拟合结果

速度/(km·h^{-1})	30	40	50	60	70	80	拟合曲线	R^2
路段 1	1.070	1.077	1.099	1.228	1.543	1.731	$y=0.0138x+0.5324$	0.8493
路段 2	0.773	1.144	1.105	1.174	1.862	1.641	$y=0.0188x+0.2515$	0.7824
路段 3	0.893	1.497	1.343	1.330	1.546	1.581	$y=0.0102x+0.8033$	0.5674
路段 4	0.915	1.117	1.430	1.240	1.344	1.423	$y=0.0087x+0.7689$	0.6531

2.3.3　舒适度与不平整度、速度的关系模型

综合上述两部分线性回归结果，这里考虑建立多元线性回归模型。运用 SPSS 统计分析软件得到舒适度与不平整度、速度的相关性综合结果。

线性回归方程见式(1)，残差分析结果如图 5 所示，数据分析结果见表 5。

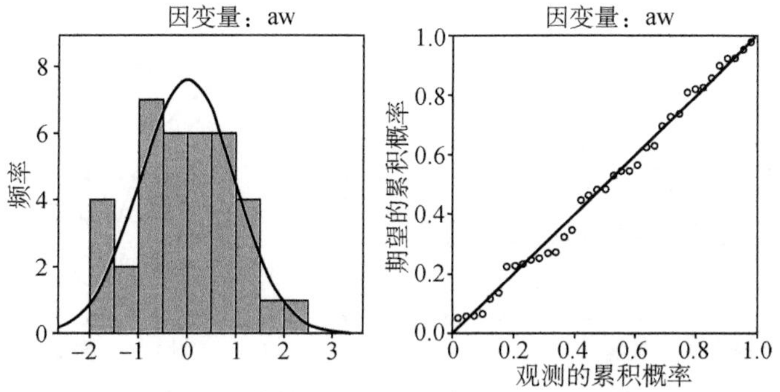

图 5　残差分析结果

表 5　数据分析结果

参数	速度/(km·h^{-1})	平整度
显著性(单侧)	0.382	0.246
Pearson 相关性	−0.051	0.915
有效数据个数	37	37

$$a_v = \alpha \times (0.001speed + 0.717IRI - 1.319) \tag{1}$$

式中，α 为修正系数。

由于 $R^2 = 0.840$，因此多元线性回归模型可以准确地表征不平整度与速度对舒适度的影响。从而，当前方道路的路况信息有变时，可以相应地调整行驶速度，保证驾驶员的舒适度。

2.4 速度变化策略

为了保证自动驾驶汽车行驶过程中全程的舒适性，就需要根据前方路面信息对车速进行调整。所以，我们进行了保证舒适度的减速策略研究。

2.4.1 基于双曲函数的速度变化策略

我们考察以下函数及其导函数：

$$v = -\frac{b + \Delta b}{2}\tanh[k(t - f)] - \frac{b}{2} + v_0 \tag{2}$$

$$a = \frac{\mathrm{d}v}{\mathrm{d}t} = -\frac{(b + \Delta b)k}{2}[1 - (\tanh(k(t - f)))]^2 \tag{3}$$

式中 v_0——初速度，m/s；

b ——减速前后速度差，m/s；

v ——速度变量，m/s；

t ——时间变量，s；

Δb ——微小增量，m/s；

k，f ——大于 0 的常数。

定义 k 为平稳系数，由图 6 可知，k 值越大，速度-时间曲线变化得越快，加速度极值越大，从而对乘客的舒适度影响越大。

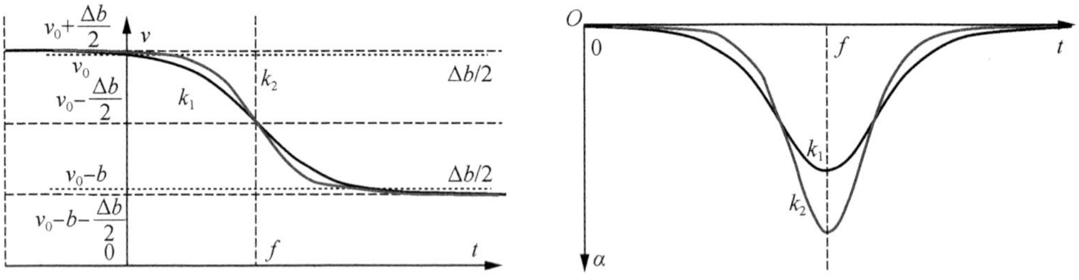

(a) 速度变化曲线　　(b) 加速度变化曲线

图 6　速度变化曲线与加速度变化曲线

2.4.2 速度变化策略的具体实施

首先，建立平稳系数 k 值库。仅考虑纵向和垂向加速度，由式(3)可知，得到舒适度与平稳系数 k 的关系：

$$k = \frac{2(\bar{a}_v^2 - \bar{a}_{wz}^2)^{\frac{1}{2}}}{(b + \Delta b)(k_{x1}^2 + k_{x2}^2 + k_{x3}^2)^{\frac{1}{2}}} \tag{4}$$

以 G15 高速公路为例，$v_0 = 90$ km/h，$b = 20$ km/h，$\Delta b = 0.1$ m/s，$a_{wz} = 0.297$。

其次，选择 k 值。将以上 k 值代入式(2)中，得到对应十分制下的 k 值库，如图 7 所示。从图 7 可见，k 值越小，曲线越平缓，相应的舒适度则越小，但减速时间和距离会越长。这样，不同类型的驾驶员可以根据自身对舒适度的期望值，选择不同的减速曲线。

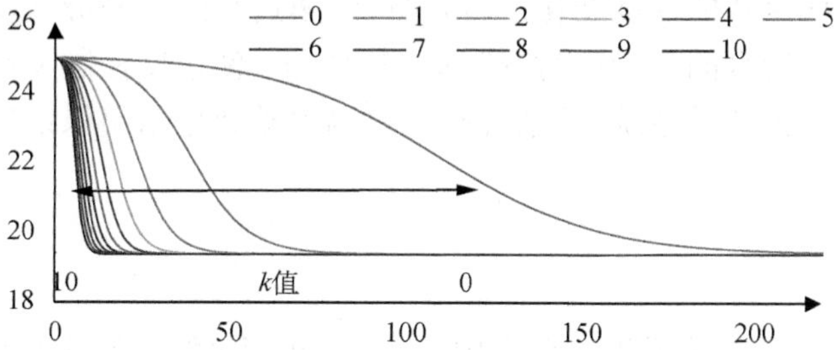

图 7　不同 k 值下的速度变化曲线

最后，进行乘客舒适度检验。分别做纵向、垂向加速度与速度曲线，获得舒适度指标曲线来判断减速极值是否保证处于有点不舒适状态下。

2.5　集合型辅助驾驶系统介绍

本文开发了简易的数据采集设备，采用 Zigbee 短程无线传输方式，利用飞思卡尔三轴加速度芯片，采样频率达 20 Hz，从而足够描述驾驶员的感受特征，同时设备采用 N 对 1 传输，可以实现对车内多个位点的实时同步测量。在软件端，基于 MATLAB GUI 开发环境的数据处理平台对得到的振动数据进行实时处理，从而得到乘客的舒适度，通过 OBD 系统读取行车信息，并建立动态数据库以记录道路线形、平整度等信息。然后根据上文研究理论给出建议速度。数据采集设备及软件界面如图 8 所示。

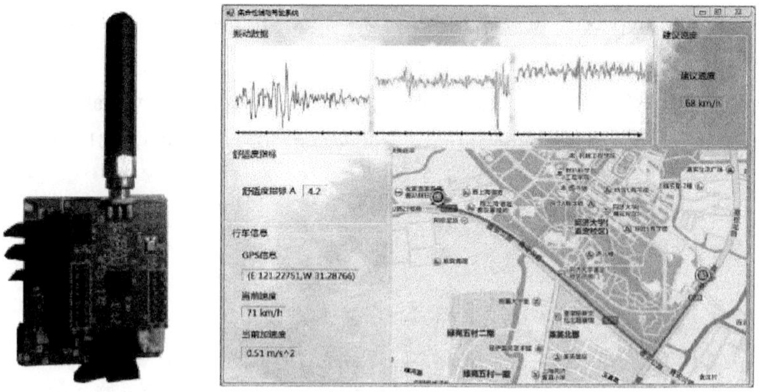

(a) 数据采集设备　　　　(b) 软件界面

图 8　数据采集设备及软件界面

3　创新特色

本文在现有自动驾驶技术上，提出了保障乘客舒适度的速度控制策略，并采用数据分析和问卷调查相结合的方法对驾驶员进行了分类。最终得到以下成果：

（1）通过计算加权加速度均方根值来对乘客舒适度做出客观评价；

（2）采用多元线性回归模型有效拟合舒适度同不平整度、速度的关系，对不同类型驾驶员的不同舒适度期望值给出不同的建议速度；

（3）提出基于双曲函数的速度变化策略，保证变速过程的乘坐舒适度；

（4）采用数据分析结合问卷调查对驾驶员进行分类，使速度控制策略得以优化；

（5）开发集合型辅助驾驶系统，并结合硬件检测振动数据给出保证舒适度的建议车速。

4 前景分析

在未来希望基于现有理论成果综合考虑多车型，并探讨线形修正系数的影响因素，并开发基于舒适度的自动驾驶车辆速度控制芯片，解决无人车驾驶的舒适性问题。

参考文献

[1] NOVITSKIJ V IVibroloading vector estimation of ATM driver working place: ISO2631-1-97[S]. Avtomobil'naya Promyshlennost, 2003.

[2] KIM K S, BAEK Y, YOO I K. Pavement roughness monitoring method using fiber optic vibration sensors[C]//Proceedings of SPIE — The International Society for Optical Engineering, 2010.

[3] 中国第一汽车集团公司技术中心.汽车平顺性试验方法:GB/T 4970—2009[S].北京:中国标准出版社,2010.

[4] 潘登,郑应平.基于双曲函数的车辆减速策略及安全跟驰车距的计算[J].交通与计算机,2007(5):54-58.

[5] FAIRLEY T E. The apparent mass of the seated human body: vertical vibration[J]. Journal of Biomechanics, 1989, 22(2): 81-94.

[6] CANTISANI G, LOPRENCIPE G. Road roughness and whole body vibration: evaluation tools and comfort limits[J]. Journal of Transportation Engineering, 2010, 136(9): 818-826.

作者简介

李亦舜，同济大学交通运输工程学院，道路工程专业。

谈超鹏，同济大学交通运输工程学院，道路工程专业。

史佳晨，同济大学交通运输工程学院，道路工程专业。

徐嫣然，同济大学交通运输工程学院，交通运输专业。

指导老师

杜豫川，教授，同济大学交通运输工程学院。

基于航拍的交通参数分析平台

金建栋，刘明宗，曹逸轩，朱美新，钟　盛

| 摘要 |

本文利用无人飞行器，将其作为一种新型的交通信息采集工具，自主开发了一个基于无人飞行器的交通信息检测与分析平台。该平台能够利用计算机视觉手段检测出常用的交通流参数如流量、密度、速度等，被检测参数的精度和广度达到了应用级别。此外，轨迹提取模块所提取的车辆轨迹包含了空间平均速度、驾驶行为等信息，可以有针对性地研究许多因缺乏数据原本难以进行分析的交通问题，从而突破了传统交通流分析的数据瓶颈。基于以上参数，交通信息检测与分析平台进一步提供了交通流分析功能，可以得到交叉口的流量流向、交叉口的服务水平和排队长度等信息；提供了处理模块的接口，便于研究人员二次开发。

| 关键词 |

无人飞行器；交通信息检测；交通参数分析；流量流向图

1　引言

1.1　研究背景与意义

智能交通系统（Intelligent Transportation Systems，ITS）是美国、日本等国家和欧洲地区在20世纪80年代末开始系统研究智能化的交通控制和管理体系时提出的。其主要内容是：将先进的人工智能技术、自动控制技术、计算机技术、信息与通信技术及电子技术、传感器技术有效地集成，并应用于整个公路交通管理系统而建立的一种在大范围内全方位发挥作用的实时、准确、高效的综合交通管理系统。其目标是：通过综合运用现代信息技术与通信技术等手段来提高交通运输效率，充分利用现有道路空间来改善交通网络系统现状。

交通流参数采集是ITS的重要方面，其主要内容为采集有关道路交通流量的各种参数。传统获取交通数据的方法是通过埋入路面下的电磁传感器来检测车辆，近年来逐步发展了雷达、超声波、红外线、微波、声频及视频图像等悬挂式传感器，以获取有关的交通流数据。

这些检测手段都有一定的优点，其中埋入式系统布设性能稳定，而悬挂式系统安装简易，但它们或多或少都存在一些问题。

无人飞行器作为一种新型交通信息采集工具，首先它可在交通基础设施数据采集、动态交通信息采集及应用等方面发挥重要作用。其次，无人飞行器所采集的车辆行驶轨迹、车辆加速度、交通流量、交通密度等动态交通数据可在“点-线-面”层面予以应用。此外，无人飞行器视频可用于事故快速监测、响应和救援车辆导航等方面，能将事件信息提前传输给警车及救援队，有助于救援队在到达事故现场前更好地了解事故性质与状况，或为救援队尽快到达事故地点提供相应的路径信息。

1.2　主要研究内容

本文探索组装了成本较低、功能丰富的交通信息采集航拍设备，并基于此自主开发了“同济眼”航拍交通信息检测分析平台，通过该平台可以提取常规的流密速等参数以及车辆行驶轨迹。在此基础上开发的分析模块可以挖掘更高层次的交通流信息，如交叉口的流量流向、平均延误以及排队长度等。

2　“同济眼”平台介绍

2.1　概述

“同济眼”交通参数分析平台由五大模块组成，平台结构如图 1 所示，其中五大模块和总体设计思路如下：

(1) 根据数据采集要求组装了采集平台；

(2) 根据航拍视频的特点设计了预处理模块，用于消除抖动和标定视频；

(3) 基于计算机视觉开发了交通参数提取平台，用于获取视频中的交通参数和车辆轨迹等信息；

(4) 进一步分析获取的参数，可以得到路口的流量流向、延误时间以及排队长度等信息；

(5) 为平台的各项功能设计接口，方便研究人员二次开发。

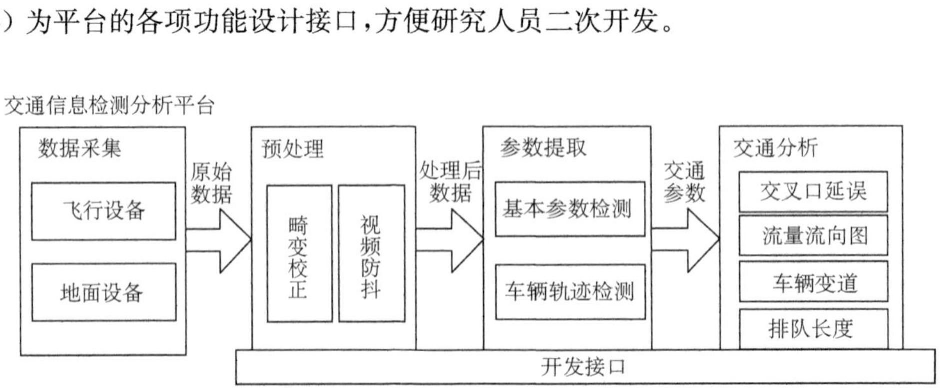

图 1　平台结构

2.2 采集模块

2.2.1 数据采集功能

采集模块可以在目标路段、交叉口等区域进行悬停、巡航，以获得一段时间内该区域的高清视频，并通过无线传输模块传回监视器，从而实现区域监控。另外，在监控的同时利用无人飞行器搭载的高清广角相机录制路段或交叉口处的高清视频，为后续数据处理模块获取车速、交通流量、交通密度、车辆行驶轨迹、事故基本信息和路况图像资料等交通参数提供支持。这些信息必须满足如下要求：

(1) 满足数据采集的全面性要求；

(2) 满足数据采集的准确性要求；

(3) 满足用于解决交通问题的要求。

总之，无人飞行器交通信息检测方法集成了无人控制飞行器技术、计算机视觉技术、遥测技术和无线信息传输技术等一系列高新技术。这种新的交通检测方法在机动性、信息采集范围和所采集信息的粒度等方面都具有独特的优势，丰富了现有的交通信息采集与监控手段。

2.2.2 应用场景及条件

针对本文的研究目的及应用条件来说，无人飞行器交通信息检测主要应用于城市道路动态和静态交通信息的提取，在合适的气候条件(除雾霾、雨雪、风沙)下对各级道路路况信息做出有效的采集和捕捉，及时反馈给地面信息平台或调查人员，使调查能做到迅速与及时。

2.2.3 模块组成

采集模块的组成如表 1 所列。使用采集模块得到的视频是原始数据，由于摄像头存在畸变，飞机在空中有抖动和姿态调整，导致拍摄到的原始图像并不能被直接用于后期数据采集。所以，在将数据传给参数提取模块前，首先要消除畸变和抖动。

表 1 采集模块组成

采集模块组成	组成设备	系统功能	工作原理
飞行控制系统	多轴飞行器、飞控系统、2.4G 数传/地面站	设定飞行器的飞行路线并控制飞行状态	飞行器根据飞控设备或地面站的操作指令巡航
数据传输系统	5.8G 图传、飞行数据叠加系统、监视器	实时传输飞行器的速度、高度、距离以及位置信息	飞行数据叠加系统通过图传设备的 Wi-Fi 信号将飞行信息传回监视器
视频采集系统	三轴云台、高清广角相机、32G SD 卡	稳定采集路况视频并存储以便后续处理	相机录制采集视频并存储于相机存储模块

2.3 参数提取模块

2.3.1 基本参数提取功能

1. 目的参数

针对提出的要求，基本参数提取功能应该得出的参数有：各个车道的流量、车型比例和速度分布。

2. 数据特点分析计算法选取

采集模块使用四轴飞行器悬停在交叉口或路段上，用鸟瞰的视角在 50 m 以上的高度拍摄道路信息。而一般的路口摄像机架设高度都小于 10 m。通过图 2 可以看出，航拍得到的视频图像范围较广，车辆基本上呈现为矩形方块，且相互之间没有遮挡，更有利于车长、速度数据的采集。

(a) 立柱摄像数据　　(b) 飞行器采集数据

图 2　飞行器采集数据和立柱摄像机数据比较

与处理模块的防抖处理不能完全消除晃动一样，视频还是会产生几个像素级别的偏差。这时常规的帧差法、背景提取算法均难以获得较好的结果，标志线、路缘石等的边缘十分明显。由于目标参数是流量、车型和速度，所以可以使用鲁棒性较强的虚拟线圈法进行提取，结果显示参数提取效果较好。

3. 处理流程

在视频交通参数提取领域中，虚拟线圈法是一种被广泛使用且鲁棒性强、速度快的算法，该算法可以提取车道流量、车长、点速度、车头时距等信息。

虚拟线圈的思想源于交通信息采集中常用的磁感应线圈，当车辆通过时使得线圈磁场发生改变，从而检测到车辆进入、占用、离开感应线圈的各种情况。虚拟线圈检测车辆占用的方法有很多，针对采集到的数据遮挡少的特点，我们使用了边缘特点和颜色特点相结合的方法来检测车辆占用。

2.3.2　车辆轨迹提取功能

由于无人飞行器采集的数据范围广、车辆行驶轨迹清晰，所以我们在系统中加入轨迹提取模块，从微观角度真实获取车辆行驶的速度、位置的变化等过程。

通常通过视频提取车辆轨迹是由帧差法得到车辆的轮廓进而跟踪车辆的，在“同济眼”交通参数分析平台中我们提出了一种新的检测车辆轨迹的方法，即使用稀疏光流法和运动轨迹聚类来检测车辆轨迹。

车辆轨迹提取功能使用了稀疏光流法作为主要算法，首先提取整个图像中的所有特征点，并且通过光流法在各帧中间对特征点进行匹配；其次，将同一个特征点在不同帧中的位置记录下来，作为各个特征点的轨迹；最后，通过视频防抖算法进行防抖处理后，路面、路旁静止物体位置基本保持不变，而运动车辆上的特征点则会产生明显的位移。

所以，以各个特征点的轨迹的始终端位移为指标，通过一个阈值筛选出运动车辆上的特征点。然而，仅仅筛选出特征点还不够，还需要将运动的特征点通过聚类得到车辆运动的数据，因此这里检查各帧图像中各轨迹之间的距离，由于车辆是刚性物体，车辆上的特征点的距离应该不变，根据这一特点，通过计算各个特征点轨迹距离的方差、平均值将特征点聚类为车辆。

2.4 交通流分析模块

在统计出基本交通流参数的基础上，结合轨迹提取功能，对更深层次的交通流信息进行了分析，主要有交叉口流量流向统计、交叉口服务水平分析以及排队长度统计。

2.4.1 交叉口流量流向统计

交叉口机动车流量流向调查是为了掌握交叉口机动车的流量大小和流向分布规律，为交叉口的交通管理和信号灯配时提供依据。基于前文提出的流量检测方法，对于车道功能无混用的交叉口，在图 3 所示的交叉口四个进口道上分别统计右转车道、直行车道、左转车道的流量。对于车道功能混用的交叉口（如右转与直行混用），通过轨迹提取方法区分直行与左/右转。将每个进口道上统计的直行、左转、右转的车流量输出到如表 2 所列的交叉口流量流向统计表中的相应位置，根据表格即可在后期便捷地画出如图 3 所示的流量流向图。

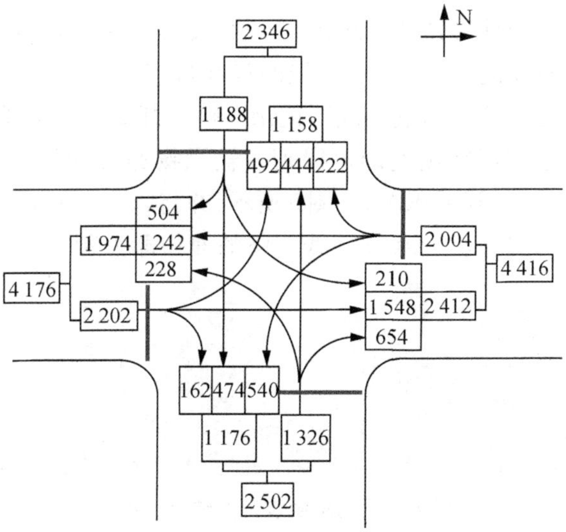

图 3　交叉口流量流向示例

表 2　交叉口流量流向统计

方位	进口道				出口道			
	直行	右转	左转	总计	直行	右转	左转	总计
东	1 242	222	540	2 004	1 548	654	210	2 412
南	444	654	228	1 326	474	162	540	1 176
西	1 548	162	492	2 202	1 242	504	228	1 974
北	474	504	210	1 188	444	222	492	1 158

2.4.2 交叉口服务水平分析

服务水平是衡量道路或交叉口为驾驶员和乘客所提供的服务质量的等级，可以从自由运行高速、舒适的较高水平，到拥挤、阻塞的较低水平。一般而言，信号交叉口的服务水平用控制延误来衡量和评估。控制延误指车辆由于交通信号控制设施所引起的延误，具体为车辆通过交叉口的实际行程时间与以畅行行驶速度通过交叉口的时间之差。根据表 3 信号交叉口服务水平和延误时间关系可以确定信号交叉口的服务水平。

表 3　信号交叉口服务水平和延误时间关系

服务水平	平均延误时间/s	运行情况
A	≤5.0	自由交通流（通畅）
B	5.1～15.0	稳定车流（稍有延误）
C	15.1～25.0	稳定车流（能接受）
D	25.1～40.0	接近不稳定车流（能忍受）
E	40.1～60.0	不稳定的车流（不能忍受）
F	≥60.0	强制性车流（阻塞）

本文对于控制延误的统计方法为：如图 4 所示，设置一对虚拟线圈，红色线圈设在交叉口进口道上游车辆开始减速的断面处，蓝色线圈设在进口道断面处。红色线圈记录的是车辆进入交叉口影响区的时刻 $A(t)$，蓝色线圈记录车辆离开交叉口影响区的时刻 $D(t)$，将交叉口影响区的长度除以车辆正常速度即可得到车辆顺畅通过交叉口的时间 $J(t)$。对四个进口道分别绘制车辆到达-离开累积图，如图 5 所示，并将 $A(t)$ 曲线沿横轴正向平移 $J(t)$ 个单位得到 $V(t)$ 曲线，$V(t)$ 曲线与 $D(t)$ 曲线包络的面积即为所有车辆的延误时间之和 T。

图 4　控制延误统计方法示意图

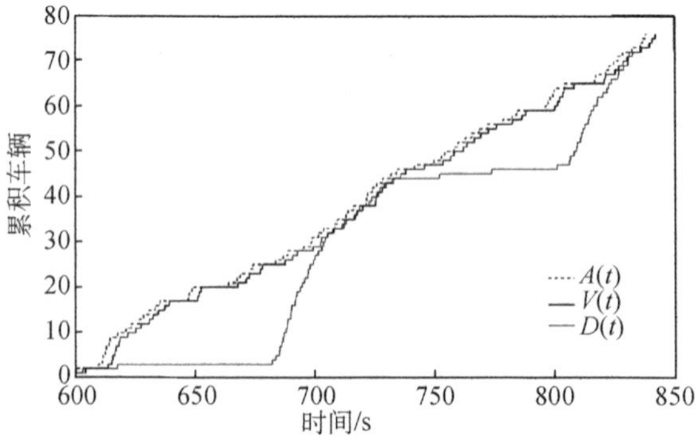

图 5　车辆到达-离开累积图

统计通过红色线圈的车辆数，记为 N，则交叉口控制延误为

$$d = T/N \tag{1}$$

通过查表即可得到交叉口的服务水平。

2.4.3 排队长度

带时间的车辆轨迹可以反映车辆的运行速度，如果车辆的运行速度小于某一阈值就可以认为车辆将进入排队区域。在一帧图像中，将某车道中离车道线最远的速度小于阈值的车辆所处的位置作为排队末尾来确定该车道的排队长度。车辆长度标注在道路上，排队长度展示如图 6 所示。

图 6　排队长度展示

2.5　接口模块

2.5.1 应用层开发思路

航拍交通信息监测平台的搭建旨在能够很方便地得到交通流基本参数，为研究人员或其他应用提供基础数据，同时允许开发人员基于该平台构建其他应用。上述目的能否实现，关键在于应用层的开发思路。

2.5.2 基本功能及其可视化界面

输入一段航拍视频，基本功能层应完成以下任务：输出视频中车流的流量、密度和平均车速。此外，还能可视化地显示背景提取、车辆跟踪、轨迹绘制等。具体基本功能界面如图 7 所示。图 8 为车辆轨迹提取功能可视化界面。

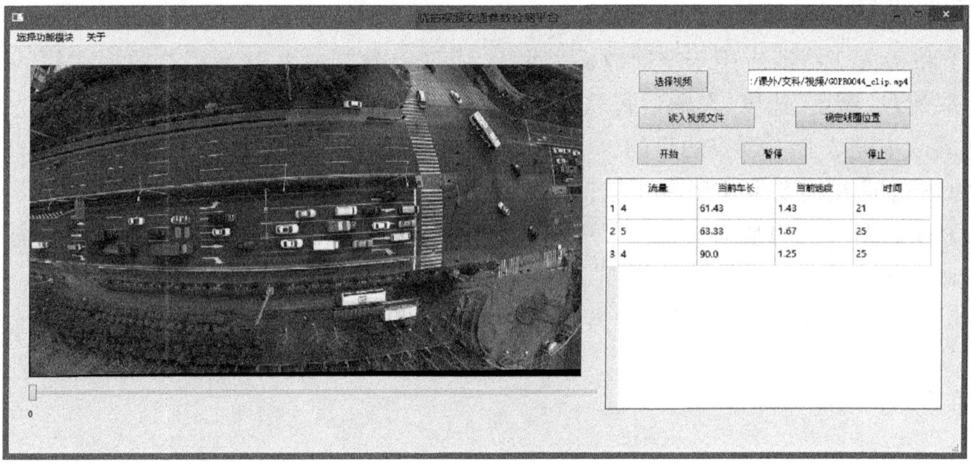

图 7　基本功能界面

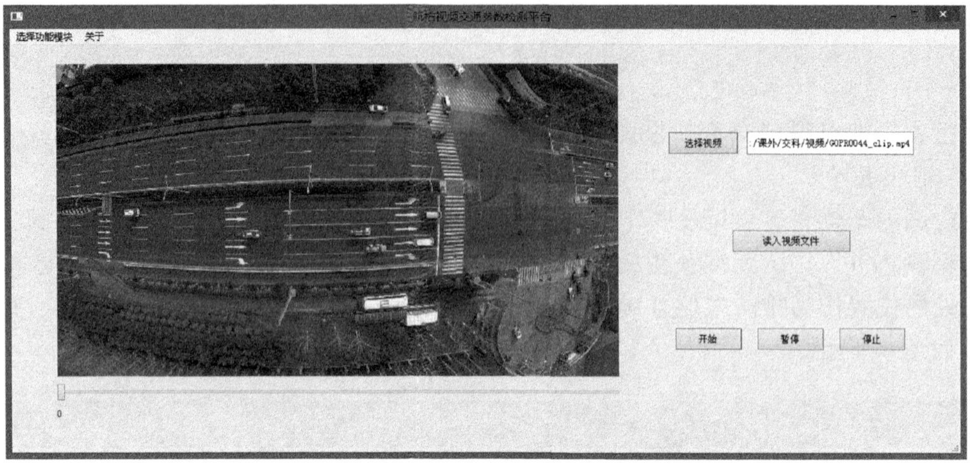

图 8 车辆轨迹提取功能可视化界面

3 结论

3.1 研究成果

(1) 自主组装了一套用于航拍的无人飞行器,且满足了交通参数提取的需要。无人飞行器的飞行高度可达 300 m,最大飞行速度为 18 m/s,续航时间为 25 min。无人飞行器既可以按预定路线飞行,又可以人为操纵;可以实时观测路况数据。无人飞行器成本较低且功能丰富。

(2) 开发了一个可提取交通参数的平台。通过采用防抖算法使采集到的视频更稳定,同时利用计算机视觉可准确地检测路段的交通参数。

(3) 分析交通参数,挖掘更深层次的信息。在提取参数的基础上,分析了交叉口流量流向、平均延误以及排队长度等。

3.2 创新特色

(1) 将无人飞行器应用于交通数据采集上,基于计算机视觉开发了参数提取模块,可以自动提取流量、密度、速度、车辆运行轨迹等宏观及微观信息。与传统人力调查相比,实现了以很低的成本完成交通调查的目的。

(2) 根据应用需要自主组装了航拍数据采集系统,可以采集多种交通参数。

(3) 在数据采集的基础上进行了更深入的探索,平台提供了分析交叉口流量流向、交叉口服务水平等功能。

(4) 设计接口模块,便于研究人员使用本平台进行研究和二次开发。

4 展望

本项目在交通信息采集领域有着独特的应用前景,首先,通过开发实时信息采集平台,使得信息采集可以与无人飞行器采集数据同步，并及时更新算法让采集数据的精准性不受影响；其次，进一步通过将平台与仿真软件相联系，对所采集到的交通数据运用数学模型进行分析，在此基础上及时分析数据所反映出来的交通问题，建立车辆行驶轨迹模型，可用于评价交叉口安全性、预测拥堵排队消散时间等方面；最终，我们要拓宽信息采集区域和范围，采集实时交通环境，如路况信息还有周围建筑自然景观，以期做到通过无人飞行器巡航建立区域 3D 交通环境模型，以便更真实地反映交通信息，如果与仿真平台相联系，将能有效反映路网交通现状，最终使平台可以自主构建路网。

参考文献

[1] 郑媛元.城市交通控制在线仿真技术[D].北京：北方工业大学，2008.
[2] 尹朝征.基于视频虚拟线圈的交通流参数检测[D].北京：清华大学，2002.
[3] 冯云鹏，张娜，马融.使用 OpenCV 技术实现的交通检测系统[J].计算机系统应用，2011，20(5)：105-108，121.

作者简介

金建栋，同济大学交通运输工程学院，交通工程专业。
刘明宗，同济大学交通运输工程学院，交通工程专业。
曹逸轩，同济大学交通运输工程学院，交通工程专业。
朱美新，同济大学交通运输工程学院，交通工程专业。
钟　盛，同济大学交通运输工程学院，交通工程专业。

指导老师

杜豫川，教授，同济大学交通运输工程学院。

DR.M2——地铁客流分析模型诊断系统

高　华，何嘉棋，姚雅慧，林逸群，王子健

|摘要|

城市轨道交通运营者通过客流分析模型来解决清分问题，清分比例准确与否，会影响其运营管理的效率。在城市轨道交通成网运营的背景下，影响乘客选择出行路径的因素愈加多元化，乘客选择的路径与简单网络下的也会有所不同，因此对客流分析模型进行检验和诊断具有重要意义。但目前的检验和校正方法还停留在人工调查和处理阶段，亟需一种信息化的手段来检验客流分析模型的准确性、合理性并为运营管理工作提供科学的参考依据。

本文从如何检验和校正现有的客流分析模型入手，为城市轨道交通运营者提供了新的研究方向和参考依据。并构建了回乘行为分析模型，其优化算法适用于海量数据的计算分析，为后续的相关研究奠定了基础。本文开发的DR.M2——地铁客流分析模型诊断系统，在考虑城市轨道交通运营者的实际需求下，将本课题的研究成果可视化，为运营管理者在票务清分问题、运力资源配置和列车运行组织方面提供参考依据。

|关键词|

城市轨道交通；客流分析模型；清分比例；诊断系统；回乘行为

1　引言

1.1　研究意义

从宏观角度，诊断城市轨道交通运营公司现有的客流分析模型的输出，对全网OD对的清分比例进行诊断和误差分析，并生成诊断结果，得出全网OD对客流分析比例的准确率。基于诊断结果为运营管理部门提出相应的清分异常OD表，为其校正各线路的清分比例提供参考依据，对于多个城市轨道交通运营管理主体之间的收入分配起着重要意义。

从微观角度，针对异常的OD对进行分析，切实找到OD对异常的原因，对异常OD对上的乘客出行路径进行具体筛选和计算，模拟出最符合实际的乘客出行路径。为城市轨道交通运营管理部门提供更符合实际客流规律的理论分析，包括对断面客流量、满载率等指标的校正，为运营组织部门在运力资源配置和列车运行组织方面提供参考依据。

1.2 研究内容

技术路线如图 1 所示。

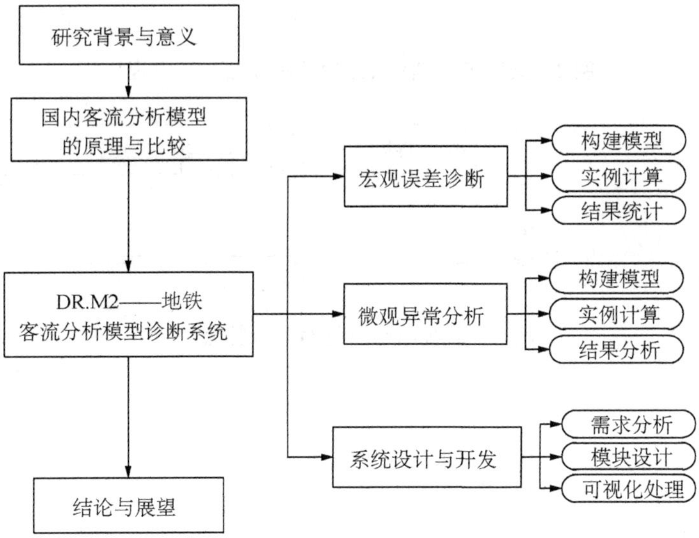

图 1 技术路线

2 客流分析模型的宏观误差诊断

2.1 构建模型

2.1.1 已知数据

(1) AFC 票卡数据:某一固定 OD 对上,一天内所有乘客的票卡数据,其中票卡数据包括进站时间 t_{in},进站点 O 站,出站时间 t_{out},出站点 D 站。

(2) 清分路径表:该 OD 对之间的有效路径信息,包括各有效路径经过的站点以及各有效路径之间的清分比例和列车在各有效路径的理论运行时间。

(3) 走行时间表:该 OD 对之间的有效路径上各车站站内走行时间,包括由进站闸机到进站线路站台的走行时间、由出站线路站台至出站闸机的走行时间、由换出线路站台到换入线路站台的走行时间等。此外,走行时间还按高峰和平峰进行区分。

(4) 列车运行图:同一天内,与该 OD 对间有效路径相关的线路的列车运行时刻表,包括列车方向、列车停靠的车站、列车到达和离开某车站的时间。

2.1.2 符号说明

乘客所选路径的相关符号示意图如图 2 所示。

2.1.3 建立模型

乘客理论出行时间的具体算法流程如图 3 所示。

本模型主要采取 KS 算法对理论和实际的出行时间-乘客频数分布图进行检验,具体检验流程如图 4 所示。

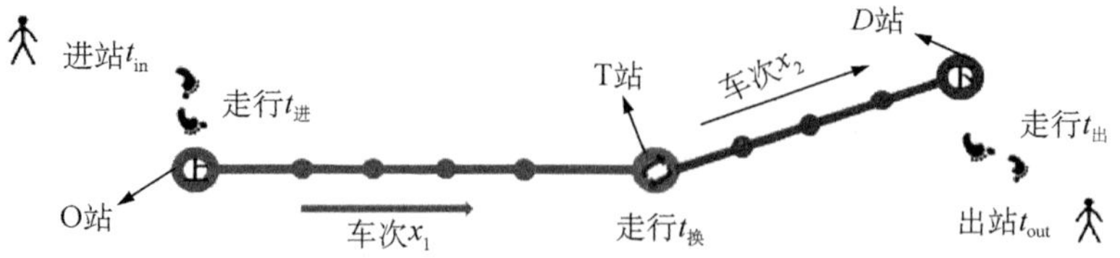

图 2　乘客所选路径的相关符号示意图(宏观)

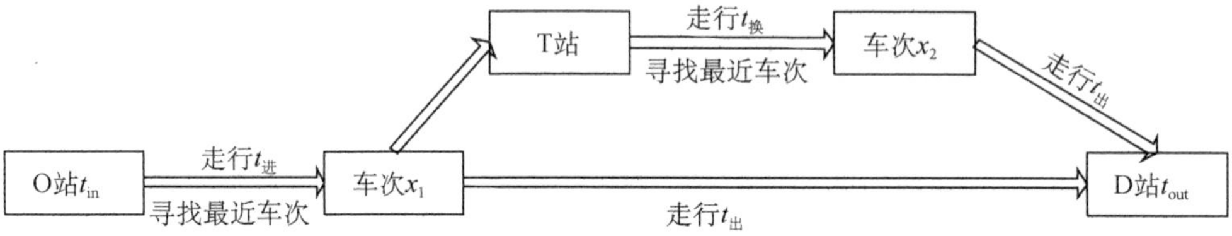

图 3　乘客理论出行时间计算流程

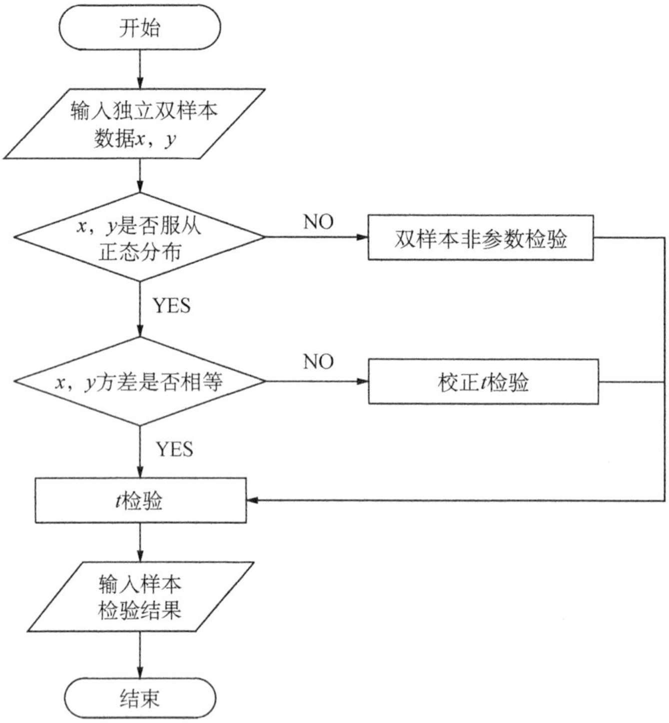

图 4　检验流程

3　客流分析模型的微观异常分析

根据回乘行为的定义，图 5 所示的是某一乘客在 O 站进站后，向与目标站 D 站相反的方向乘坐 n 站后，到达回乘站 R 站，再重新向目标方向乘车，最终在 D 站出站的过程。

1. 已知数据

(1) AFC 数据：某一固定 OD 对上，一天内所有乘客的票卡数据，其中票卡数据包括进站时间 t_{in}，进站点 O 站，出站时间 t_{out}，出站点 D 站。

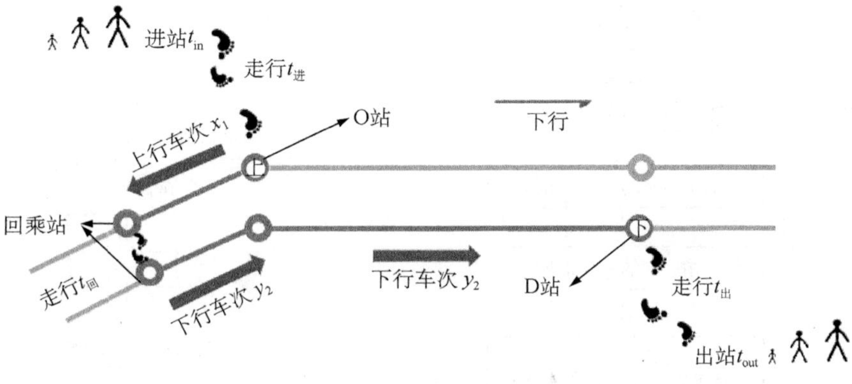

图 5 回乘示意图

(2) 清分路径表：该 OD 对之间的有效路径信息，包括有效路径的车站顺序、各有效路径间的清分比例。

(3) 走行时间表：该 OD 对之间的有效路径上各车站站内走行时间，包括由进站闸机到进站线路站台的走行时间、由出站线路站台至出站闸机的走行时间、由换出线路站台到换入线路站台的走行时间等。此外，走行时间还按高峰和平峰进行区分。

(4) 运行图：同一天内，与该 OD 对间有效路径相关的线路的列车运行时刻表，包括列车方向、列车停靠的车站、列车到达某车站的时间和离开时间。

2. 符号说明

乘客所选路径的相关符号示意图见图 6。

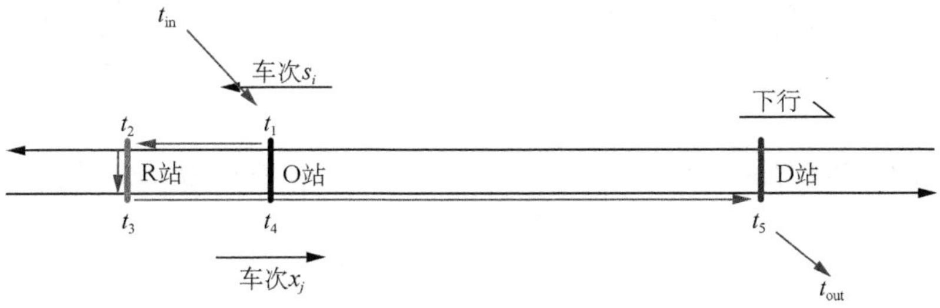

图 6 乘客所选路径的相关符号示意图(微观)

其中，

$$t_1 = t_{in} + t_{进} + t_{等};$$
$$t_3 = t_2 + t_{回} + t_{等};$$
$$t_{out} = t_5 + t_{出}。$$

由于在同一 OD 对中会存在 n 条有效路径，因此，对某一 OD 对的票卡信息初筛和试算时要分别对各条有效路径进行，具体的初筛算法和试算算法流程如图 7 和图 8 所示。最终将不同有效路径的误差 E 进行比较，取最小值作为该乘客出行的实际路径。

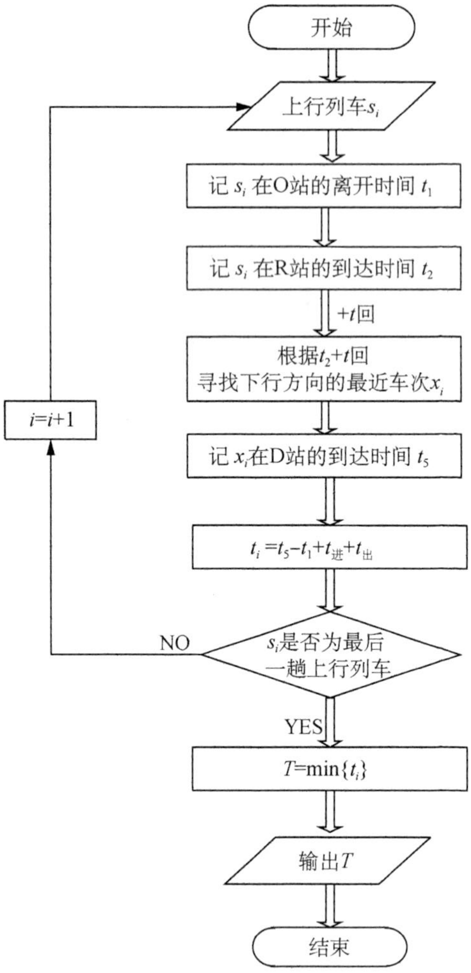

图 7　初筛算法流程

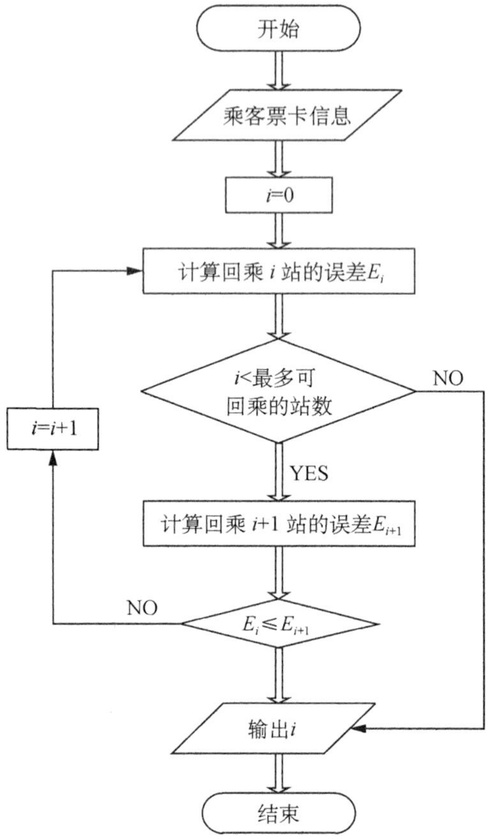

图 8　试算算法流程

参考文献

[1] 周玮腾,韩宝明,冯超.城市轨道交通网络客流分配模型和算法综述[J].系统工程理论与实践,2017,37(2):440-451.

[2] 徐瑞华,罗钦,高鹏.基于多路径的城市轨道交通网络客流分布模型及算法研究[J].铁道学报,2009,31(2):110-114.

[3] ZHU Wei, HU Hao, HUANG Zhaodong. Calibrating rail transit assignment models with genetic algorithm and automated fare collection data[J]. Computer-Aided Civil and Infrastructure Engineering, 2014, 29(7):518-530.

[4] 王泽欣.城市轨道交通路网信息管理系统[D].北京:北京交通大学,2017.

[5] 毛保华,张政,陈志杰,等.城市轨道交通网络化运营组织技术研究评述[J].交通运输系统工程与信息,2017,17(6):155-163.

[6] 毛林章.自动售检票系统在城市轨道交通中的应用研究[J].科技资讯,2017,15(31):8-9.

[7] 杨川.基于大数据的轨道交通网络化运营管理[J].中国新技术新产品,2017(16):120-121.

[8] 李原.城市轨道交通网络换乘客流分配研究[D].成都:西南交通大学,2017.
[9] 邵维,刘改红,张培军.贵阳轨道交通无缝换乘的规划设想[J].科技经济市场,2016(12):170-172.
[10] 耿杰,蔡伯根,王剑,等.基于深度优先搜索的铁路站场遍历算法研究[J].铁道学报,2012,34(4):51-56.
[11] 周泰.图的深度优先遍历算法及运用[J].电脑编程技巧与维护,2011,1(16):93-94.
[12] 蔡晓春.城市轨道交通网络客流分配模型与计算方法研究[D].北京:北京交通大学,2011.
[13] 刘萍,冯桂莲.图的深度优先搜索遍历算法分析及其应用[J].青海师范大学学报:自然科学版,2007(3):41-44.

作者简介

高　华,同济大学交通运输工程学院,交通运输专业。
何嘉棋,同济大学交通运输工程学院,交通运输专业。
姚雅惠,同济大学交通运输工程学院,交通运输专业。
林逸群,同济大学软件学院,软件工程专业。
王子健,同济大学电子与信息学院,计算机科学专业。

指导老师

朱　炜,副教授,同济大学交通运输工程学院。

基于海量 GPS 轨迹数据的出租车候客站选址及优化

姚　霖，李闻晰，白英琦，李殊远，农婧颖

| 摘要 |

目前我国出租车大多采用空驶巡游的寻客方式，这种方式极具盲目性。尤其在夜间乘客需求减少后，出租车的盲目巡游会带来更多不必要的空驶燃油消耗，同时增加驾驶负荷，并带来更大的安全隐患。通过对上海市出租车 GPS 轨迹数据的分析，发现出租车夜间的空驶率显著趋高，而且上客需求呈现出比白天更明显的空间聚集特征。为了优化出租车的寻客方式，提出利用非高峰时段公交站台剩余空间泊位，将其设置为出租车夜间停车候客站点的解决方案。基于上海市夜间出租车 GPS 轨迹数据、上海市已有的公交站点分布及形式，本文首先根据上海市夜间出租车 GPS 轨迹数据，挖掘供给与上客需求的空间分布，建立基于最大乘客需求覆盖的选址模型，并利用遗传算法求解，从候选站台中筛选出停靠站台，使其能覆盖重要的上客需求热点，并且能满足上客需求。其次，进一步建立了"车-站点"分配模型，将巡游的出租车分配至各个被筛选出的停靠站点候客，并考虑了每个公交站点合理的泊位数量限制，利用排队论计算出租车的空驶率、无载客时间等评价指标。最后，通过模型与现状的对比分析，结果表明，设置出租车停车候客站台后，出租车的空驶率由 40% 下降至 8.97%，无载客时间由 18.15 min 下降至 9.84 min。因此，设置出租车夜间停靠站是有效的优化方案。

| 关键词 |

出租车停车候客站；GPS 轨迹数据；数据挖掘；设施选址；容量设计；排队系统

1　绪论

1.1　研究背景

（1）夜间出租车空驶率过高且存在诸多问题：由于乘客出行需求具有波动性和随机性，按传统巡游方式出租车在道路网络中寻找乘客的过程较为盲目，出租车服务与乘客需求之间存在较大的供需矛盾。较高的空驶率也带来了能源消耗、司机成本增加和道路资源占用等问题。

(2) 夜间公交站台资源处于空闲状态，充分利用夜间空闲的公交站台资源，选取一定数量的公交站台作为出租车停靠点，以期借助公交站台的中间作用调节乘客需求与出租车供给之间的矛盾。

(3) 通过挖掘 GPS 时空大数据进行分析研究的方法得到了迅速发展，许多国内外学者对出租车 GPS 数据进行相关研究并取得了一定的成果。本文通过获取上海市 2011 年出租车 GPS 数据，基于其着手解决公交站台的选址问题，以及确定站点泊位数，为政府提供一种切实有效的方法来解决当前夜间出租车与乘客需求之间的供需矛盾，并解决相应的问题。

1.2 研究内容与技术路线

本文以上海市为研究对象，针对夜间时段上海市 8 000 多辆出租车以及一万多个公交站台，以 2011 年上海市 GPS 时空大数据为数据基础，通过数据分析以及模型建立，从而在 5 km×5 km 范围内的 1 575 个公交站台中进行选址，并确定站点出租车泊位数，为各个站点分配乘客需求和出租车供给。首先，对项目整体进行梳理思考，并通过查阅文献资料，从而借鉴学习处理选址问题的方法。其次，确定研究指标，对上海市出租车 GPS 原始数据进行预处理以及地图匹配。再次，从数据处理和模型建立两个方面进行选址求解：在数据处理方面，通过对预处理后的出租车 GPS 数据进行深入处理和特征分析，以进行站点筛选；在模型建立方面，通过建立基础模型来选择作为候选站点的公交站台，继而对基础模型进行优化，为每个被选择的站点分配泊位数量。最后，将基础模型求解得到的指标、优化模型得到的指标以及原始数据得到的指标进行对比，并得到最终结论。技术路线如图 1 所示。

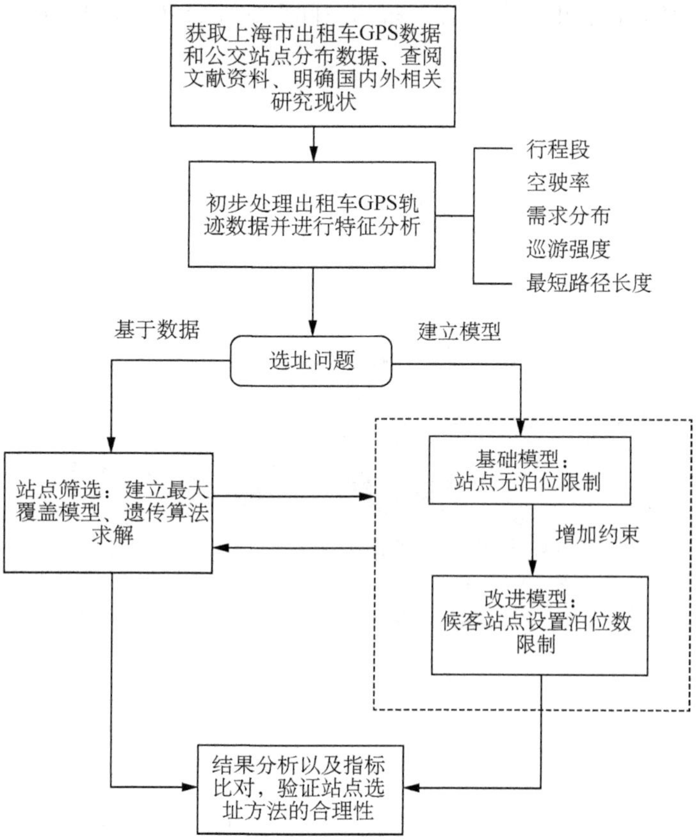

图 1 技术路线

2 数据处理

2.1 数据来源

数据来源包括 GIS 图层文件和数据文件。其中，GIS 图层文件含有上海市中心城区路网图层和上海市行政区划 shp 文件；数据文件含有上海市公交站点经纬度位置的 csv 数据，以及上海市 2011 年 3 月 1 日至 3 月

7 日共七天的出租车 GPS 轨迹数据。其中，出租车 GPS 轨迹数据采集自上海市强生公司提供的约 8 400 辆出租车 GPS 轨迹数据，数据的空间范围包括整个上海市区域，时间跨度为 2011 年 3 月 1 日至 3 月 7 日，样本数量约占上海市出租车总量的 17%。

2.2 数据处理

根据本文的研究范围，选择上海市中心城区夜间 21:30—23:30 的数据进行分析。由于原始出租车数据在采集过程中会存在 GPS 轨迹偏移、设备故障、数据记录异常等情况，故首先清洗异常数据。其次，规整和处理出租车 GPS 数据，包括范围裁定、空间投影、路网匹配、栅格划分和行程段处理，并界定了空驶段和载客段、上客点和下客点。

2.3 特征分析

(1) 行程段指标：计算出租车平均每趟载客段和空驶段的时间和距离。在夜间，出租车平均需要经过 18 min、4.4 km 的空驶巡游寻客过程，才能找到下一个打车的乘客。

(2) 里程空驶率：指单位时间内出租车空驶里程和总行驶里程之比；分析夜间空驶率在一周内的周变特征，从 21:30—23:30，空驶率随时段呈递增趋势；7 天所有时间的夜间平均空驶率为 40%，高于全天平均水平(32%)。

(3) 供需特征：与早、晚高峰时段相比，夜间出租车的每小时上下客频次都是减少的，空驶率增加，出租车上客分布的空间聚集特征更加明显，如图 2 所示。

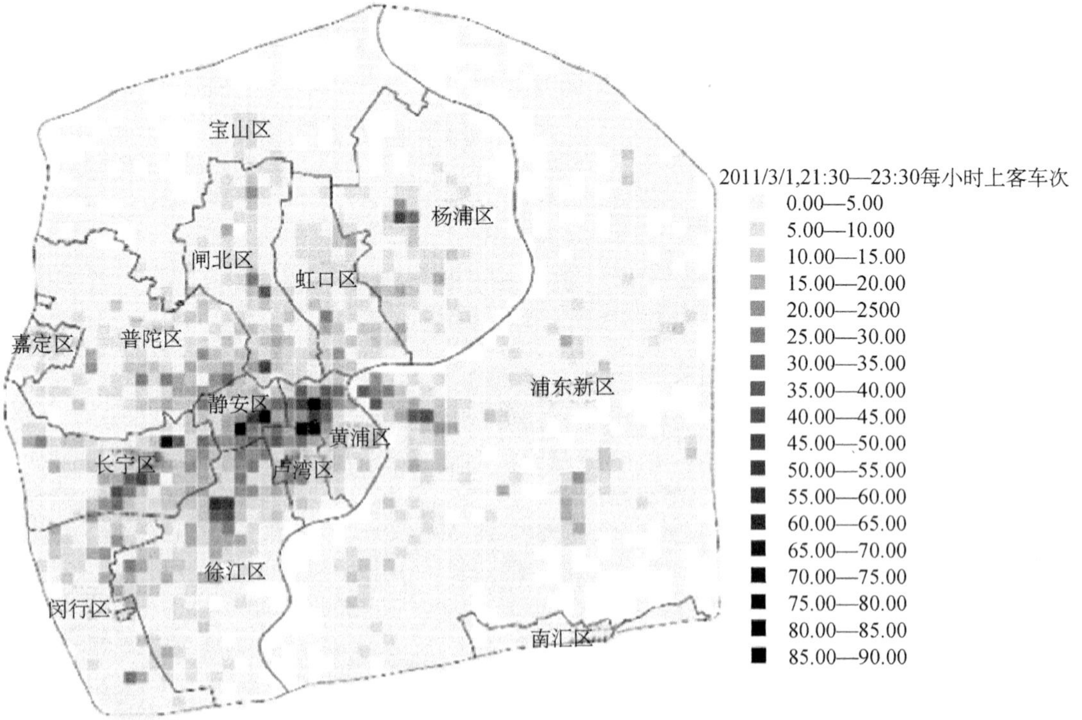

(a) 上客数分布/(车次·h^{-1})

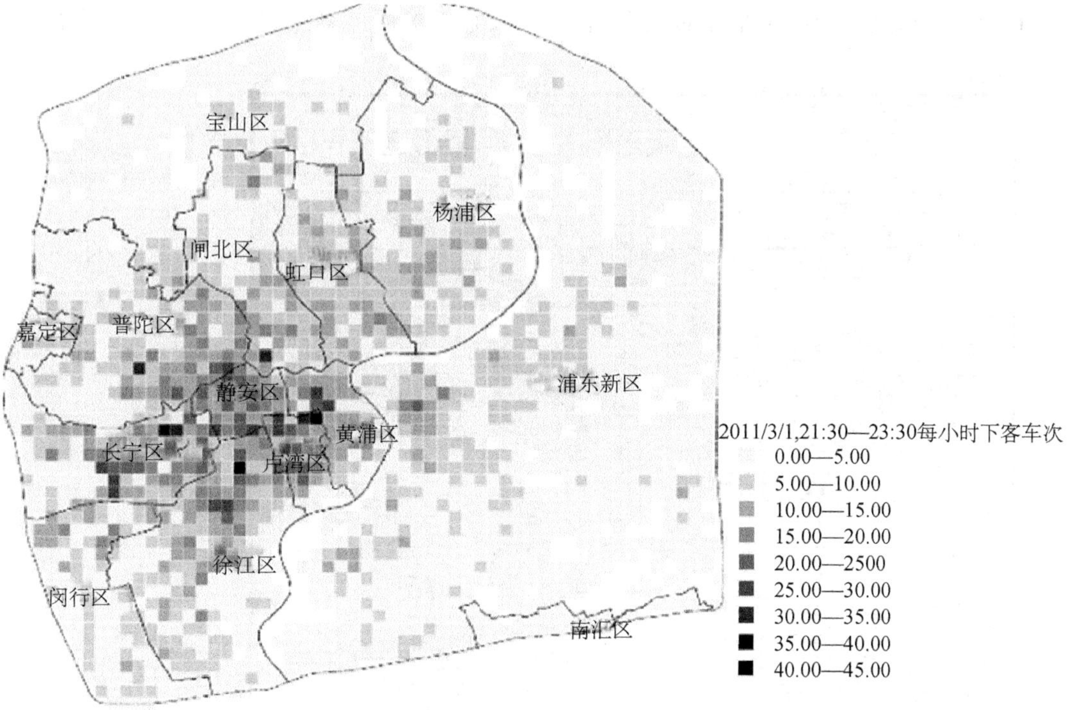

(b) 下客数分布/(车次·h^{-1})

图 2　2011 年 3 月 1 日夜间 21:30—23:30 每小时上/下客车次

3　站点选址

3.1　最大覆盖模型

为了对出租车的停车候客区域进行需求引导，淘汰一部分乘客需求较小的站点，尽可能选到上客热点区域及附近的站点；又为了让系统中筛选出来的停靠站点能尽可能地位于500 m缓冲区内覆盖到最大的乘客需求，故采用最大需求覆盖模型从候选站点中筛选其中一定比例的站点，使系统需求覆盖率最大。

该模型的优化目标是使系统需求覆盖率最大，即被选站点 500 m 半径范围覆盖的乘客需求与系统中总乘客需求之比最大；约束条件包括选择站点总数约束和需求点被覆盖的约束；求解的决策变量为候选站点是否被选中。

3.2　遗传算法求解

针对上海市中心区 10 km×10 km 区域内包含的 1 576 个候选停靠站点栅格位置进行筛选，选出不超过 50%的站点位置作为设置出租车候客站点区域，并将 500 m 覆盖的乘客需求分配至各选中站点。在初始化后，将计算适应度、轮盘赌选择、交叉运算、变异运算迭代后，得到较稳定的优化结果：从所有站点栅格里中选取不超过总数的 50%的站点作为出租车停靠候客站点，能够满足 99.5%以上的乘客需求覆盖率。最后从 1 576 个候选站点位置中选出了780个站点作为出租车停靠候客站点，其乘客需求覆盖率为99.734%，如图3所示。

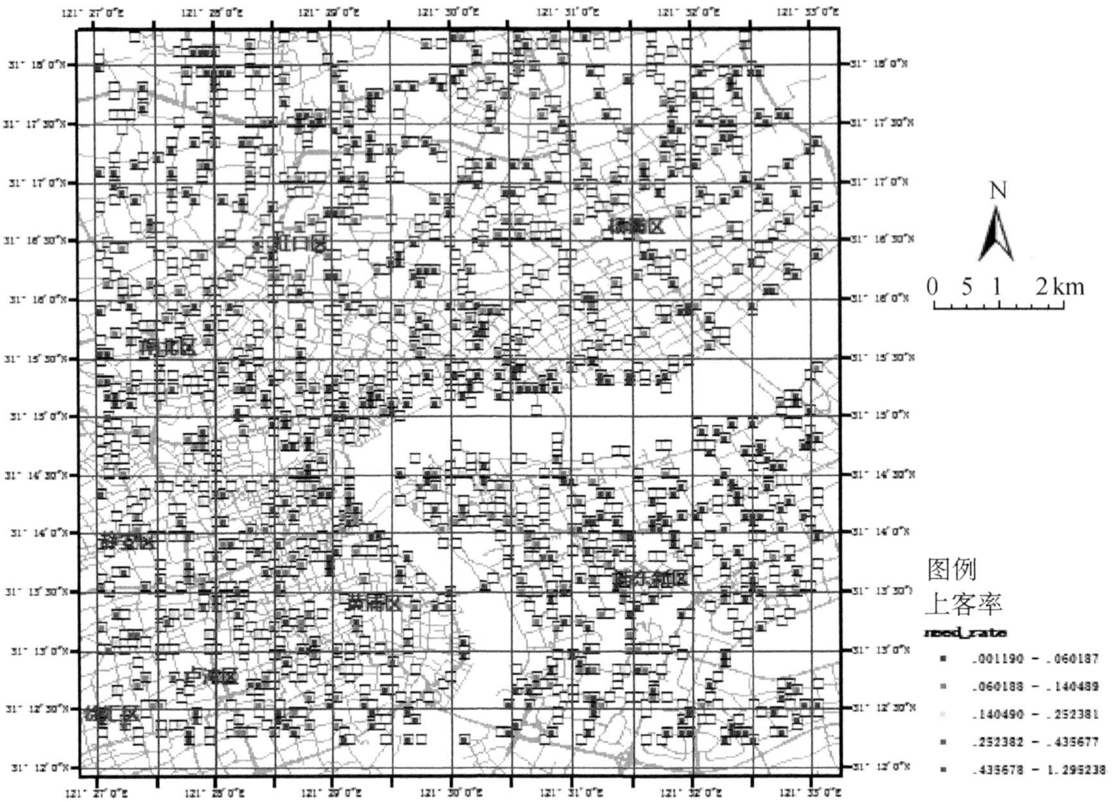

图3　站点筛选结果

4　分配模型

4.1　模型建立

模型假设乘客需求只在站点产生，出租车全部在站点候客，不存在巡游，且站点无泊位容量限制。由此建立了一个整数规划模型用于将出租车分配至站点等待，其目的是降低出租车的空驶率以及候客时间。因此，优化目标是使出租车驶向站点的空驶里程与该站点乘客需求率之比最小；所求决策变量为表示 i 栅格出租车是否分配至 j 站点的0-1变量。

4.2　评价指标

为了对比站点候客模式和巡游模式，采用里程空驶率（出租车空驶里程与总行驶里程的比值）和无载客时间（出租车无载客包括空驶和停泊时间的平均值），对两种出租车布局模式进行评价。其中，无载客时间将站点出租车候客的过程看作一个排队系统：将出租车看作顾客，出租车在站点搭载乘客则是被服务的过程；假设出租车到达间隔时间和服务时间均服从指数分布，那么该排队系统简化为一个M/M/1排队模型。

4.3 数据测试

选取上海市外环以内某个 5 km×5 km 范围的出租车与停靠站点数据，最终计算出的评价指标结果为：里程空驶率 8.97%，平均无载客时间 9.84 min。

5 容量设计

以上模型未对停靠站点限制容量，而实际情况则存在泊位容量限制；公交站的泊位限制实际上对于出租车司机是一种“推荐模型”，我们企图用泊位限制来告诉出租车司机：某公交站台泊位排满后继续在这里等待可能会增加其等待时间，此时出租车应该转移到别的泊位处等待或者继续巡游。

因此，我们对已经求解的基础模型增加约束，使得各个站点的泊位数有 90%以上的概率可以满足到达出租车的需要。也就是说，在夜间，某出租车到达一个站点后发现没有剩余泊位可供停靠的概率是小于 10%的。这种情况易用排队论求解，并最终根据站点服务强度分成三种情况进行讨论。

6 研究结论

计算现实数据和模型评估两种情况下的空驶率以及整个系统内的平均空驶时间如表 1 所列。

表 1 基础评价指标对比分析

	空驶指标	时间指标
现实情况	平均空驶里程：4 401 m 平均载客里程：6 598 m 空驶率：48%	平均空驶时间：18.146 min（即无载客段的平均总耗时）
模型结果	平均空驶里程：650 m 平均载客里程：6 598 m 空驶率：8.97%（↘）	平均等待时间：7.15 min 平均空驶时间：2.69 min 无载客段的平均总耗时：9.84 min（↘）

从表 1 的数据可以看出，在优化前，整个系统的空驶率大约为 40%，无载客段的平均总耗时为 18 min；而经过模型优化以后，空驶率下降到只有 8.97%，无载客段的平均总耗时只有 9.84 min。不论是空驶率还是平均总耗时，出租车夜间泊位模型的评估结果都大大优于现实情况。因此，夜间公交车位是能够为众多夜间巡游空驶的出租车提供一个既减少空驶里程又不必巡游很久才能遇到乘客的泊位，这个建议是值得被采纳的。

7 创新特色

国内外交通研究者利用 GPS 数据对城市交通的研究主要集中在交通出行行为、道路交通状态参数估计以及出租车系统运营管理等方面，而针对特殊时段即本文所研究的夜间时段的乘客与出租车之间的供需矛盾的研究则较少。除此以外，本文创新性地将夜间闲置的公交站台作为出租车停靠点，将本文的研究内容转化为大型选址问题，项目具体的创新点如下：①项目内容基于上海市出租车 GPS 时空大数据；②本研究同步解决了选址和容量优化问题；③针对较大规模的路网选址和优化问题，对比分析了不同模型及求解算法；④数据处理与模型建立双线进行，基于实际数据对模型求解使双线交汇。

参考文献

[1] 金雷，谢秉磊.基于上落客时空特征的出租车停靠站选址模型[J].交通运输系统工程与信息，2015，15(2)：182-188，194.

[2] 谢超，董洁霜，刘魏巍.基于出租车 GPS 数据和免疫优化模型的出租车停靠站布局研究[J].技术与创新管理，2015，36(4)：381-384，392.

[3] 黎冬平，陈峻，晏克非.带容量限制的城市出租车服务站点选址模型[J].东南大学学报：自然科学版，2009，39(2)：394-398.

[4] 刘子先，李晓鹏.多因素 P—median 下对电动出租车充电站的选址研究[J].工业工程与管理，2013，18(6)：1-6.

[5] YANG Jie，DONG Jing，HU Liang. A data-driven optimization-based approach for siting and sizing of electric taxi charging stations[J]. Transportation Research Part C：Emerging Technologies，2017，77：462-477.

[6] WONG R C P，SZETO W Y，WONG S C. A cell-based logit-opportunity taxi customer-search model [J]. Transportation Research Part C：Emering Technologies，2014，48：84-96.

[7] WONG R C P，SZETO W Y，WONG S C. A two-stage approach to modeling vacant taxi movements [J]. Transportation Research Part C，2015：254-275.

作者简介

姚　霖，同济大学交通运输工程学院，交通工程专业。

李闻晰，同济大学交通运输工程学院，物流工程专业。

白英琦，同济大学交通运输工程学院，交通工程专业。

李殊远，同济大学交通运输工程学院，交通工程专业。

农婧颖，同济大学交通运输工程学院，交通工程专业。

指导老师

孙　剑，教授，同济大学交通运输工程学院。

智能车辆自主换道运动行为建模与仿真

范冬阳，李金洋，吴熠玮，黄永雄，崔潇雨

| 摘要 |

本文利用 NGSIM 的开源真实驾驶轨迹数据，专门提取其中的换道行为进行分析研究，主要的研究内容包含五个方面：①根据换道方向以及换道动机，进行了细致的特征分析；②在充分了解驾驶人换道行为特征之后，利用现存的固定参数几何换道解析模型（多项式模型及 B 样条曲线模型）进行了实际数据拟合，并且发现此模型并不具有普适性；③在第二步的基础上，我们构建了组合机动轨迹识别以及动力学关系的解析模型，重新拟合轨迹数据，提出了具有个性化参数的、更具普遍意义的换道轨迹模型；④为了得出更高精度的换道模型，最后我们使用长短期记忆（LSTM）模型来构造神经网络，从而对数据进行深度学习，并得出了根据周边车辆信息实时预测轨迹的动态换道模型，该模型在轨迹合理性、安全性以及舒适性方面均较前面两种方式有所提升，轨迹覆盖率超过 90%，可以较好地模拟真实情况下驾驶员的换道行为；⑤通过 Vissim 中的 API 接口，载入外部驾驶员模型，将本文中生成的三种模型导入，三维呈现换道轨迹，从而直观评价各类模型的合理、舒适和安全性能。

| 关键词 |

汽车换道规划；无人驾驶；几何换道解析模型；LSTM

1 绪论

1.1 研究背景

在无人驾驶技术发展的过程中，换道行为作为其中的一个关键环节，成为需要重点攻克的难关，而目前这方面的技术依旧不够成熟。并且，现有的大多数无人驾驶换道行为的研究侧重于换道决策的判断，然而对于换道的动作规划（motion planning）方面钻研甚少。在不甚丰富的换道轨迹模型的研究中，大部分是根据换道轨迹及动力学因素拟合得出的定参数几何解析模型。然而，在路上行驶的车辆，它们的换道行为不可能全部运用同种换道轨迹模型，对于不同情况下的换道车辆，换道轨迹应该是个性化的。因而，定参数换道轨迹模型不具有实际运用的普适性；不过少部分存在个性化动态参数的换道轨迹模型，对于换道过程中实时周边车辆信息的考虑较少，且大部分运用的是仿真得到的轨迹数据，缺乏现实条件下大量驾驶员行车换道的数据支撑。最近的研究中，隐马尔可夫模型(HMM)被应用到换道轨迹规划中，其根据周围的车辆计划各种车辆轨迹，然后选择安全舒适的轨迹，但是在最佳轨迹的确定方面仍存在困难。因此，更加安全合理的无人驾驶汽车的换道轨迹模型需要被建立。

1.2 研究创新点与技术路线

1.2.1 研究创新点

(1) 在传统的换道模型研究中，一般使用有限数据或单一的仿真平台，而我们利用NGSIM的海量数据，提取了2 069条真实的驾驶员换道数据用于研究。

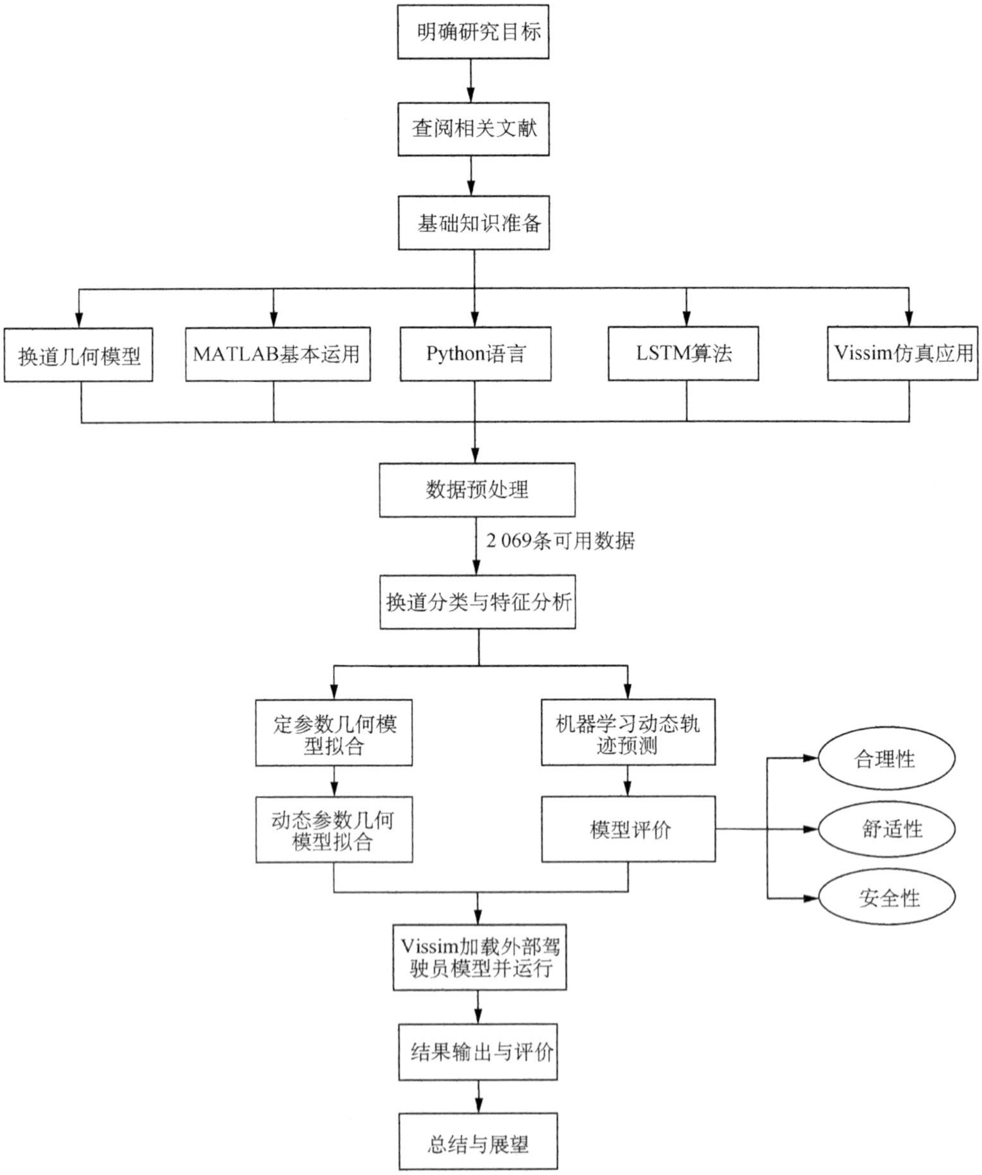

图1 技术路线

(2) 使用 LSTM 长短期记忆网络，通过深度学习，最终只需获取目标车辆前 3 s 的参数，就能完成合理、舒适的换道轨迹规划，消除了实际换道中的动力学参数突变，使得平顺性更佳。

(3) 为了直观有效地评估模型的合理性、舒适性和安全性，本文通过 API 接口，运用外部驾驶员模型，使用 Vissim 仿真软件直观地呈现了模型的换道情况，并比较模型间的换道优劣程度。

1.2.2 技术路线

本研究的技术路线如图 1 所示。

2 数据选取与变道特征分析

2.1 数据的提取与预处理

本研究主要选用了两条高速公路的数据，一条是位于洛杉矶的 US Highway 101(以下简称 101)，另一条是位于旧金山的 Interstate 80(以下简称 I80)。这些数据具有海量、开源、真实的特点。然后，我们基于对文献的参考和数据本身的分析，确立了换道起始点和终止点的判定条件，并根据车辆的换道意图和换道过程中车辆之间的交互行为以及动态博弈过程，对数据进行了提取和分类。在此基础上，我们又对数据根据后期工作的需要进一步筛选。最终得到的数据如图 2 所示。

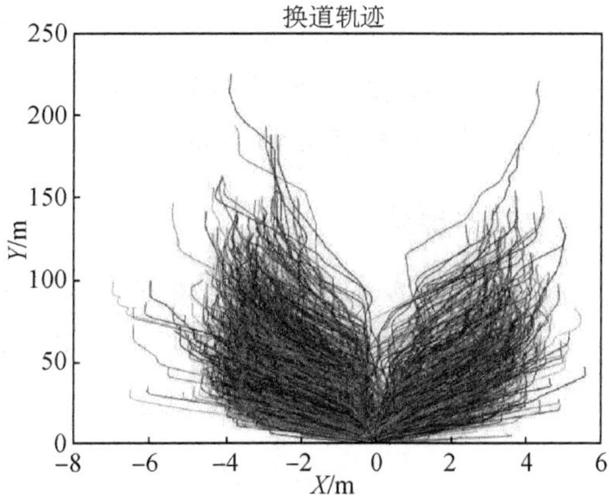

图 2 预处理后的数据轨迹

2.2 路段变道基本特征分析

2.2.1 车辆换道时长的特征分析

根据对不同类型的换道进行统计以及分布分析，得到如下几点结论：

(1) 自由换道(Discretionary Lane Changing, DLC)的总时间小于强制换道(Mandatory Lane Changing, MLC)，且 90%的自由换道时间在 10 s 内，90%的强制换道时间在 15 s 内；

(2) 向右换道平均换道时间更长。

2.2.2 关于车头时距的特征分析

车头时距是道路车辆运行的最主要特征之一，我们对不同换道类型的车头时距进行了统计分析，得到了如下结论：

(1) 自由换道的车头时距分布更加集中；

(2) 自由换道比强制换道可接受的车头时距更小；

(3) 向右换道比向左换道可接受的车头时距更小；

(4) 自由换道中向右换道可接受的车头时距最小。

2.2.3 关于车速的特征分析

车速作为描述车辆运动特性的一个重要指标，也是特征分析中的重要组成部分。经过统计分析我们得到了如下结论：

(1) 自由换道的车速变化较为平滑，而强迫换道的车速曲线毛刺较多，即速度突变较多；

(2) 强迫换道的车速均值普遍低于自由换道；

(3) 自由换道中，向右换道的车速更快，且分布更为集中；

(4) 强迫换道中，向右换道的车速较慢，且分布更为集中。

3 换道轨迹规划的几何模型

现有研究中，对于几何换道模型的研究大致分为两类：其一是定参模型，基于运动学基本物理理论和位置关系，研究者通过仿真或大量真实换道轨迹来标定出恒定的参数值；其二是变参模型，基于车辆的运动特性，或者换道车与周边车的动态变化，研究者通过大量的真实换道轨迹来标定出动态参数值域。基于前述特征分析可知，不同类型换道行为之间的差别很大，因此我们首先尝试通过对几何模型进行分类标定来提高其精度和可靠性。

3.1 定参模型

3.1.1 基于多项式的几何模型

在本文中，我们选用了的多项式的具体轨迹方程为

$$\left.\begin{aligned} y(t) &= a_6t^6 + a_5t^5 + a_4t^4 + a_3t^3 + a_2t^2 + a_1t + a_0 \\ x(t) &= b_5t^5 + b_4t^4 + b_3t^3 + b_2t^2 + b_1t + b_0 \end{aligned}\right\} \quad (1)$$

利用筛选后的分类数据进行拟合标定，分别得到了四类情况下的换道方程。

3.1.2 基于B样条曲线的几何模型

B样条曲线的几何方程如下：

$$Y(x) = \frac{y_{\mathrm{d}}}{2}\left\{1 - (1-\Delta\alpha) \times \cos\left(\frac{x}{L_{\mathrm{d}}} \times \pi\right) + \Delta\alpha \times \tanh\left[\frac{\Delta\alpha}{L_{\mathrm{d}}} \times \left(x - \frac{L_{\mathrm{d}}}{2}\right)\right]\right\},$$
$$x \in [0, L_{\mathrm{d}}] \quad (2)$$

同理，通过对轨迹数据进行拟合，可得到四类换道行为下的轨迹方程。

3.1.3 模型评价

上述两种经过分类标定的定参换道轨迹模型，虽然在连续性和舒适性方面表现较好，但是依然没有考虑到实际中多样的换道类型，而且没有和周围环境进行交互。因此，这两个模型在合理性和安全性上依然很难令人满意。

3.2 变参模型

3.2.1 基于运动模型和机动识别的车辆换道轨迹预测

我们基于对轨迹预测较为成熟的机动识别，将其与运动模型相结合，并立足于换道特

征，单次规划出含有变参量的车辆换道轨迹。

考虑在解析模型中引入个性化的动态参数。我们结合运动模型和机动识别生成新的换道轨迹预测。这里将上文中提到的多项式轨迹作为理想的行驶路径。机动识别是基于车辆的瞬时路径和预设的行驶路径形状来识别换道倾向；而运动模型是考虑不同车辆的运动惯性，得到每个维度的速度分量，用以纠正换道轨迹。最终预测轨迹是一个加权等式，根据换道时长集中在 6～8 s，我们计算出权重函数，从而体现其个性化。

3.2.2 模型评价

从合理性的角度来看，该模型拟合的轨迹与原轨迹的重合度较高，但是偏角不稳定，且动力学参量不满足实际情况。从舒适性的角度来看，速度和加速度的波动都比较小，较为符合人的乘车要求。从安全性的角度来看，因为该模型仍然缺乏和周围车辆的交互，因此可能会产生一些安全问题。

4 基于 LSTM 算法的换道轨迹生成模型

我们选用了长短期记忆单元(Long Short-Term Memory, LSTM)来进行轨迹预测。在 LSTM 算法中，可以加入实时周边车辆信息，以实现动态输出。并且作为一种深度学习算法，LSTM 能够更好地学习人类的换道行为。而 LSTM 本身作为一种非线性模型，其复杂的非线性单元也可用于构造更大型的深度神经网络并且能够实现短期学习、长程预测的效果。

4.1 基于 LSTM 算法的预测过程

训练所用数据为上文提及的从 I80 与 101 高速公路的开源驾驶轨迹数据中提取的 2 069 条换道轨迹数据集。

设定模型输入为换道前 3 s 目标车(标识了 targ)、同车道前后车、相邻车道各三辆车(九辆车位置如图 3 所示)的横、纵坐标，瞬时速度以及瞬时加速度。原始轨迹数据的采集间隔为 0.1 s，故模型每次输入为 30×36 的矩阵。定义模型输出为下个 0.1 s 时刻目标车的横、纵坐标，瞬时速度以及瞬时加速度，故模型的每次输出为 1×4 的矩阵。

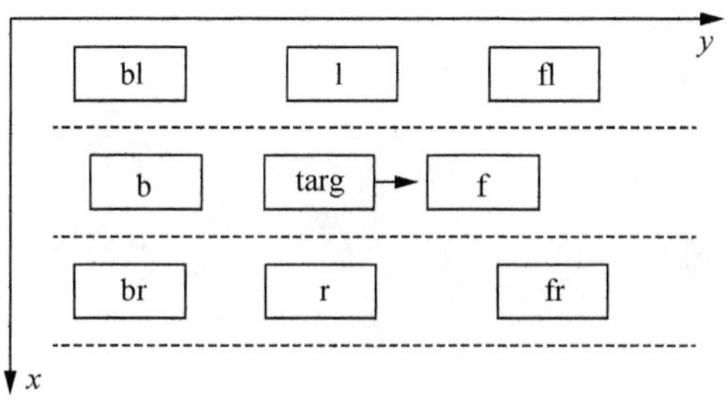

图 3 输入车辆位置关系

然后把这个作为下阶段输入的一部分，连同实时检测的周围车信息再输入到这个模型中。如此不断地输出下个 0.1 s 目标车的位置，连缀而成轨迹，即实现了短期学习、长程预测的效果。我们随机选择 80%的车辆轨迹进行训练，并使用剩余的 20%车辆作为验证，从而得到了所需的模型。

图 4 为随机挑选的两种方向的预测换道轨迹与实际换道轨迹对比，可以看出，LSTM 模型的预测轨迹与原轨迹走向基本吻合，且机器学习预测的轨迹曲率更加连续，曲线无明显折角。

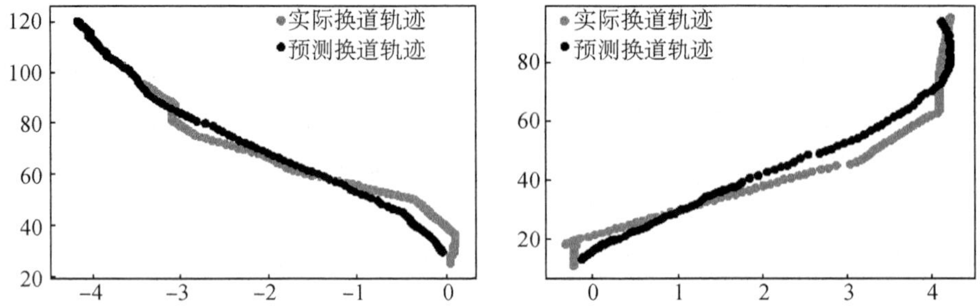

图 4　预测与实际的换道轨迹对比

4.2　模型评价

从合理性的角度来评价，该模型具有较高的平顺度和覆盖率。从舒适性的角度来考量，该模型的速度和加速度的波动都比较小。从安全性的角度来考虑，其危险轨迹的比例虽然略高于实际的换道轨迹，但较之前的模型已经有了大幅改善。

5　基于 Vissim 平台的轨迹可视化处理

为了更加直观地感受本文提出的两种换道模型的优劣，我们将 Vissim 中原有的换道轨迹运用外部驾驶员模型，分别替换成两种模型的预测结果。通过调用 Vissim 的 API 接口，参考 Vissim 自带的 Driving Simulator 案例进行二次开发，我们对 LSTM 换道模型在 Vissim 中进行了仿真，仿真效果如图 5 和图 6 所示。在 Vissim 中我们可以通过驾驶员的视角来对换道行为的优劣进行一个直观的评估；另外，从我们测试的几个案例来看，LSTM 换道模型是可以在驾驶员感到比较舒适的情况下完成换道行为的。

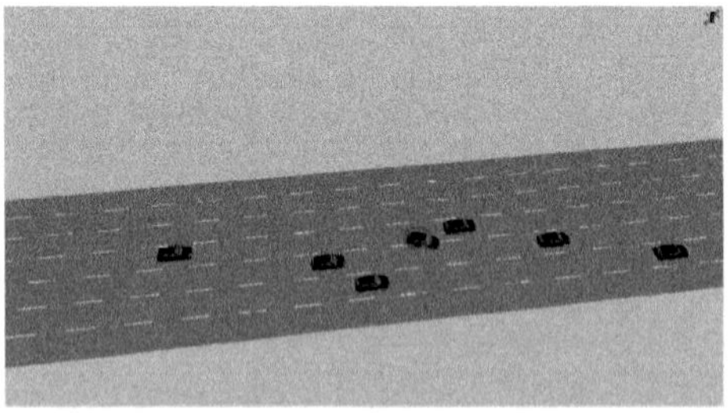

图 5　Vissim 仿真 LSTM 换道(俯视视角)

图 6　Vissim 仿真 LSTM 换道(驾驶员视角)

参考文献

[1] 任殿波，张京明，王聪．变曲率弯路车辆换道虚拟轨迹模型[J]．物理学报，2014，63(7)：1-10.
[2] 马川．智能车辆轨迹规划和控制算法研究[D]．淄博：山东理工大学，2013.
[3] 李玮，高德芝，段建民．智能车辆自由换道模型研究[J]．公路交通科技，2010，27(2)：119-123.
[4] 李玮，王晶，段建民．基于多项式的智能车辆换道轨迹规划[J]．计算机工程与应用，2012，48(3)：242-245.
[5] 陆建，李英帅．车辆换道行为建模的回顾与展望[J]．交通运输系统工程与信息，2017，17(4)：48-55.

作者简介

范冬阳，同济大学交通运输工程学院，交通工程专业。

李金洋，同济大学交通运输工程学院，交通运输专业。

吴熠玮，同济大学交通运输工程学院，交通工程专业。

黄永雄，同济大学交通运输工程学院，交通工程专业。

崔潇雨，同济大学交通运输工程学院，交通工程专业。

指导老师

孙　剑，教授，同济大学交通运输工程学院。

地下车库自动导航停车系统

李一帆，李逸翀，王嘉锐

|摘要|

汽车保有量的增加方便了市民的交通出行，但这也给市政建设带来了压力。"停车难"就是衍生的问题之一。

本文提出了一种地下车库自动导航停车系统的雏形，旨在利用计算机强大的处理能力为车主寻找车位并合理安排路线，提供导航。一个完善的停车系统可以查询车库内所有车位的停车信息，并为进入车库的车辆分配车位，根据车库内的交通状况分配最合理的路线并提供导航服务。对于已离开车的车主，也可以提供前往楼梯间的导航服务以及反向智能寻车服务。

|关键词|

地下车库；视频定位；路径规划；自动导航；反向寻车

1 研究背景与目的

根据数据统计，2016年年底全国机动车保有量达到2.79亿辆，其中汽车接近2亿辆，年增长量和注册机动车量都达到历史新高，而且汽车占机动车的比例一直不断提高，近几年占比从50.4%提高至66%。所以，停车难的问题一直困扰着有车一族，尤其是在大型商场，娱乐繁华地区，停车难问题更是非常严重。另外，随着城市人口的增加，城市的交通压力也随之增加。停车效率低、停车难制约着人们的出行。人们在出行的时候，通常会耗费大量时间去找停车位，这样不仅浪费时间，还会造成城市拥堵。同时，会给环境造成负担，也会影响城市的形象。所以，面对车辆日益增长对停车场需求的不断增大这一问题，须改变城市的交通条件和停车场的利用效率。

停车难主要存在以下几个方面的问题：

(1) 停车信息不透明；

(2) 对城市停车问题缺乏有效管理；

(3) 智能化停车场数量少，且智能化程度不高；

(4) 移动设备对停车的辅助功能有待加强。

2 系统概述

2.1 系统框架

停车系统的主要内容包括：车位预约、车位信息采集、车辆定位、停车引导、反向寻车和出入口管理等，如图 1 所示。

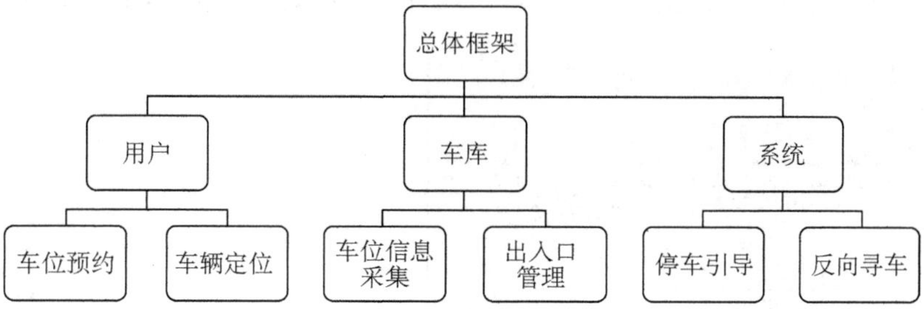

图 1　系统框架

2.2 系统工作流程

车辆入库时，摄像头将获取车辆的车牌信息，并为该车匹配最近的空闲车位，将该车的信息保存在对应车位的数据库中。之后开启道闸，放行车辆，打开配对车位上的车位锁。同时，根据此时车库内的交通信息为该车进行路径规划，并根据摄像头读取到的二维码信息定位，根据车辆实时位置提供导航，此时车位处于预约状态。导航方式主要为手机 App 的智能地图导航和语音提示，同时在车库中设置灯光提示牌。泊车完成后车主需要在 App 上确认，车位进入占用状态，导航系统将继续为车主提供从停车位前往电梯间的导航。

车辆出库时，车辆离开车位，计算机根据车辆位置以及车库内的交通情况，为出库车辆选择最近的出口，并规划合理路线。导航功能开启。车辆到达出口，摄像头再次获取车辆的车牌图像信息，由出入口控制管理计算机对车牌进行识别，识别出车牌信息后，再检索数据库，比对信息；若信息相符，收取停车费用并开启道闸，车辆出库；若信息不符，则不予放行。系统的工作流程如图 2 所示。

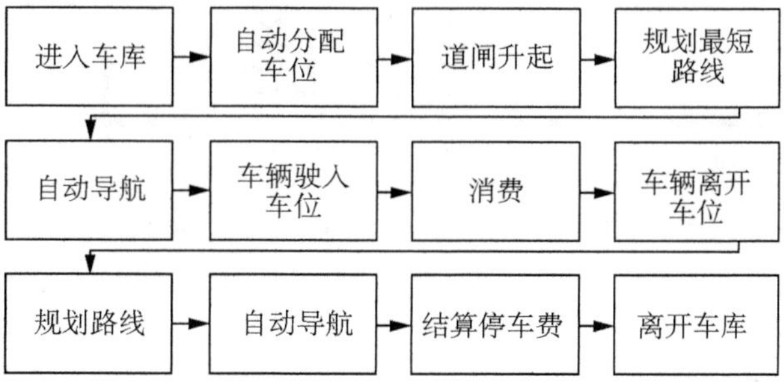

图 2　系统工作流程

3 系统功能设计

3.1 地图导入

要构建一个可供 ArcGIS 使用的车库地图，其中必需的因素有车道、车位、楼梯电梯口和车库进出口。制作.mxd 格式的地图需要用到 ArcGIS 系统中的 ArcMap 和 ArcCatalog。首先，获得地下车库的平面图，再借助 ArcGIS 功能标点，定义路径方向，如图 3 所示。

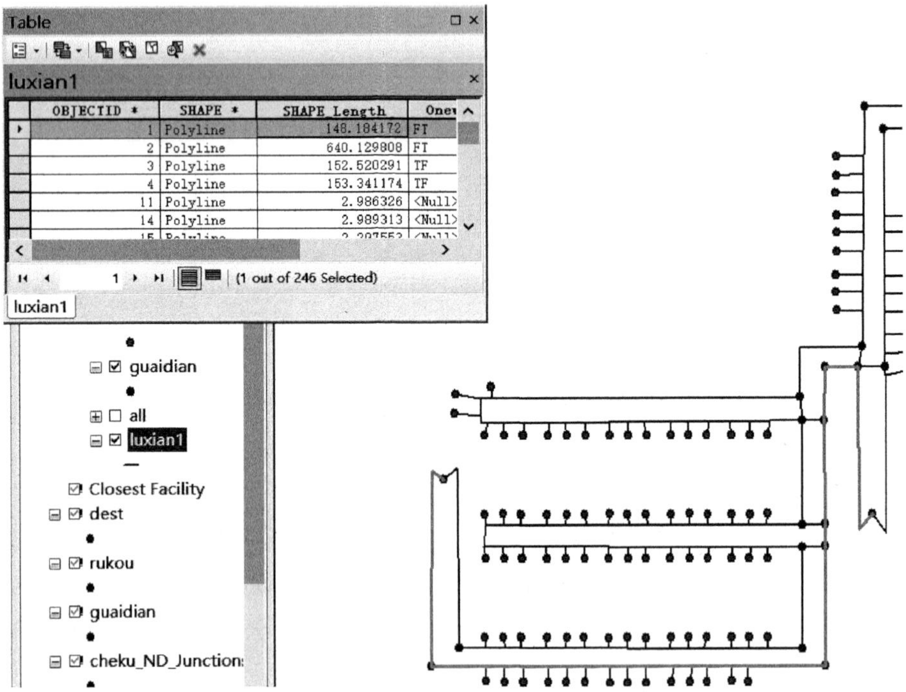

图 3 ArcGIS 地图

3.2 建立网络数据集

通过建立网络数据集(图 4)，实现各标点之间的路径计算和导航。

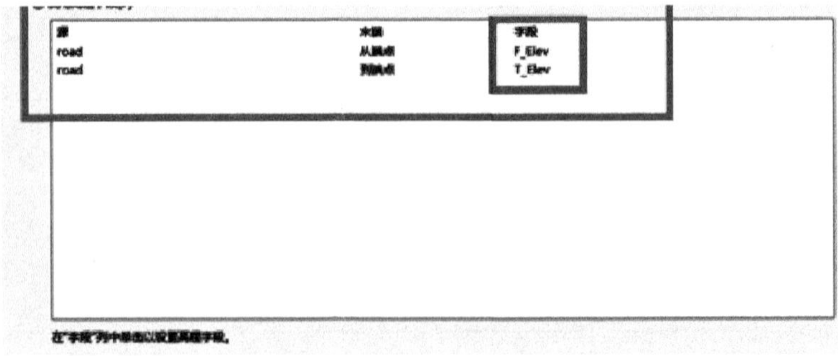

图 4 网络数据集设置

3.3 视频识别技术

借助双目立体视觉设计方法，我们提出了运用在地下车库中的定位方案：

在车库的柱子、墙壁等地方张贴可被手机摄像头识别的二维码，摄像头把实时视频上传到服务器后，系统根据画面中的二维码位置及大小来推算车辆的相对位置，视频识别设计概念图如图 5 所示。

图 5　视频识别设计概念图

3.4 寻径导航

导航系统主要通过 ArcGIS 的网络数据集功能实现。网络分析是 ArcGIS 拥有的重要的空间分析功能，利用它可以模拟现实世界的网络问题。例如，多个地点的最短路径问题。导航服务如图 6 所示。

构建网络数据集。网络数据集是由网络元素组成的，网络元素分为三种类型：

(1) 边：网络中必备元素。用于连接至其他元素（交汇点），也就是网络中的线要素类。

(2) 交汇点：网络中必备元素。用于连接边，便于两条边之间的导航。

(3) 转弯：网络中的可选元素。用于存储与特定转弯移动方式有关的信息，如限制转向。

根据寻找最近设施点的求解方法的不同，可以使用最短距离算法和最短时间算法。相应地，需要在现有的地图上假定车速，从而使用长度计算出车辆在道路上的行驶时间作为可选成本之一，并将长度也作为可选成本。

[-]	路线：位置 1 - 位置 65	39.6 m
1:	从位置 1开始	
2:	向南前行进入FT	37.5 m
3:	右转沿FT行驶	2.1 m
4:	到达终点位置 65	
	行驶里程：39.6m	

图 6　导航服务

3.5 可视化开发

确定了地下车库自动导航系统的主要功能后，我们决定针对司机群体设计客户端。为了确认交互界面是否可以展示导航功能，我们尝试了基于 ArcEngine 的 C# 窗体程序开发，VB 导航界面如图 7 所示。

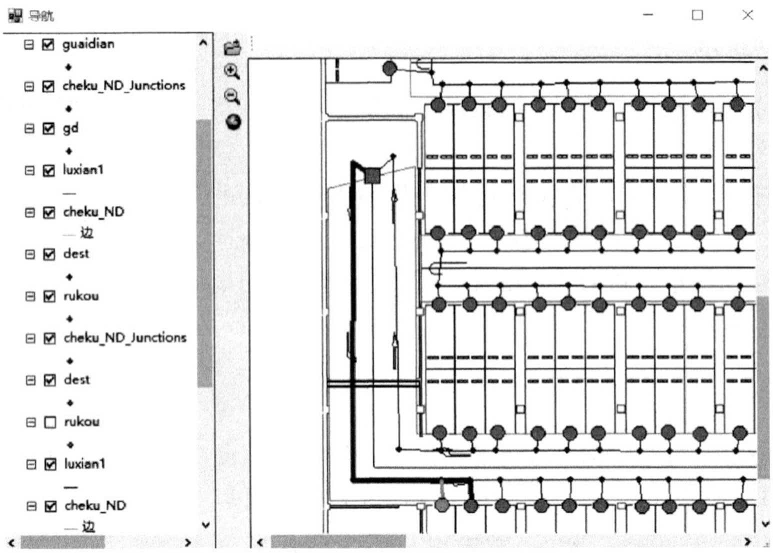

图 7　VB 导航界面

4　总结与展望

最终，我们得到了模拟仿真视频，用于模拟实现可视化后的功能，视频截图如图 8 所示。

图 8　视频截图

但限于开发周期较短，一些技术在应用方面还有待优化，研究还有许多有待完善的地方，包括：

(1) 在车库车辆出入高峰期，由于使用车牌识别自动导航，出入口易发生拥堵。对此可以考虑开辟为固定用户服务的专用通道，而更加便捷的 VIP 通道还可以为停车场带来可观的利润。

(2) 优化可视化设计。在以后我们可以将后台与 ArcGIS 手机版、Visual Basic 等前端软件相连，与视频识别技术相结合，开发出功能更全面且多种功能可供商业用途的系统。手机客户端的功能可进一步完善，例如让用户可以对自己一定时间段内的停车费用进行查看和管理。

(3) 系统可以在车位推荐算法上进一步优化。针对多车同时入库可能产生的停车场内部拥堵情况,可以在系统内加设时间成本,从时间成本的角度为每一辆进入车库的车提供最优路线,例如当前面有车辆正在进行倒车停车时,可绕过该车选取所需时间更短的路线。

| 参考文献 |

[1] WANG Qiang. Design and Implementation of Intelligent Parking Management System[D]. Beijing: Beijing Jiaotong University, 2016.

[2] WU Jianjun, HU Juan. Application of CAN-bus network in intelligent parking[J]. Physics Procedia, 2012, 24: 645-650.

[3] TIAN Yuanyuan, XU Xin. Design and application of virtual parking management platform based on LabVIEW[J]. Advanced Materials Research, 2013, 2657(798): 530-533.

[4] QING Tian, GUO Teng, QIAO Shuai, et al. Design of intelligent parking management system based on license plate recognition[J]. Journal of Multimedia, 2014, 9(6): 774-780.

[5] AL-KHARUSI H, AL-BAHADLY I. Intelligent parking management system based on image processing[J]. World Journal of Engineering and Technology, 2014, 2(2): 55-67.

[6] 张媛. 智能交通系统中路径优化与停车管理的研究应用[D]. 南京:南京邮电大学, 2015.

[7] 侯晓阳. 基于路径规划的平行泊车系统研究[D]. 北京:清华大学, 2015.

[8] 侯晓阳, 黄勇, 孙思, 等. 多约束平行泊车路径规划[J]. 汽车技术, 2015(9): 48-52.

[9] 张璇, 王哲, 张思生, 等. 智能泊车引导系统的设计与实现[J]. 中小企业管理与科技(中旬刊), 2015(26): 260-261.

作者简介

李一帆,同济大学交通运输工程学院,交通工程专业。

李逸翀,同济大学交通运输工程学院,交通工程专业。

王嘉锐,同济大学交通运输工程学院,交通工程专业。

指导老师

陈　丰,副教授,同济大学交通运输工程学院。

基于大数据的公交运行诊断系统

关 立，李秀劲，张笑天

| 摘要 |

公交运行可靠性对于公交线路的正常运行以及居民出行的服务质量有着重要意义。在这个技术变革的时代，“互联网＋交通”产生的众多新数据、新数据源及存储、处理手段使得用大数据研究交通成为可能。而在各个城市关注公交建设及公交专用道发展迅速的大环境下，许多城市公交乘客分担率却有所下降，这反映了公交的供需矛盾与吸引力不足的短板。对于出行者而言，随着居民对于出行质量要求的不断提升，出行前计划行程的需求日益迫切，提高公交的运行可靠性可以减少出行的预留时间。在这样的背景与需求下，研究公交运行可靠性评价体系，尤其是进行微观层面的基于路段的公交运行可靠性分析具有重要意义。

| 关键词 |

可靠性评价体系；公交运行诊断；地图匹配；交互系统

1 研究背景与目的

伴随着交通领域的技术进步，越来越多的数据呈现在管理者与出行者面前，“互联网＋交通”产生的众多新数据、新数据源及存储、处理手段使得用大数据研究交通成为可能。大数据技术发展带来了新的技术机遇，借助大数据的概念与技术，将有助于消除决策判断的模糊性，与基于因果逻辑的分析技术相互支撑，提供对于研究对象更加深刻的认识。

2 研究内容与技术路线

本文的技术路线如图 1 所示。

3 数据准备

3.1 路网数据

通过如图 2 所示流程，对路网数据进行预处理，所得结果如图 3 所示。

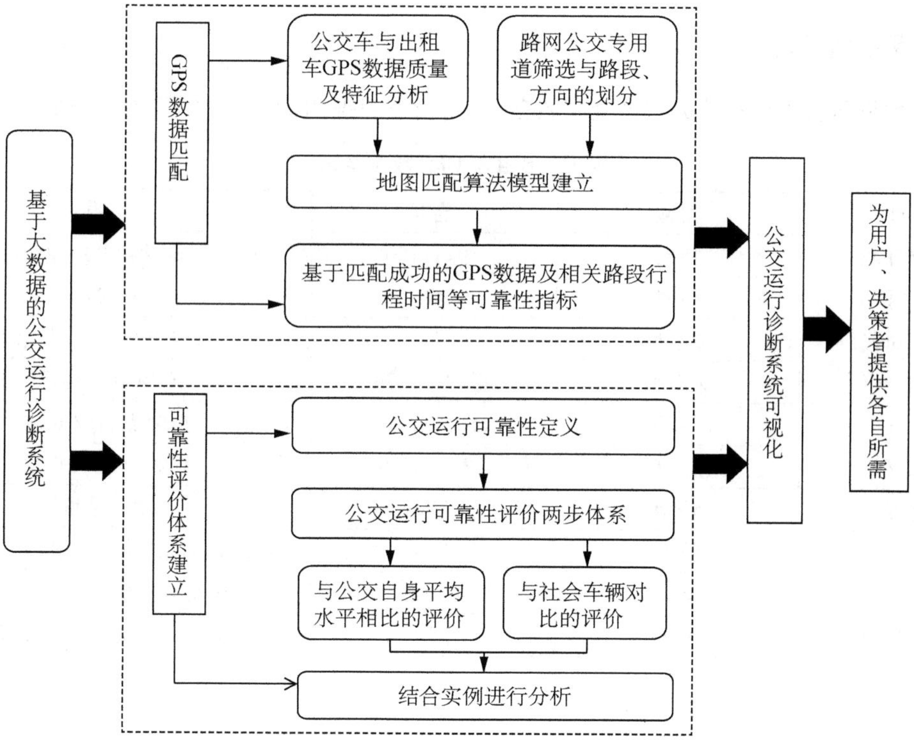

图 1　技术路线

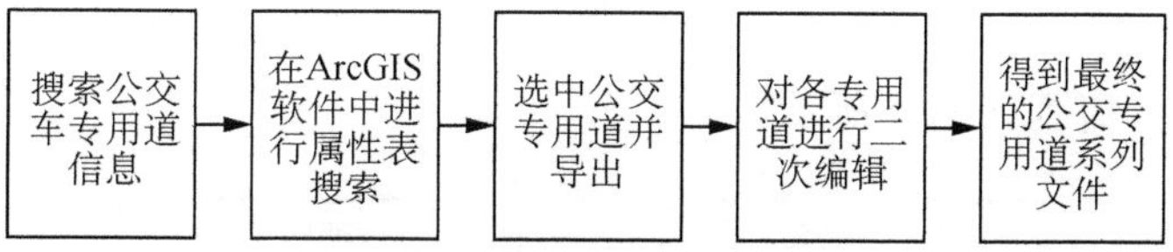

图 2　路网数据预处理流程

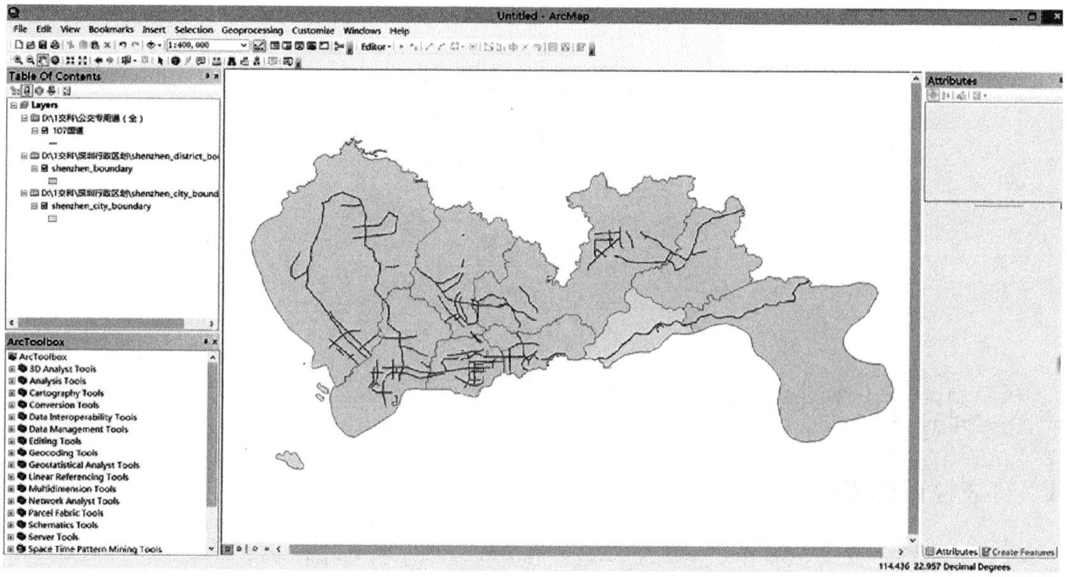

图 3　深圳市公交专用道示意图

3.2 车辆数据准备

车辆数据包含出租车数据与公交车数据，以出租车数据为例，车辆数据的结构如表 1 所列。

表 1 出租车 GPS 数据结构

属性	类型	范例	说明
定位日期	整型	20141120	2014 年 11 月 20 日
定位时刻	整型	234	00:02:34
所属公司代码	文本型	H	出租车汽车公司代码
车牌号码	文本型	粤 B4NK66	车辆唯一标识
经度	浮点型	113.887199	小数点后取 6 位
纬度	浮点型	22.590599	小数点后取 6 位
速度	整型	23	瞬时速度
方向角	整型	225	与正北方向的顺时针夹角(0-359)
运营状态	整型	0	0 表示空车，1 表示重车
数据可用性	整型	1	0 表示异常，1 表示正常

4 地图匹配

地图匹配的总体流程如图 4 所示。

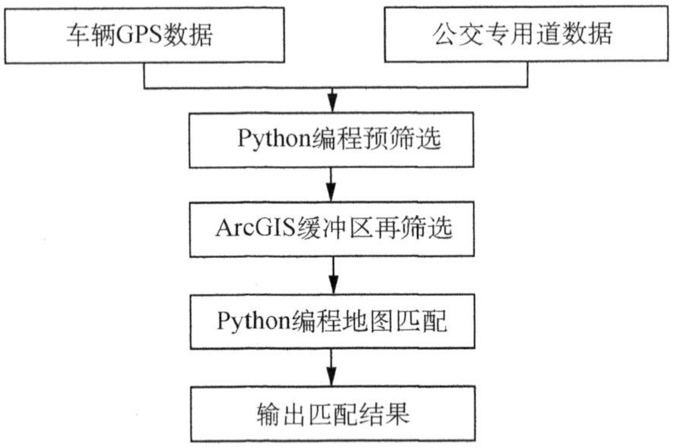

图 4 地图匹配流程

5 公交运行可靠性评价与分析

5.1 可靠性评价模型

基于可靠性定义，结合相关前期工作，我们建立了“两步可靠性评价方法”：

第一步：将路段的公交行程时间与全路网的路段行程时间进行比较，可以反映路段本身的交通状况在全路网、全路段中的水平，从而进行纵向对比。在这一步中，考虑到不同路段的长度不一，若直接采用路段行程时间进行比对是不合理的，应采用单位距离行程时间来进行比对。故在我们的研究中采用可以反映“单位距离行程时间”的速度来进行表征。

第二步：将路段的公交行程时间与对应于能反映社会车辆行程时间的出租车行程时间进行对比，不仅能反映公交车对于社会车辆的竞争力与差距，更容易反映出路段的瓶颈，为管理者提供实现“公交 1.5”战略的重点路段。同时，对于已经建成公交专用道的路段而言，也能衡量公交专用道是否有效提高公交运行效率。

该步骤涉及两个重点问题：一是对比时需要进行合适的公交与出租车的行程时间的选取，即对应的运行质量等级的界定；二是对于公交与出租车的频数分布的概率分布拟合，从而呼应可靠性定义。

5.2 “红荔路”案例验证

结合深圳“公交 1.5 战略”及红荔路实际情况，验证时取该倍率为 1.2。换言之，对于某一路段而言，只要其公交的路段行程时间与出租车的路段行程时间的比值小于 1.2，即代表该路段公交的可靠性高于出租车的可靠性，公交更具竞争力；比值大于 1.2，则公交可靠性低于出租车的可靠性。

对红荔路所有路段的计算结果及与出租车对比的可靠性结果显示，路段 1、路段 2、路段 3、路段 7、路段 8、路段 11、路段 14 的公交可靠性相对出租车可靠性差距较大，需要采取相关改良措施。

6 系统可视化

系统预期能实现的查询有：

(1) 显示所有公交专用道；

(2) 显示并聚焦至用户输入的要查询的道路和具体路段；

(3) 以颜色区分显示路段对应的公交车可靠性与出租车可靠性的高低关系(图 5)；

图 5　初始情况

(4) 显示路段对应的公交与出租车路段行程时间的概率密度图及其核密度非参数拟合图像。

在“线路名”输入框中输入“红荔路”，在“路段名”输入框中输入“1”后，点击“确定”，可以得到红荔路路段 1 的路段情况，并可以查看该路段公交车和出租车的概率分布，如图 6 所示。

图 6　概率分布及分布拟合可视化

在输入线路名和路段名后，输入期望出行时间，可以在弹出框中得到在期望出行时间内使用公交车通过该路段的概率。如输入红荔路路段 1，在期望出行时间中输入 100 s，返回对应的基于概率的可靠性，表明于该时段该路段 100 s 内通过的概率为 19.79%，以该指标反映交互的可靠性。如图 7 所示为红荔路路段 1 的期望出行时间为 200 s 时，返回对应的基于概率的可靠性。

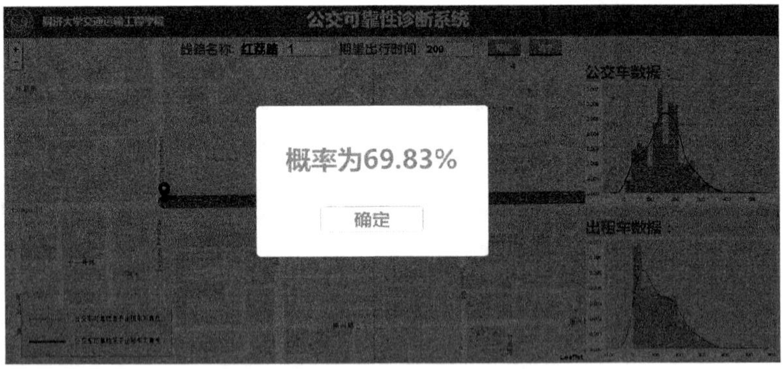

图 7　期望出行时间交互查询可靠性

7　本研究创新特色

(1) 提出基于公交路段行程时间的可靠性指标，利用大量实测数据，以深圳红荔路为例，评价公交专用道的运行效果。

(2) 针对运行效果不佳的路段,引入出租车时间可靠性作为标杆,利用二者的比值来评价公交专用道的提升空间,助力管理者进一步评估。

(3) 建立了"两步可靠性评价方法":第一步是与自身在路网中所处水平的比对;第二步是与出租车为代表的社会车辆平均水平的对比,并采用分位数区分运行质量等级与概率分布拟合的数理统计方法对可靠性进行评价。

(4) 对两步评价体系的评价结果进行可视化,包括公交与以出租车为代表的社会车辆可靠性的相对关系及概率密度图及其核密度非参数拟合结果的可视化。

(5) 提出了合理的运行质量等级对应于主观层面的"期望出行时间"的概念,搭建了用户交互式的运行可靠性评价系统。

8 研究不足

研究基于大数据进行了相关分析,提出了公交可靠性的两步评价体系,并提供了一个集可视化和交互于一体的公交可靠性运行评价诊断系统,由于研究的周期较短及数据来源有限等,导致本研究还存在一定的不足,有待进一步深入:

(1) 由于时间所限,未能将数据样本拓展至深圳全路网,仅取红荔路的数据样本进行可靠性评价体系的建构以及交互式运行诊断系统的实现。下一步将尝试将数据样本拓展至深圳全路网或全公交专用道上进行相关层面的比对与研究分析。

(2) 由于时间及资料所限,未能对红荔路上经过可靠性两步评价体系所得到的可靠性较差的路段结合具体实际道路条件及管理措施进行原因分析及交通设计。下一步将尝试结合网络资源与实地考察,进行相关路段的交通设计。

参考文献

[1] CANDIA J, GONZÁLEZMC, WANGP, et al. Uncovering individual and collective human dynamics from mobile phone records[J]. Journal of Physics A: Mathematical and Theoretical, 2008, 41(22): 1-12.

[2] WANG P, HUNTER T, BAYEN A M, et al. Understanding road usage patterns in urban areas[J]. Scientific Reports, 2012, 2(12): 1-6.

[3] 陆化普,孙智源,屈闻聪.大数据及其在城市智能交通系统中的应用综述[J].交通运输系统工程与信息,2015,15(5):45-52.

[4] 朱笠.国内大数据与交通研究综述[M]//中国城市规划学会,贵阳市人民政府.新常态:传承与变革——2015中国城市规划年会论文集,2015.

[5] 黄敏,徐忠平,张晓春,等.深圳市交通拥堵综合治理探索与实践[M].上海:同济大学出版社,2015.

作者简介

关　立,同济大学交通运输工程学院,交通工程专业。

李秀劲，同济大学交通运输工程学院，交通工程专业。
张笑天，同济大学交通运输工程学院，交通工程专业。

指导老师

段征宇，副教授，同济大学交通运输工程学院。

基于微机监测数据的区间轨道电路预警分析

赵　磊，陈相全，龚哲毅，金钰寅

| 摘要 |

铁路信号系统是保证行车安全、提高运输效率、改善劳动条件和运营管理水平的重要设备系统，也是铁路运输实现集中统一指挥的重要手段。现代铁路信号技术已成为向运输组织人员提供实时信息、实现列车有效控制、提高铁路区间通过能力和提高编组能力的重要手段，也是列车提速与发展高铁事业的关键技术之一。

ZPW-2000A 无绝缘轨道电路作为高速铁路信号设备中的重要设备之一，主要用于检查区间是否存在列车占用，同时能够实现车地信息传输等功能，该设备的“健康”情况将影响到铁路行车的安全和效率。目前，基于微机监测数据的轨道电路故障诊断技术已趋于成熟，但是对于长期潜在不易控制的故障，仍需要一套有效、及时、准确率高的预警算法。本文基于现场所获取的微机监测数据，分析数据变化趋势，再利用模式识别算法对其进行预警识别。

| 关键词 |

ZPW-2000A；区间轨道电路；安全性；预警

1　研究背景

铁路运输在社会发展中具有特殊重要的地位和作用，它是国民经济发展的大动脉，也是大众化的交通工具，在我国综合交通体系中处于骨干地位，同时对社会发展产生了深远影响。在“十三五”规划中曾提出，2020 年全国铁路营业里程达 15 万 km，其中高速铁路 3 万 km，这就对铁路的安全性、时效性、舒适性等提出了更高的要求。

轨道电路是反映列车在车站各地理位置占用与出清的重要联锁设施，ZPW-2000A 轨道电路在高铁线路中的应用极为广泛，且使用环境复杂。轨道电路利用钢轨作为导线传输信号，且多数部件分布在铁路线周围，由于易受外界温度、湿度等环境因素或人为的影响，故常有故障发生，这便使其成为影响列控系统可靠性的关键因素。

随着列车运营速度的不断提高，风险也不断增加，轨道电路故障造成的安全事故屡见不鲜，给人们的生命和财产安全带来巨大损失。而基于微机监测数据的轨道电路故障诊断技术虽然在不断发展，但属于故障后维修，目前尚缺少一套行之有效的预警手段。

2 ZPW-2000A 轨道电路介绍

2.1 微机监测设备介绍

ZPW-2000A 型无绝缘移频轨道电路系统由室内设备和室外设备两部分构成。其中，室内设备包括发送器、接收器、衰耗器和电缆模拟网络等，室外设备包括调谐单元、空心线圈、机械绝缘节空心线圈、匹配变压器、补偿电容和 SPT 电缆等。ZPW-2000A 型无绝缘移频轨道电路有电气-机械绝缘节和电气-电气绝缘节两种结构，二者电气性能相同。

2.2 ZPW-2000A 轨道电路工作原理

ZPW-2000A 型无绝缘移频轨道电路系统将轨道电路分为主轨道电路和调谐区短小轨道电路两部分。主轨道电路的发送器由编码条件控制产生，表示不同信息的低频调制的移频信号，该移频信号经电缆通道传送给匹配变压器和调谐单元，该移频信号既向主轨道传送，又向调谐区内的小轨道传送，主轨道信号经钢轨送到轨道电路受电端，然后经调谐单元、匹配变压器、电缆通道把信号传到本区段接收器。调谐区小轨道信号由运行前方相邻轨道电路接收器处理，并将处理结果形成小轨道电路继电器执行条件送至本区段接收器，本区段接收器同时接收到主轨道移频信号和小轨道电路继电器执行条件，判断无误后驱动轨道电路继电器吸起，由此来判断区段的空闲与占用状况。

2.3 微机监测点

在多数情况下，集中监测通过与 ZPW-2000A 轨道监测子系统接口实现采集功能，也有部分监测系统通过实时采集来实现对轨道电路数据的监测。轨道电路系统结构示意图如图 1 所示。各监测采集点示意图如图 2 所示。

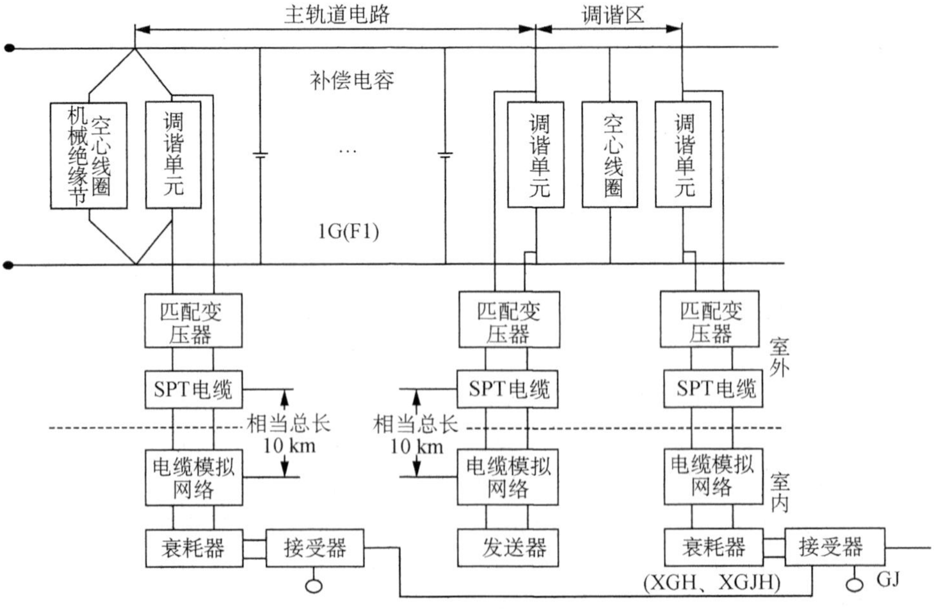

图 1 ZPW-2000A 型无绝缘移频轨道电路系统结构示意图

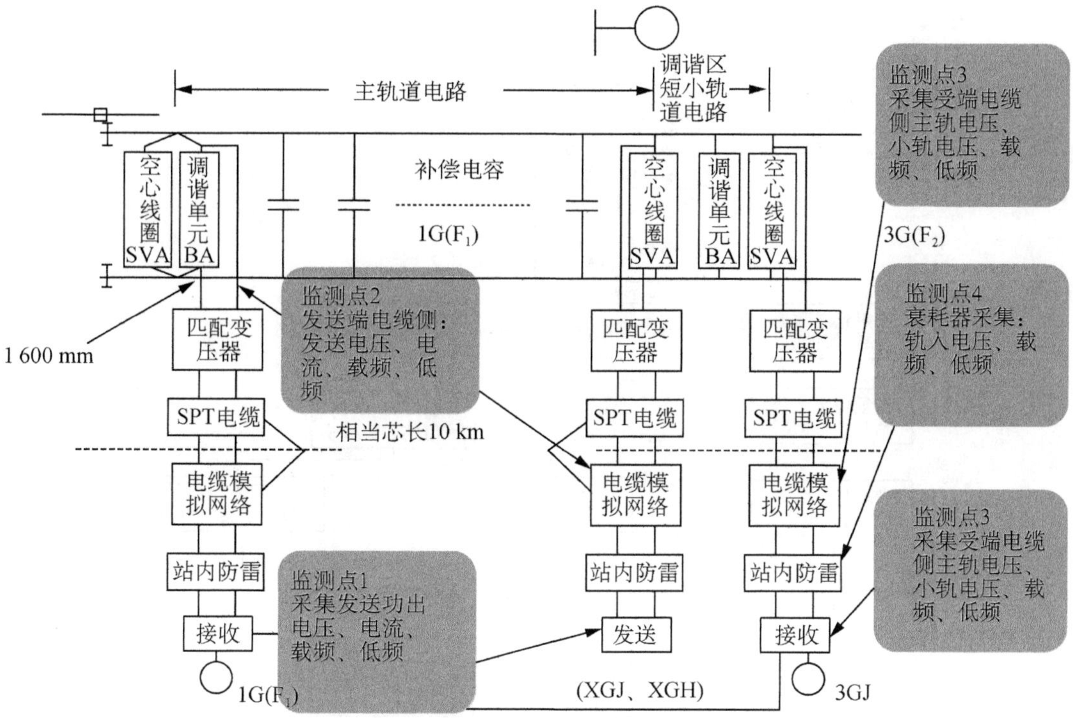

图 2　ZPW-2000A 无绝缘轨道电路监测采集点示意图

2.4　故障报警情况类别

故障报警类别包括六类：发送功出电压低；发送通道中电缆模拟单元断线或短路故障；发送端电缆断线，轨面开路或短路故障；接收端电缆断线；接收通道中电缆模拟单元故障；衰耗器故障。

3　原理与实施

图 3 是我们做这个项目的技术路线流程，它比较清晰地展现了研究的思路与想法。

4　程序 Demo 展示

我们采用了 GUI 的形式，最终成果如图 4 所示。

软件集成了数据读取、调整状态数据特征值提取及曲线绘制、基于线性回归的预测模型、基于 BP 神经网络的预测模型以及基于 BP 预测模型的预测等多种功能。

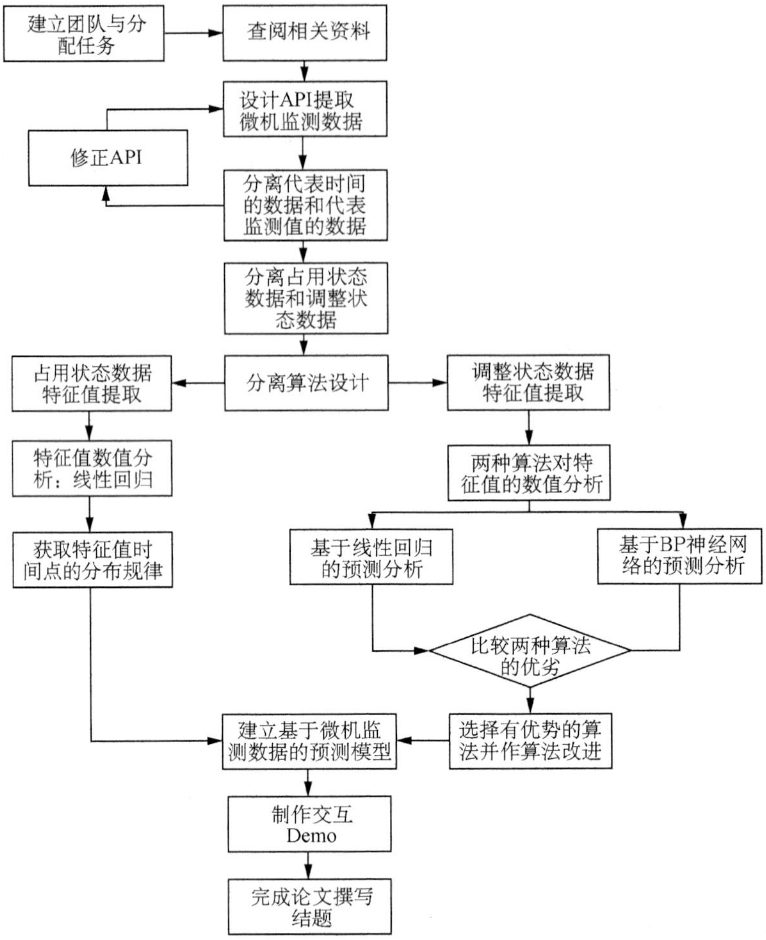

图 3　技术路线流程

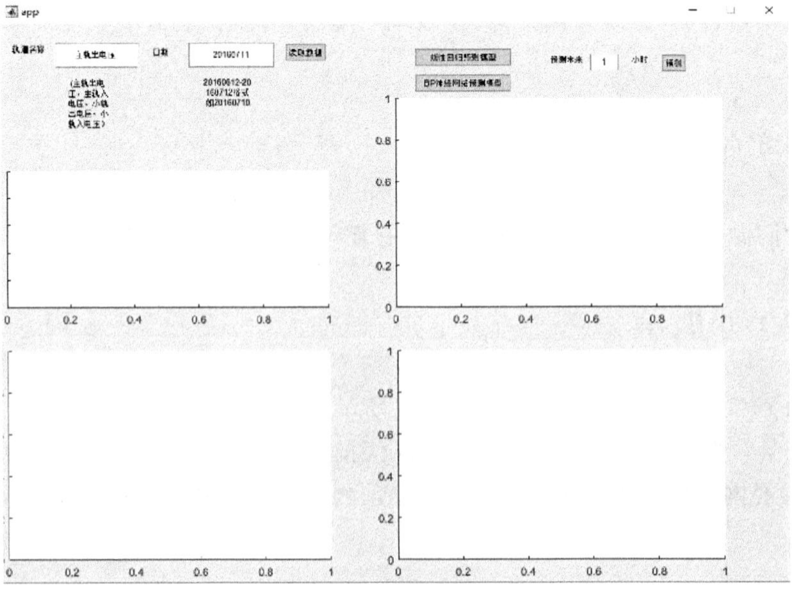

(a) Demo 初始界面图

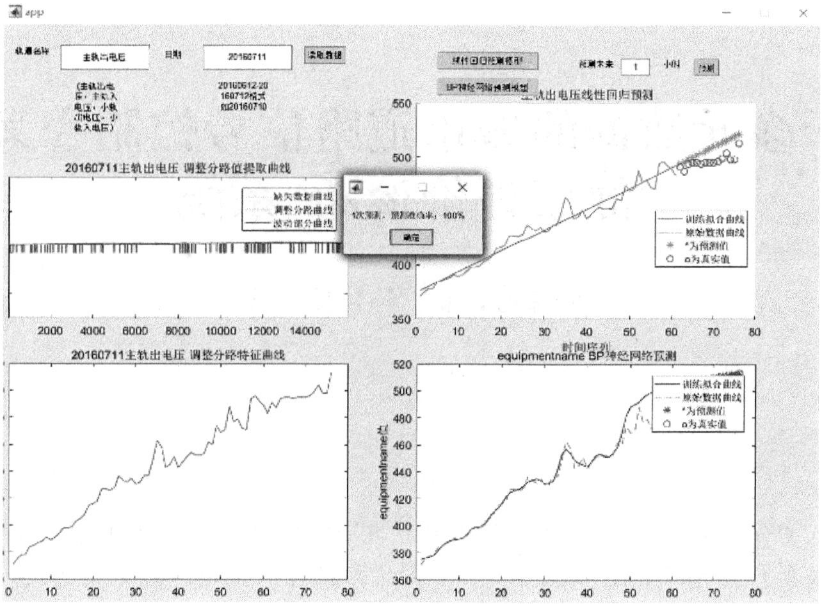

(b) Demo 功能运行图

图 4　程序 Demo 展示

参考文献

[1] 王文斌,苏宏升.基于 FMEA 和 FTA 的 ZPW-2000A 轨道电路可靠性分析[J].计算机工程与应用,2013,49(21):245-249.

[2] 孙上鹏,赵会兵,全宏宇,等.基于定性趋势分析的无绝缘轨道电路电气绝缘节设备故障诊断方法[J].中国铁道科学,2014,35(1):105-113.

[3] 马学沛.客 ZPW-2000A/K 区间轨道电路监测分析及日常维护[J].科技传播,2013(3):175-176.

[4] 聂艳云.利用微机监测快速判断 ZPW-2000A 故障[J].科技资讯,2013(5):28-28.

[5] 程建云.微机监测中轨道电路的故障报警技术研究[D].兰州:兰州交通大学,2016.

作者简介

赵　磊,同济大学交通运输工程学院,交通信息专业。

陈相全,同济大学交通运输工程学院,交通信息专业。

龚哲毅,同济大学交通运输工程学院,道路工程专业。

金钰寅,同济大学交通运输工程学院,轨道工程专业。

指导老师

欧冬秀,教授,同济大学交通运输工程学院。

基于多元数据的城市道路信号控制交叉口“健康评价诊断”系统

梁海伦，韦　锦，崔　航

|摘要|

信控交叉口作为路网节点，对于交通流起着重要的引导作用。目前，位于各交叉口处的视频监控设施所产生的海量视频数据多用于拥堵路段监测与道路违章情况，且交叉口处检测器所检测出的交通信息、事故违章统计等多种类型的数据资料尚未得到有效融合利用。而这些多元数据对于进一步开展交叉口研究能够发挥不可或缺的作用。本文基于多元数据，从安全、效率、文明、环境四个维度建立指数模型，对各指标所反映出来的问题，从可进行当下调整的快变量（信号配时等）与从长远角度改善的慢变量两方面入手进行症因分析，继而提出不同的改善意见。最终，搭建交叉口政民交流平台，建立了信控交叉口“健康评价诊断”系统。

|关键词|

信控交叉口；健康评价与诊断；交叉口指数；快慢变量协同优化

1　研究背景

在城市已有的道路交通系统中，随着城市交通流量的不断增大，交叉口常常接近饱和状态。信号控制交叉口是决定城市道路系统通行能力、行程时间、行车延误和运营效率与安全的关键因素，交叉口的交通运行状况直接关系到城市道路交通的服务水平。目前，针对城市道路交叉口已从几何设计、安全设计、渠化设计和优化设计等多个方面进行了相关研究，实践证明产生了一定的成效，但是城市道路交叉口的拥堵状况改观有限。随着机动车数量的进一步增加，高峰时间交叉口出现拥堵的情况仍十分普遍。从控制和决策的角度来看，目前国内外的相关研究中，在针对城市道路交叉口的性能评价方面取得了很大的进展，并且也在逐步将可持续发展的理念运用于综合评价指标体系中。但是，在城市道路交叉口评价指标体系中尚未引入可靠性指标，没有结合概率指标对系统的整体性能进行评价，而且也没有实行综合评价系统的开发。因此，迫切需要一套较完善的评价机制和方法用于评价交叉口性能，并将其软件化以实现交叉口的全面评价，同时也为精准化设计与改善交叉口的交通状况提供理论依据和技术支撑。

本文基于多元数据对城市信号控制交叉口进行多指数评价，并生成相应的改善方案，以提高交叉口的通行效率，缓解城市交通压力，促进城市可持续发展。

2　数据采集与融合应用

2.1　基于机器学习和模式识别的交叉口视频信息提取

本文以 Ubuntu 操作系统为软件开发环境，以 Qt+Opencv 作为软件开发平台，自主开发了一款名为“Analysis of Transportation Information”的软件来提取交叉口的视频信息，如图 1 所示。通过机器学习的方法进行车辆样本的训练，并用于实时检测交叉口视频中的车辆，在此基础上，以实时检测到的车辆区域作为光流法的兴趣区域(ROI)，结合摄像头矩阵参数，从而得到实时车速。与此同时，利用模式识别的方法来识别路口红绿灯的变化，以得到交叉口的周期。

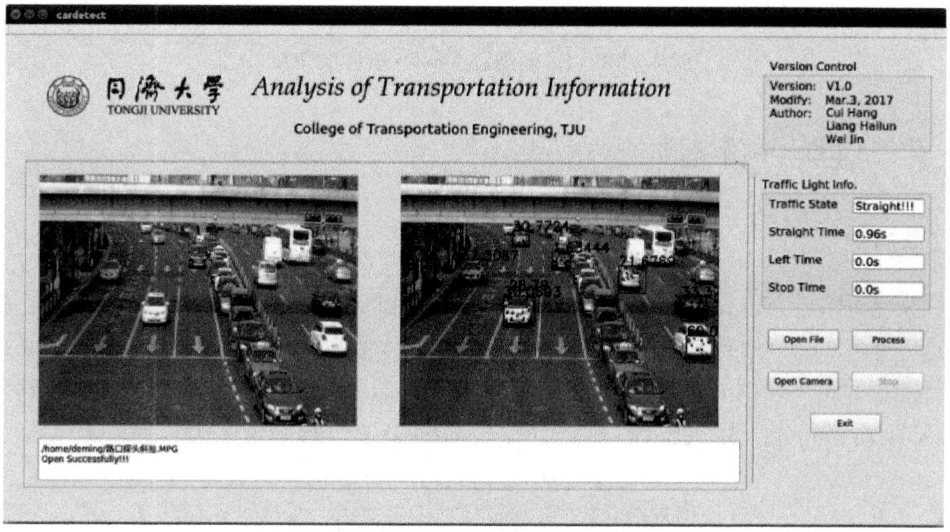

图 1　交叉口视频信息提取软件主界面

由图 1 可知，该软件包括四大模块：

(1) 模块一：版本信息；

(2) 模块二：原始视频现实区域及经过算法识别后的视频信息输出窗口，提供实时的车辆识别和车速检测信息；

(3) 模块三：交叉口状态及信号周期；

(4) 模块四：功能按钮。

2.2　基于 MOVES 模型的综合排放模型平台建立

MOVES 模型是美国环境保护署(U.S. Environmental Protection Agency，EPA)从 2001 年开始研发的新一代综合排放模型。它基于功率需求变量及其分布，实现了排放模型在微观、中观和宏观不同集计层次的统一，使得机动车尾气排放的计算更加灵活。MOVES模型中的默认运行工况和基本排放率主要针对美国本土，且相对固化。由于我国与美国在车型类型划分标准、道路交通状况等方面的差异性，因此将 MOVES 模型引入我国进行排放测算时，需要对模型中的参数进行本地化修正。图 2 为 MOVES模型与 Vissim 软件的集成。

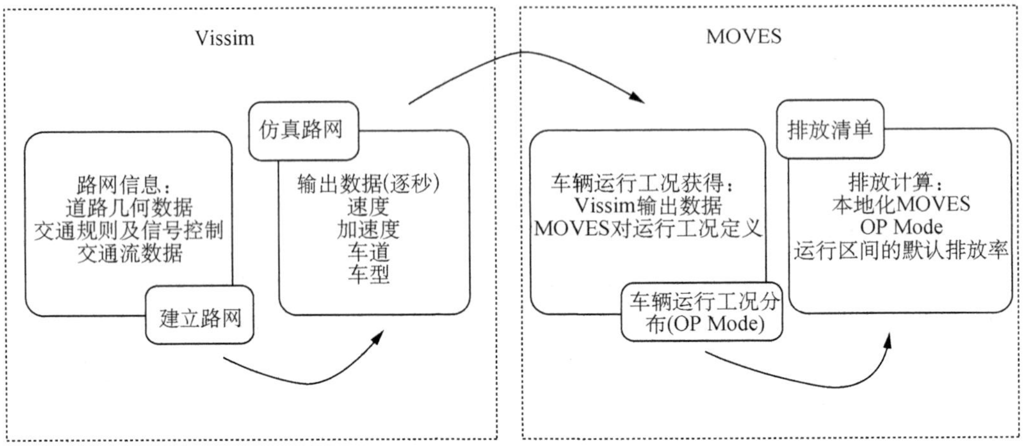

图 2　MOVES 模型和 Vissim 软件的集成

3　交叉口健康评价指数建立

3.1　效率指数

根据交通理论分析，在延误最小的最佳周期下，此时的通行能力与延误相同，达到平衡，而过了这一平衡点，若通行能力增长率>延误增长率，则朝着更高效率发展，而若延误增长率>通行能力增长率，则开始出现拥堵。因此，DIF 以百分比表示，DIF 越大，则其效率越高，然而却不可进行上下限的控制。综上所述，最终交叉口效率指数为

$$f(C)=\frac{CAP_i-CAP_0}{CAP_0}=\frac{CAP_i}{CAP_0}-1 \tag{1}$$

$$g(C)=\frac{d_i-d_0}{d_0}=\frac{d_i}{d_0}-1 \tag{2}$$

$$DIF=[g(C)-f(C)]\times 100 \tag{3}$$

3.2　安全指数

交叉口的安全性受到多种因素的影响，可以分为交叉口流量、交叉口几何形状、交叉口管理控制与服务设施和行人构成等。目前，已有了利用交通冲突率进行安全评价的方法。本文在其基础上，考虑了其余因素对安全性能的影响，最终选取了交叉口冲突率、交叉口秩序性、交叉口管理与服务设施三个指标来对安全指数进行刻画。

3.3 环境指数

根据各种污染物的排放量以及其对环境污染和人类健康危害的贡献程度，确定选取机动车排放的一氧化碳、氮氧化物和 $PM_{2.5}$ 作为主要的研究对象展开研究。根据分析交叉口污染物总排放量(轻型车与重型车二者排放量之和)，即为 MOVES 模型所得实测值 $Q_{实}$。将基于 MOVES 的环境实测值与国家规范里的标准值做对比，用实测值对于标准值的超限率来刻画环境指数。

3.4 文明指数

结合交通法规中对于交通违章行为的记分规定，采用交叉口行驶机动车整体遵章程度对交叉口文明指数进行刻画。通过对交通法规中所有违章行为的扣分规定进行筛选、归纳，大致可以将其分为驾驶员行驶状态、驾驶员行驶秩序和车辆状态信息三类，再细分为具体扣分行为作为对交叉口文明指数的评价指标。

3.5 综合评判——交叉口指数模型建立

为了方便不同交叉口的对比评价，故提出交叉口指数的概念，从而对交叉口的健康状况进行综合评价。考虑到现实生活中因交叉口基本类型的不同，会使得对于交叉口研究的侧重点也不同，因此对不同实际情况的交叉口的效率、安全、文明和环境四个指数进行对比分析，并参考层次分析法的思想，对不同交叉口确定其各指数的相对重要性，进而确定其权重，建立交叉口指数(I)模型。考虑到交叉口类型的不同对于效率、安全、文明和环境的影响程度不同，将交叉口分为主干路与主干路交叉口、次干路与次干路交叉口、支路与支路交叉口三类，以进行权重系数确定。

4 基于健康诊断系统的症因分析

基于“交通健康检测与诊断系统”透过现象去分析问题的本质，我们对交叉口的症因分析分为“快变量”和“慢变量”分析。所谓“快变量”分析指的是在现有道路资源下，通过优化信号配时等来改善信控道路交叉口的行车秩序及通行能力，易于实现，实际应用于改善交通拥堵。“慢变量”分析指的是在交叉口现有设计无法满足交通需求时，通过对交叉口采取渠化设计等进行优化改善，其实施成本较高。

4.1 基于 Agent 的交叉口自适应优化控制方法

而交叉口是车辆与行人汇集、转向和进出的必经之地，也是城市道路交通的咽喉。Agent 作为自治运行的实体，具有自治性、反应性和主动性的特点，它不仅对复杂的环境具有较强的鲁棒性，而且对外界环境具有感知、分析和执行能力，这些特点体现了智能体技术用于解决交通实际问题的可行性。本文结合 Agent 技术和 Q 学习方法的相关理论，面向城市交叉口信号控制问题设计了一种基于 Agent 的交叉口自适应优化控制方法，交叉口信号控制 Agent 结构模型如图 3 所示。

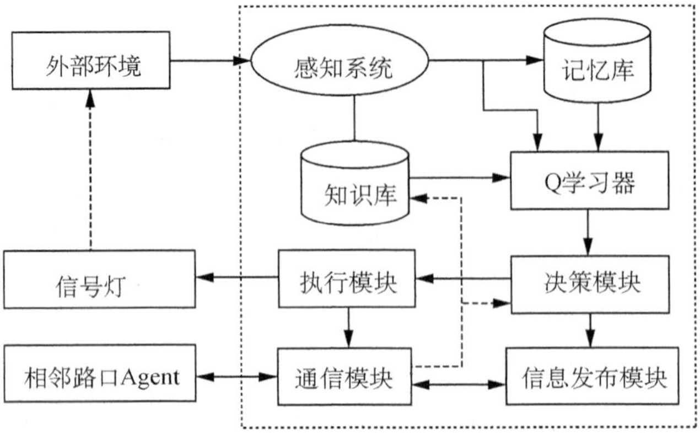

图 3　交叉口信号控制 Agent 结构模型

5　交叉口健康诊断系统的设计与实现

以交叉口安全、效率、环境和文明指数模型及交叉口综合评价模型为理论基础，我们设计了基于多元数据的交叉口健康诊断系统。整个系统主要由三部分组成：基于 Opencv 的多元数据参数预处理接口、基于 MOVES 的交通数据处理平台，以及基于 VB 语言开发环境的交叉口诊断平台及症因方案库。

图 4　“城市之眼”主界面

在本研究中，我们自主设计并开发了一款基于 vb.net 和 SQL 的交叉口健康诊断软件——“城市之眼”，从而实现了交叉口的选取、排序和诊断及用户交互。“城市之眼”的主界面如图 4 所示，具体功能如下：

（1）交叉口查询与诊断：根据相交路段选择交叉口，获得对应交叉口所储存的路段设施、道路流量和车速等信息，利用后台算法对安全、效率、环境和文明指数进行计算，给出交叉口总体评价，并可针对所得评分对交叉口进行改进。

（2）分析报表：由数据预处理子系统输入交通参数，对所有拥有统计数据的交叉口进行评价，根据各交叉口的诊断结果进行横向排序，筛选出排名靠前的交叉口作为标杆交叉口，而对排名靠后的交叉口进行重点分析及改进措施研究。

(3) 后台更新:对交叉口、路段的信息进行实时更新,以获取每时段的交通参数。

(4) 政民互动:系统开发了市民客户端,可实时反映交通状况、突发险情等,便于交通参与者与交通管理者进行良性、有效的沟通和互动。

6 创新点

(1) 交叉口视频监测数据使用价值的挖掘。基于 Opencv,利用光流法与 Harr 特征,通过 Visual C++平台建立了一套交通流参数信息采集系统,通过不同的虚拟检测线布设方法,基于视频数据采集通过交叉口的车速、信号周期等交通参数。

(2) 本研究从安全、效率、文明和环境四个方面给出交叉口健康评价诊断报告,并提出“交叉口指数”概念。该系统既可以充分利用大量闲置视频资源对交叉口交通特征参数进行提取,又可以针对城市信号控制交叉口进行综合评价并生成相应的改善方案,因此具有较大的研究和应用价值。

(3) 开发交叉口“健康评价诊断”系统平台供政府与市民使用。市民可以通过该平台查询交叉口信息并提出反馈意见,政府则可通过此平台接入交叉口相关数据从而生成诊断报告,并可通过模拟来进行症因分析,与此同时参考市民意见,对交叉口进行改进,并对未来交叉口规划设计提供一定的参考。针对交叉口“健康评价诊断”系统,提出了基于 Agent 的交叉口自适应优化控制方法、绿灯时间计算、基于遗传算法的信号配时优化方法的拥堵改善技术总体设计思路,并将其应用于交叉口“快变量”症因分析。

7 应用前景

在未来的研究工作中,可以在本研究的基础上进行进一步的理论计算,通过数学方法使得所提出的评价方法更抽象化,同时考虑更多的指标与研究对象,待模型优化后可进行推广。针对交叉口评价和管理的要求,研究城市道路平面信号交叉口的综合评价指标体系,在此基础上给出合理的改善策略,将管理和决策统一起来,为治理交叉口拥堵提供新的研究思路和方法,从而处理好交叉口存在的实际问题。

参考文献

[1] 王茜.城市交通信号控制系统特征参数研究[D].山东:山东大学.2011.

[2] HONG S, SHIN E, KIM D N, et al. An optimization model for signal timings and alternate lane use at a signalized intersection[J]. Journal of the Eastern Asia Society for Transportation Studies, 2003, 5(10):1109-1111,1122-1123.

[3] HARVEY A, BULLOCK D. Implementation of a distributed control system for dynamic lane assignment[C]//Proceedings of the Annual Southeastern Symposium on System Theory, 1996.

[4] LAM W H K, POON ACK, MUNG G KS. Integrated model for lane-use and signal phase designs[J].

Journal of Transportation Engineering, 1997, 123(2):114-122.

[5] 钟章建,马万经,龙科军,等.信号交叉口车道功能动态划分优化模型[J].交通与计算机,2008,26(1):15-18.

[6] HAMILTON A, WATERSON B, CHERRETT T, et al. The evolution of urban traffic control: changing policy and technology[J]. Transportation planning and technology, 2013, 36(1): 24-43.

[7] Zhang J P, Wang F Y, Wang K F, et al. Data-driven intelligent transportation systems: A survey[J]. IEEE Transactions on Intelligent Transportation Systems, 2011, 12(4):1624-1639.

作者简介

梁海伦,同济大学交通运输工程学院,交通工程专业。

韦　锦,同济大学交通运输工程学院,交通运输专业。

崔　航,同济大学交通运输工程学院,交通工程专业。

指导老师

杨晓光,教授,同济大学交通运输工程学院。

基于转辙机动作电流曲线图像识别的道岔故障预警技术研究

程国辉，陈　威，勾　森，宋金容

摘要

道岔故障诊断是对系统运行状态和异常情况做出判断，为系统的故障修复和了解运行情况提供依据，其主要任务为：故障检测、故障定位、故障类型和故障恢复等。国内外在此方面都进行了一定的研究，通过神经网络和灰度化等原理都能实现故障诊断的功能要求，但至今仍没有一种诊断方法能得到各方的一致认可，因此现阶段的故障诊断系统研究需要一种突破性的创新。基于此，本文创新性地采用了弗雷歇算法来计算现场采集的道岔电流曲线与故障模板之间的相似度，基于相似度原理进行了道岔电路故障智能诊断，为研究铁路道岔故障智能诊断做出了有益的探索。

关键词

弗雷歇距离；智能诊断；道岔；动作电流曲线；曲线相似度；可视化

1　研究背景

随着我国6次铁路大提速，列车速度不断提高，对铁路信号设备的安全与可靠性也提出了更高的要求。道岔转换设备作为铁路信号车站联锁系统的重要组成部分，是保障铁路行车安全、提高铁路运输效率的关键设备，也是实现信号联锁关系的基础设备。道岔故障的隐蔽性强、复杂性高，一旦道岔运行状态恶化或发生故障时未能得到及时维修，则极有可能会造成生命和财产的巨大损失。

现有的道岔故障诊断主要依靠工作人员观察微机监测系统所采集的道岔动作电流或功率曲线来实现故障识别。维护者需定期浏览微机监测采集到的道岔转辙机运行数据，并且周期性地在现场对运行中的道岔进行检修和维护，从而确定道岔的运行状态。这种故障修方式依靠维修者的经验，存在安全隐患且效率较低，同时周期修的方式也带有很大的盲目性，或将导致过剩维修，且误判、漏判现象时有发生；对于维修条件差的地区，该维修方式的局限性更大。

为了避免这些缺陷，人们在微机监测中加入了基于阈值的故障识别功能，当微机监测采集到道岔转辙机运行数据时，能够以此为依据，及时判断道岔的实时工作状态。但是由于道岔是一种室外设备，其工作状态会受到天气等外部因素的影响；同时，由于道岔转换比较频繁，造成的磨损也会影响道岔的工作状态，进而影响故障的识别结果。虽然可以通过调节阈值来修正这些因素带来的影响，但是这种根据道岔运行状态的变化来调节阈值的方法仍然是依靠维护人员的工作经验完成的，并没有严谨的科学依据来支撑，因此也不适合形成固定的诊断模式进行推广应用。

综合考虑上述需求，本文的研究就很有必要，针对转辙机动作电流曲线图像，基于弗雷歇距离原理，设计更为高效的故障识别方法，能够有效利用专家经验对道岔的工作状态进行实时监测分析，并应用于道岔故障诊断工作中。

2 技术路线

本研究的技术路线如图 1 所示。

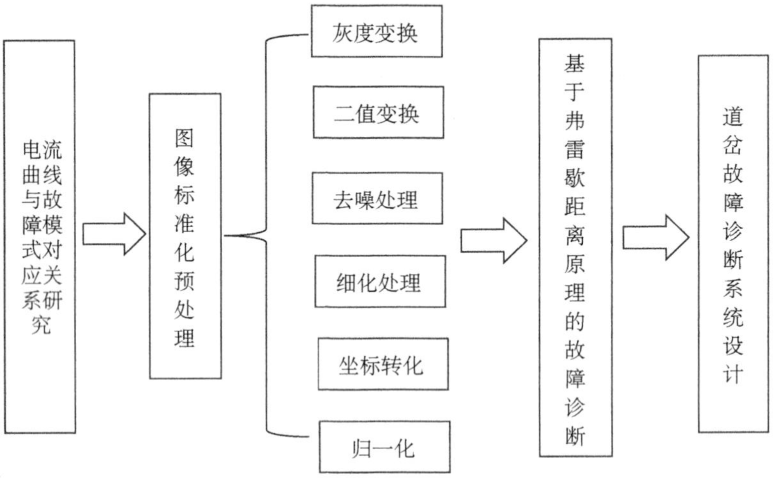

图 1　技术路线

3 设计原理

3.1 图像预处理标准化

图像标准化实际上包含坐标提取以及坐标归一化两步，其中坐标提取通过图像灰度变换、二值变换、去噪、细化、坐标提取等操作，实现了将图像信息转化为数据信息，为之后的诊断算法提供数据基础；坐标归一化则是将提取到的数据信息进行编辑，使其转变成适用于之后的诊断算法的数据格式。图像标准化预处理成功实现了让软件“看图”的目的，使软件面对一张图片的时候，能够像人一样读出图中曲线各点的坐标。之后我们通过图像标准化预处理的方式确定了 8 种故障模板。

灰度变换的作用是将彩色图像变换为灰度图像。灰度变换实现了对图像的降维处理，将图像转换为一个二维数组，这是之后利用矩阵变换处理图像的基础。二值变换的作用是将灰度图像变换为二值图像。二值变换使得图像中的每一个像素点的取值要么为0，要么为1。从而将图像中的像素点分为两类：取值为0的表示为目标曲线像素点以及噪声像素点，取值为1的像素点为背景像素点。这些处理也起到了初步滤波的作用。去噪主要包括两部分：一是找出坐标轴所围成的目标区域；二是去除目标区域中游离孤立的像素点，即噪声，并对曲线边缘进行平滑处理。细化处理的目的是使每一个时刻对应一个电流值，即每一列只有一个像素点取值为0。通过坐标转换，实现对电流曲线图像中曲线点坐标的提取，成功利用计算机将图像转化为一个点集数组，为之后的故障识别提供数据基础。归一化处理的实质就是将数据按比例缩放，使之落入一个小的特定区间。首先，归一化消除了数据之间量纲的影响，使之具有可比性；其次，归一化可以将不同来源的曲线数据统一放到同一个参考系下，使其适用于之后的故障诊断算法。图像预处理标准化流程如图2所示。

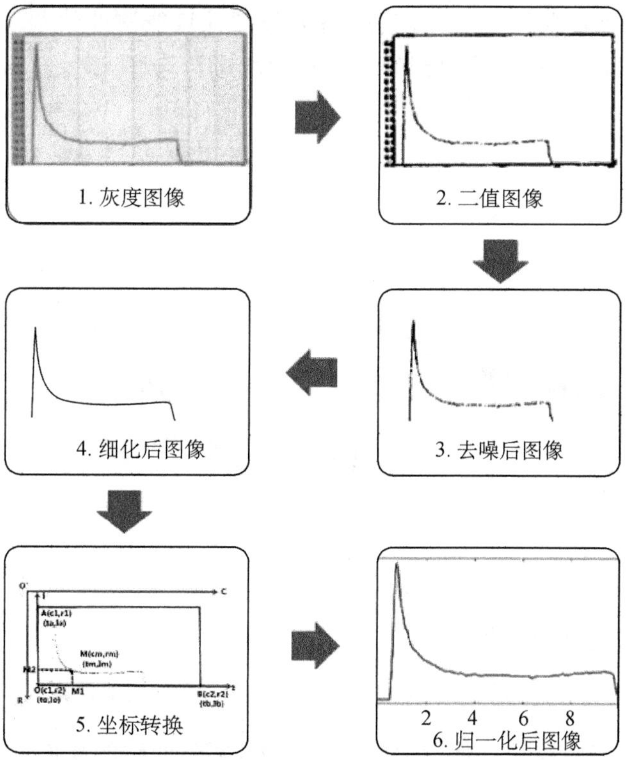

图2　图像预处理标准化流程

3.2　故障诊断

设二元组 (S, d) 是一个度量空间，其中 d 是 S 上的度量函数，在无须指明度量函数的情况下，我们把度量空间简称为 S。在此基础上建立以下设定：

(1) 如果定义在单位区间 $[0, 1]$ 上的映射 $\gamma:[0, 1]\to S$ 是连续映射，则称 γ 为 S 上的连续曲线。

(2) 如果从单位区间到其自身的映射 ζ，即函数 $\zeta:[0, 1]\to[0, 1]$ 满足如下三个条件：

①ζ是连续的;②ζ是非降的,即对于任意x, $y \in [0, 1]$,且$x \leqslant y$,都有$\zeta(x) \leqslant \zeta(y)$成立;③$\zeta$是满射,则称函数$\zeta$为单位区间[0, 1]的重参数化函数,且此时有$\zeta(0)=0$, $\zeta(1)=1$。特别地,当ζ为恒等函数$\zeta(x)=x$时,称ζ为平凡重参数化函数,否则,称ζ为非平凡重参数化函数。显然,单位区间的重参数化函数有无穷多个。

有了以上的设定,我们来正式定义度量空间中两条曲线之间的弗雷歇距离:

设A和B是S上的两条连续曲线,即$A:[0, 1]\to S$, $B:[0, 1]\to S$;又设α和β是单位区间的两个重参数化函数,即$\alpha:[0, 1]\to[0, 1]$, $\beta:[0, 1]\to[0, 1]$;则曲线A与曲线B的弗雷歇距离$F(A, B)$定义为

$$F(A, B)=\inf_{\alpha,\beta}\max_{t\in[0,1]}\{d(A(\alpha(t)),B(\beta(t)))\} \tag{1}$$

式中,d是S上的度量函数。

图3为二维欧氏平面上两条曲线之间的弗雷歇距离的计算示意图。该项目中对于道岔故障诊断采取曲线相似度判别的方法,其思路为分别计算待测曲线与8个故障模板曲线以及1个正常曲线的相似度,将由此得到的9个相似度进行排序,最大的相似度所对应故障类型即为诊断结果。

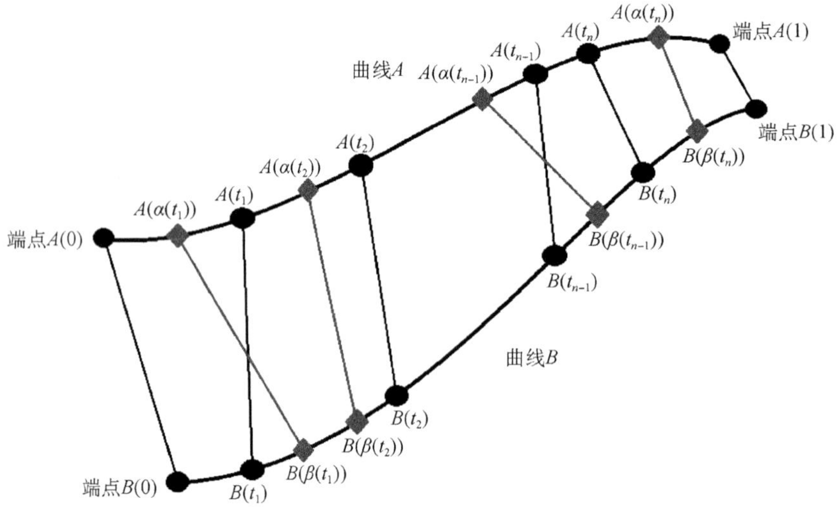

图3　二维欧氏平面上两条曲线之间的弗雷歇距离的计算示意图

离散弗雷歇距离与曲线的相似度之间的关系为:两条曲线的离散弗雷歇距离越小,它们之间的相似度越高。所以,我们对两条曲线之间的相似度S定义如下:

$$S=\frac{1}{Frechet} \tag{2}$$

式中,$Frechet$为两条曲线之间的离散弗雷歇距离。

3.3　道岔故障诊断系统

道岔故障诊断系统主要由导入图片、图像处理、故障诊断和查看故障类型四部分组成,根据不同的功能,设计不同的界面,以便于故障诊断和判别。

导入图片功能是把故障图像导入该诊断系统中，并显示所导入的故障图像。图像处理功能是把导入的故障图像进行灰度变换、二值变换、去噪处理、细化处理和图像归一化，即把故障图像转变为标准图像，并显示处理结果。故障诊断功能是根据弗雷歇距离原理算出标准图像与模板图像的弗雷歇距离，距离最小即为对应的故障类型。查看故障类型功能是显示八种故障类型的模板图像。

可视化界面设计将 MATLAB 与 VB 连接起来(图 4)，既可以利用 MATLAB 软件进行图像处理和图形显示，又能利用 VB 进行图形用户界面开发，将两个软件的优势结合起来，实现无缝集成，以智能代替人工，大大提高了现场诊断人员的工作效率。

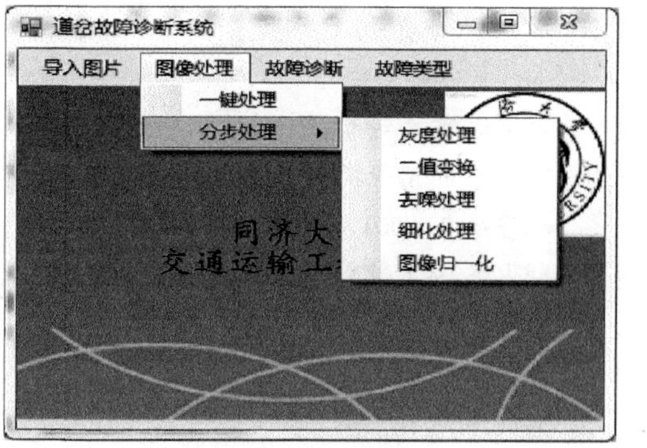

图 4 可视化界面

4 创新特色

(1) 本文对现场收集到的电流图像进行了多步预处理以及归一化处理，可以对不同的监测系统得到的电流图像进行一定加工处理后获得格式相同的标准图像，使该故障诊断系统具备较强的适应性。

(2) 本文创新性地对弗雷歇算法进行了一定改良并将其用于道岔电流图像的故障诊断。这是国内首次将此算法运用于道岔故障诊断的研究方面，突破了现有神经网络和灰度化等方法的固有思路，是在诊断道岔故障方面的一次新的尝试。

(3) 本文中所使用的通过弗雷歇距离表现曲线相似度进而判断道岔电流曲线所对应故障特征的方法具有极高的准确率，并且计算速度较快。

(4) 该故障诊断算法不需要大量的历史数据用以训练，只需要铁路上的工程师根据经验画出各类故障的变化趋势，以此作为故障诊断的模板，因而具有较高的实用性。

(5) 该故障诊断算法是基于曲线的所有点，并不是通过曲线的某些特征参数来进行诊断的，所以能够较为完整地反映两条曲线之间的相似度，诊断的准确性较高。

5 应用前景

该项目正与上海铁大电信公司进行合作，计划在接下来的研究过程中继续开发、优化算法，并将该诊断系统运用于实际工程中。

参考文献

[1] 王钢，徐子利，梁远升，等.基于故障电弧方波曲线相似度的输电线单端故障测距时域算法[J].电力系统保护与控制，2012(23)：110-111.

[2] 邹远怀.基于文本挖掘的道岔故障分类研究[D].北京：北京交通大学，2016.

[3] 丁国君.动车组制动控制系统故障诊断方法研究[D].北京:北京交通大学,2013.
[4] 孙晓磊.基于设备诊断报告的诊断专家决策支持方法[D].西安:西安电子科技大学,2011.
[5] 周东华,魏慕恒,司小胜.工业过程异常检测寿命预测与维修决策的研究进展[J].自动化学报,2013,39(6):711-722.
[6] 周东华,胡昌华,司小胜.带测量误差的非线性退化过程建模与剩余寿命估计[J].自动化学报,2013,39(5):530-541.
[7] 翟进乾.配电线路在线故障识别与诊断方法研究[D].重庆:重庆大学,2012.
[8] 冯琳玲.运用微机监测道岔电流曲线分析高速铁路道岔故障铁路通信信号工程技术[J].铁路通信信号工程技术,2001,8(1):73-75.
[9] 刘占强.利用道岔动作电流曲线迅速判断表示电路故障[J].自动化与仪器仪表,2012(3):184-185.
[10] 张莉,胡恩华.基于微机监测的高速铁路道岔故障分析方法[J].铁道通信信号,2011,47(10):40-41.
[11] 吴建军.基于微机监测曲线判断道岔故障的实践[J].大众科技,2012,14(4):160-162.
[12] 薛飞通.通过微机监测发现高速铁路道岔隐患及故障判断[J].上海铁道科技,2011(4):48-49.
[13] 周桂强.利用微机监测道岔动作电流曲线指导常维修[J].铁道运营技术,2006,12(3):34-35.
[14] 姜玥,韩丽英,张晓锋.微机监测道岔电流采集中的故障分析[J].铁道通信信号,2011,47(11):45-46.
[15] 芮宁斌.关于高速铁路道岔故障模式的分析[J].上海铁道科技,2009(4):104-105.
[16] 张徐东.德国高速铁路道岔故障分析及解决措施[J].铁道通信信号,1998,34(11):23.
[17] 黄智达.浅谈高速铁路道岔故障分析与处理[J].西铁科技,2011(2):40-44.
[18] 彭俊莉.ZD7-A 型电动道岔故障分析[J].甘肃科技,2003,19(4):37.
[19] 侯志宇,崔泽彬.电动转辙机自动开闭器故障原因及解决方法[J].铁道通信信号,2005,41(6):25.
[20] 王慧秀.提速道岔混线故障案例分析[J].上海铁道科技,2006(6):39,48.
[21] 王玉芬.S700K 1/30 提速道岔常见故障分析及对策[J].上海铁道科技,2009(1):38-39.
[22] 卢勇.广州地铁二号线正线道岔常见故障分析及处理[J].科技资讯,2009(14):86.
[23] 李俊娥,施瑞.高速铁路道岔机械故障的案例分析铁道通信信号,[J].铁道通信信号,2009(6):32-33.
[24] 袁昆.飞机源系统故障诊断数学模型的研究[J].中国民航飞行学院学报,2009,20(3):22-24.
[25] 赵俊博.含新能源电力系统状态估计研究现状和展望[J].电力自动化设备,2014,34(5):7-20.
[26] 杨飞.基于多元统计分析的故障诊断算法研究[D].沈阳:东北大学,2009.
[27] MARQUEZ F P G, SCHMID F, COLLADO J C. A reliability centered approach to remote condition monitoring. A railway points case study[J]. Reliability Engineering & System Safety, 2003, 80(1): 33-40.
[28] 田健.模糊神经网络的高速铁路道岔故障诊断方法研究[D].北京:北京交通大学,2015.
[29] 翟永强.贝叶斯网络在道岔控制电路故障诊断中的应用研究[D].兰州:兰州交通大学,2012.
[29] BUCHIN K, BUCHIN M, WENK C. Computing the Fréchet distance between simple polygons[J]. Computational Geometry, 2008, 41(1-2):2-20.
[30] ALT H, KNAUER C, WENK C. Matching polygonal curves with respect to the Fréchet distance [C]//Proceedings of the 18th Annual Symposium on Theoretical Aspects of Computer Science, 2001.

作者简介

程国辉,同济大学交通运输工程学院,交通工程专业。
陈　威,同济大学交通运输工程学院,交通工程专业。

勾　森，同济大学交通运输工程学院，交通工程专业。
宋金容，同济大学交通运输工程学院，交通工程专业。

指导老师

黄世泽，副教授，同济大学交通运输工程学院。

面向大型全自动泊车系统的优化控制方法

吉毓晗，黄道刚，马恬恬

|摘要|

随着射频诱导技术与智能机器人技术的成熟、移动互联时代的到来，传统停车场势必会向智能化、无人化、高效率等方向发展。国内外已开展了相关研究，开发出泊车机器人及全自动泊车系统。泊车机器人能移动车辆并按分配的路径行驶。本文基于以泊车机器人为动力的大型全自动泊车系统，提出一系列优化控制方法。在存取车的过程中，利用 Dijkstra 算法，按规划的最短路径移动车辆，完成相应操作。根据停车场状态的时变性，划分停车场内部区域，利用 ABC 分类法，借助物理中的“重心”概念，分析最优布局。以排队论中的多服务窗模型确定泊车机器人的数量。整个大型全自动泊车系统使用过程中应开发与之配套的 App，用户在未来可以通过 App 实现停车场信息获取、预定存取、线上缴费等多种功能。

|关键词|

全自动泊车系统；存取车方案；布局优化；排队论；MATLAB 仿真

1 绪论

1.1 研究背景

根据 2016 年中国统计年鉴的统计数据，截至 2016 年年底，我国的机动车保有量达到 2.9 亿辆，机动车的驾驶人数也在 3.5 亿以上。因此，交通拥堵问题和停车困难问题均已成为目前我国城市发展的突出问题。

因此，高智能、全方位、具有高度预测性的停车系统成为趋势。然而，目前我国停车场管理系统的整体设计功能还不够健全。因此，智能全自动停车场是现代社会发展的一个方向。

1.2 研究目的和意义

经济发展和人口增长使停车问题变成了继住房问题之后的又一难题，而且在大城市，高度紧缺的土地资源与迅速增长的泊位需求之间的矛盾也更为突出。

当前的停车场土地利用率较低，要解决停车难问题，提高土地利用率是必不可少的一个方面。目前,已经存在的立体停车场就是从土地利用率的方向进行优化设计的,但是立体停车场仍存在一定的缺陷。

因此,不仅要最大限度地在有限的空间及土地资源上设置更多的泊位,还要寻找一个可行的选择最佳泊车位的智能系统,在一个合理的能耗范围内选择最佳的泊车位。而全自动停车场的出现可以实现这些设想。

1.3 国内外研究现状

1.3.1 国外研究现状

国外最早研究停车问题和停车环境问题的是美国、德国等发达国家。进入 21 世纪以来,由于汽车保有量的不断增长,对停车系统的研究愈发完善,如 NICE 系统。

2016 年,德国杜塞尔多夫机场就将全自动泊车系统投入使用,据该机场透露,6 个停车机器人一共花了将近 400 万欧元,经现场使用后发现,取一辆车的时间甚至要超过 5 min,由此可见机器人体积大、造价高、不够灵活便捷已成为其难以推广的原因。

1.3.2 国内研究现状

ITS 问题作为交通管理方面目前最重要的新领域,它的核心便是面向如今越来越突出的交通问题、不可再生能源过度使用和环境质量变差等问题,使用现代的高科技手段来对交通管理系统进行优化和改善。

基于交通管理方面出现的各种问题,国内对管理系统的研究发展也较为迅速,如 2011 年邱永涵、张希周等人对射频识别技术的特点进行分析,模拟实现了基于 FRID 的停车诱导系统。

近几年来,立体停车库的发展十分迅速,国内主要发达城市都相继出现了立体停车库,但是立体停车库在成本以及土地利用率方面仍有待继续研究和改进,如此才能更好地迎合停车需求。

怡丰公司推出的机器人具有便利、轻巧的特点,在未来全自动泊车系统的应用中更具优势。

2 全自动泊车系统设计

2.1 用户停车需求分析

在人工停车的前提下,人们在到达停车场后巡游找到合适的停车位才将车停下,当一个停车场剩余有效泊位较少时,人们就会一直在停车场内巡游,浪费时间和资源。全自动泊车系统利用射频识别、机器人等技术以及移动端的交互功能,实现车辆自动存取以及车位分配功能,给人们带来了便捷。更重要的是,在本文的优化控制方法下,更多的空间将被用于设置更多的停车泊位。

2.2 系统架构及功能

2.2.1 系统架构

一个完整的全自动泊车系统,需要包括完善的诱导系统、车位检测系统、中央控制系统、机器人系统、手机 App 管理系统以及智能停车收费系统。

2.2.2 子系统功能

诱导系统的作用是帮助用户在目的地附近找到合适的停车场，提供停车场的位置、车位剩余情况等关键信息，并通过 App 呈现给用户。

系统能监控停车场内每个车位的状态，即空闲或是被占用，并将其反馈给中央控制系统。

中央控制系统是整个停车场规划的核心，利用互联网对整个停车场进行整体控制与信息实时获取及更新，具体包括分配泊位、规划路径等功能。

机器人系统的主要功能是完成车辆的转移工作，即车辆的存取。

针对全自动泊车系统，设计开发相应的 App，用户可以在 App 上获取停车所需信息、预约取车以及完成线上缴费等功能。

车辆在出入停车场时，智能停车收费系统能识别并获取车辆的特征以及车牌信息，并计算停车时间及相应的费用。

3 机器人存取过程优化

3.1 路径算法

3.1.1 区域内最短路径算法

求区域内两个单元之间的最短路径即在赋权图 G 中求指定两个顶点 u_0 和 v_0 间具有最小权的轨。目前已有成熟的算法，即 Dijkstra 算法，其基本思想是按距离 u_0 从近到远的顺序，依次求得 u_0 到 G 的各顶点的最短路和距离，直至 v_0 算法结束。本文采用固定起点型的 Dijkstra 算法。

3.1.2 取车方式

1. 直接取车(规划区域中只含两列或者一列的区域)

若区域布局只含一列或者两列，取车过程相对来说就较为容易。在确定需要取出的车辆后，只需将车辆移至相邻的通道并取出即可。

2. 将路径中占用车位的车辆作为新车存入库(规划区域中有两列以上区域)

当停车场的布局存在两列以上的区域时，取车过程中就很容易出现需要取出的车辆，其周围的车位都被占用的情况。这里在确定取车路径时只考虑直接通向通道的四个方向，向阻挡车辆数量最少的方向取车。

3.2 存车方式

1. 按照既定区域随机存车

根据规划的区域，在区域中随机指定车辆停放的车位，根据指定车位的具体位置规划路径后将车辆存入停车库。

2. 按照既定区域按顺序存车

根据规划的区域，当有车存入时，按照每一行或者每一列的顺序依次规划泊位，在规划路径后进行存车。

3. 按照既定区域从内往外依次存车

根据规划的区域，以区域横向纵向中线的交点为中心，依次往外部填车。

上述三种存车方式的车辆停放数量和平均时间如表 1 所列。

表 1　不同存车方式停车数量及平均时间

方案	随机存放	顺序存放	由内向外依次存放
停放数量/辆	76	100	100
平均存车时间/s	31.8636	30.9141	31.6440

由此可见，三种方式下车辆停放所需耗费的时间较为接近，但是究竟哪一种方案更适宜实际运用，还需要考虑其能否与设计的取车方案、方式相协调，从而使得整个系统顺畅运行。

3.3　存取车配套方案确定

将两种取车方案进行比较，第一种直接取车的方案在时间上占据了优势，但是并不能提高车位的利用率；第二种取车方案是针对取车路径中的车位有车占用的情况，只要合理规划停车场的空间布局，那么就可以在保证停车场服务水平的情况下更大限度地利用停车场的资源，提高停车场的土地利用率。因此，这里我们选择第二种取车方式。

然后，在一定条件下仿真得到三种方式下的存取车数量及耗费时间，结果如表 2 所列。

表 2　三种方式下的存取车数量及耗费时间

方案	随机存放	顺序存放	由内向外依次存放
总停入数量/辆	130	130	130
总取出数量/辆	60	60	60
平均存车时间/s	35.1393	32.9400	31.2992
平均取车时间/s	19.1727	25.1467	29.1927
是否存在无效车位	是	是	否

综合考虑三种存车方式与已确定的取车方式的共同配合，最后采用从区域中心往外依次存车的存车方式以及将取车路径中占用车位的车辆当作即将存入库的车辆再一次进行存车过程的取车方式配套使用。

4　空间布局优化

4.1　区域优化

“ABC 分类控制法”是根据事物在技术、经济方面的主要特征进行分类排列，从而实现区别对待、区别管理的一种方法。就是按照一定的标准，将企业的存货划分为 A，B，C 三类，分别实行分品种重点管理、分类别一般控制和按总额灵活掌握的存货管理、控制的方法。

本停车场系统基于“ABC 分类控制法”，将停车场划分为不同区域，根据车辆泊车时间的不同，将存取车操作最频繁的车辆（即A类车辆）对应的区域靠近出入口，而存车时间较长或很短的车辆（即B/C类车辆）对应的区域远离出入口。

4.2 空间布局优化

为了保证一定的服务水平，区域的长度规划应该满足取车最长时间在一定范围内。这里，考虑到行人的极限等待时间以及提前预约取车，在假设提前三分钟取车的情况下，保证取车过程的时间在2 min以内，由计算机计算得到以上各区域的规格。

5 机器人数量确定

5.1 系统容量有限的排队论

排队论是研究系统随机聚散现象和随机服务系统工作过程的数学理论和方法，又称随机服务系统理论。而系统容量有限制的排队论模型属于排队论中的典型模型，即：$M/M/n/m$。

5.2 机器人数量确定模型建立

利用排队论中系统容量有限制的多服务台模型的结论：$M/M/n/N$

记 $\rho_1=\dfrac{\lambda}{\mu}$，$\rho=\dfrac{\rho_1}{2}$ 可得

$$p_0=\begin{cases}\left[\sum\limits_{k=0}^{n-1}\dfrac{(n\rho)^k}{k!}+\dfrac{(n\rho)^n}{n!}\cdot\dfrac{1-\rho^{m-n+1}}{1-\rho}\right]^{-1}, & \rho\neq 1\\ \left[\sum\limits_{k=0}^{n-1}\dfrac{n^k}{k!}+\dfrac{n^n}{n!}(m-n+1)\right]^{-1}, & \rho=1\end{cases}\tag{1}$$

通过 p_0 可求得以下各个目标参量。

(1) 停车场的损失率：

$$P_{损}=p_m=\frac{n^n\rho^m}{n!}p_0\tag{2}$$

(2) 处于服务状态下的泊车机器人平均个数：

$$L_{服}=\frac{\lambda_e}{\mu}\tag{3}$$

(3) 用户的平均排队等待时间：

$$W_q=\frac{L_q}{\lambda_e}\tag{4}$$

因为存取车为两个不同的过程，故分别求解出存车所需机器人数量 n 与取车所需机器人数量 m，$(n+m)$ 为最终所需机器人的数量 N。确定数量后再根据实际情况对机器人数量进行调整。

6 结语

本课题的主要研究成果包括：确定了存取车方式、在保证服务水平的基础上规划停车场布局、利用排队论计算机器人数量。

全自动泊车系统的发展前景可以包括以下几个方面：大型比赛赛场中心车辆疏散；机场、火车站等车流聚集地的车辆疏散；商场、大型医院等停车需求较高的场所等。

参考文献

[1] 王家，张晓东.美国城市停车政策解析[J].城市交通，2011，9(4)：53-60.
[2] 冯璐璐.基于物联网的停车泊位诱导系统关键技术研究[D].长春：吉林大学，2013.
[3] KUIPERS O P, DE RUYTER P G GA, KLEEREBEZEM M, et al. Quorum sensing-controlled gene expression in lactic acid bacteria. J Biotechnol，1998，64(17)：15-21.
[4] 唐亮.我国物联网产业发展现状与产业链分析[D].北京：北京邮电大学，2010.
[5] 李航.基于无线网络的智能停车场关键技术研究[D].成都：西华大学，2014.
[6] 马铭.基于视频的停车场车位状态监控识别系统[D].天津：天津大学，2007.
[7] 汤伟.升降横移式立体车库结构优化及控制策略分析[D].合肥：合肥工业大学，2008.
[8] GUZELLA T S, CAMINHAS W M. A review of machine learning approaches to spam filtering[J]. Expert Systems with Application, 2009，36(7)：10206-10222.
[9] 胡从旭.ABC分类法在库存管理中的实施及改进[J].物流工程与管理，2010，32(9)：62-64.
[10] 孟玉柯.排队论基础及应用[M].上海：同济大学出版社，1989.
[11] GRIMM V, RAILSBACK S F. Individual-based modeling and ecology [J]. Princeton: Princeton University Press, 2005.
[12] GUSTAFSSON L, STERNAD M. Consistent micro, macro, and state-based population modelling[J]. Mathematical Biosciences, 2010，225(2)：94-107.
[13] 季彦婕.城市停车诱导信息系统规划及关键技术研究[D].南京：东南大学，2007.

作者简介

吉毓晗，同济大学交通运输工程学院，交通工程专业。

黄道刚，同济大学交通运输工程学院，交通工程专业。

马恬恬，同济大学交通运输工程学院，交通工程专业。

指导老师

杜豫川，教授，同济大学交通运输工程学院。

基于网络舆情分析技术的公交满意度评价系统

刘　翔，冯颖佳，张瑞聪，刘　畅，俞　灵

|摘要|

本文先结合传统公交满意度评价方法和人工分析微博文本来确定适用于网络舆情的公交满意度评价指标。再利用Python语言编写爬虫，结合新浪微博高级搜索功能，爬取上海近三个月含公交、地铁关键词的五万条微博。利用Python第三方开源库jieba(结巴分词)对微博文本进行分词、停用词清理等文本预处理工作。结合机器学习方法，两次对大量微博文本人工标注后，进行两次文本分类工作。先人工标注相关和不相关微博共两万条，作为训练集对五万条微博进行分类筛选，得到相关微博近一万条。再按照指标对一部分有效文本进行分类标注，得到公交和地铁各近一千条训练集，随后对近一万条相关微博进行第二次文本分类，将相关微博分类到各指标中。最后，分别针对每一类指标进行情感分析，从而得到城市在各个指标下的公交(地铁)满意度报告。

|关键词|

公交满意度；微博爬虫；文本预处理；文本分类；情感分析

1　研究背景

1.1　网络舆情

“舆情”的基本含义是指民众的意愿，它是较多群众关于社会中各种现象、问题所表达的信念、态度、意见和情绪等表现的总和。我国网络舆情数据信息量大、时效性高，具有不可忽视的力量。

为什么要用网络舆情来分析公交满意度？相较于传统的问卷调查民意的方式，通过网络方式获取大量社交网站的数据后进行舆情分析更具时效性、高效性和数据的多元性。另外，传统的问卷调查在进行数据分析后得出的结论仅仅局限于预先设定的问题方向，而问卷设定问题方向之外的其他方向则处于视野盲区。但是基于网络舆情的分析可获知网民关于公交乘坐较为全面的感受，除了预先设定的评价指标，还可以分析并发现一些事先没有考虑到的问题。

但目前我国网络舆情分析在交通领域的应用大多还集中在交通事故的舆情分析和舆情

预警方面，将网络舆情应用在公交满意度评价方面还处于空白状态，本文希望为未来大数据时代的公交满意度评价提供一条切实可行的道路。

1.2 公交满意度的评价

从总体上讲，目前中国城市"公交优先"战略还没有得到全面落实，公共交通发展总体滞后的局面还没有根本转变，城市公交还存在着许多问题，突出表现在以下几方面：①公共交通服务能力不足，在城市交通系统中的主体地位尚未确立；②公交服务质量不高；③基础设施建设滞后；④城乡发展不协调。

而谈到我国的公交评价体系研究：匡星将评价指标主要放在线路网密度、线路重复系数和站点覆盖率上，以此评价线路网的布局技术水平，而用客运周转量、线路负荷强度、客流断面不均衡系数和线路车辆满载率来评价客运能力水平。Vanessa de Almeida Guimarães 和 Andrea Alonso 以探究公交运行的可持续性为目的，将影响公交运行可持续性的因素划分为经济效益、社会效益和环境效益三个方面，从而对公交的运营状况进行评估。

2 研究思路及指标确立

2.1 研究思路

本文的研究思路如图 1 所示。

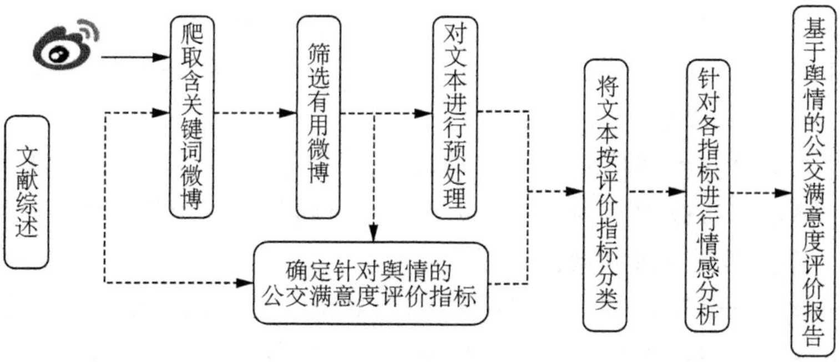

图 1 研究思路

2.2 基于网络舆情的公交满意度评价指标确立

2.2.1 指标确立过程

指标的确立过程如图 2 所示。

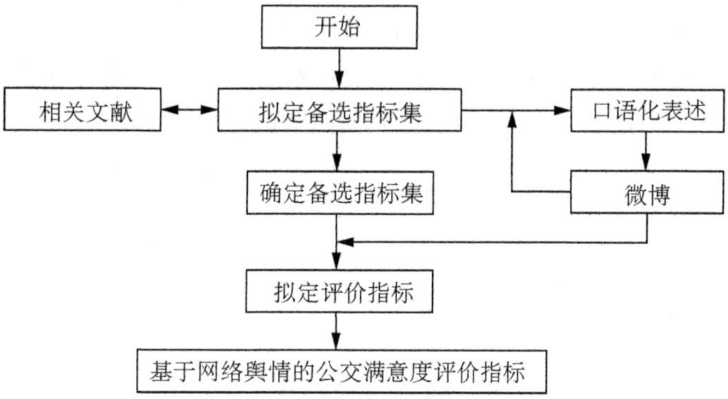

图 2 指标确立过程

2.2.2 评价指标

（1）服务与监管：在监管方面，如逃票、乞讨等在舆论中占据重要位置。

(2) 便捷性：与换乘、站点间距设置、站点覆盖率相关的均可视为便捷性。

(3) 安全性：公交、地铁内部同样存在安全隐患，包括盗窃、车门应急性差等。

(4) 舒适性：对于乘客而言，舒适性是在乘坐公共交通出行期间最为直观的感受。

(5) 准时性：公交由于受路面车流状况的影响较大，故准时性与交通量关系密切。

(6) 乘客素养：在法规外的不文明行为有时会引起大面积的舆论关注。

2.2.3 小结

首先，问卷调查虽然同样可以反映民情民意，但是由于官方设定问卷的过程中仍然会有僵化思维出现，导致评价者过于被动，很难表现出直观感受，因此在整个指标确立的过程中，全部基于科学性的研究以及对全网下载的大量文本数据的分析。其次，评价体系中的六个指标的打分不涉及权重加和，由于网络舆情本身具有的偏差性和主观性，网民对于事物的感受与他的经历、生活经验以及社会舆论导向有很大关系，导致舆情发布者的关注点过于单一，在有些例如准时性指标的评价上过于消极，即多数人仅仅能注意到问题所在，这对于每一项指标的横向比较而言是没有可比性的。

3 关键技术及应用

3.1 网络爬虫

网络爬虫是一个自动提取网页的程序。它通过给定的 URL（Uniform Resource Locator，同一资源定位符）地址来访问网页，可将网页下载下来，并对网页信息进行提取，当提取到的信息中含有其他网页的 URL 地址时，又可继续爬取下一网页信息，直到满足程序设定的停止条件。而 Python 是一种功能强大、语法简洁清晰的开源编程语言。故本研究使用 Python 语言编写网络爬虫。

新浪微博的大部分内容和功能只有用户成功登录之后才能查看，而且在未登录状态下过于频繁的访问请求容易被识别为机器人，访问将受到限制。所以，为了避免这一问题，在访问 URL 地址之前，需要登录微博。

Cookie+User-Agent 方法通过伪装通过浏览器正常登录浏览的用户来访问网页，从而避免被识别为机器人。通过火狐浏览器(Firefox)的插件 HttpFox 获取登录后访问微博搜索页面的 Headers 信息，再通过 Python2.7 的标准库 urllib2 和 cookielib 利用 Headers 信息进行模拟访问，得到微博搜索网页的 html 源码。对获取到的 html 源码进行解析，利用 Python 的 Beautifulsoup 可以通过标签提取对应的信息，可得到微博内容、时间、转发数、评论数等信息。利用 Python 标准库 csv 将爬取的微博文本、评论、赞、转发等数据存入.csv 文件中。可直接用 excel 打开，便于后续数据处理。

我们以地铁、公交作为关键词，搜索地区为上海，按天以精确爬取，爬取了近三个月总共近五万条微博。

3.2 文本预处理

3.2.1 研究背景

在中文文本预处理阶段进行文本的语义分析能更好地表示中文文本，改善文本预处理结果，从而提高分类的精度和效率，具有重要的研究意义。

3.2.2 技术原理

（1）中文文本的特点及处理难点：①以字为基本单位，缺乏自然的分割信息；②词序灵活，语法限制少；③结构灵活，元素之间的耦合度更松；④语法灵活，但形态贫乏；⑤语义灵活。

（2）文本预处理步骤：①文档切分；②文本分词；③去停用词；④特征提取；⑤词频统计；⑥文本向量化。

3.2.3 项目应用

我们将爬取下来的大量微博文本按用户昵称、地址、发布时间等进行分组储存到 excel 中。采用在 Python 平台上运行的 jieba 分词技术将分词与词性标注同时进行。另外，考虑到很多交通领域的专有名词或口语化词语可能并没有包含在词语库中，我们便进行了添加自定义词典的操作。下一步我们创建了一个针对交通领域的停用词库，并将其运用于分词标注后的文本进行试验。根据这三个主要步骤，我们已经能够将原本较难处理、信息冗余的微博文本通过文本预处理技术处理成易分析、表达清楚简洁的字段形式。

3.3 文本分类

文本分类（Text Categorization，TC）技术是在预先给定的类别标记（label）集合下，根据文本内容来判定它的类别。基于机器学习的文本分类技术的主要算法有：概率模型算法（朴素贝叶斯算法）、关系学习算法（决策树算法）和支持向量机算法（SVM 算法），我们对比使用了余弦相似度和朴素贝叶斯算法后，最终选择了支持向量机算法。

3.3.1 SVM 技术实现

1. 有效微博信息的筛选

1）训练集标注

我们在微博上分别以“公交”“地铁”作为关键词，搜索并分别爬取了各约一万五千条文本数据（以周为单位粗略爬取）。利用这些数据，对公交和地铁的文本信息分别进行训练集的标注。人工识别其中的有效信息。

首先，确定有效和无效的标准。有效信息标注为 1，无效信息标注为 0。其次，我们对公交和地铁分别标注了约 5 000 条和 12 000 条的微博数据。再次，在这些标注数据中，我们要进一步筛选和整理以便获得有效信息和无效信息数量相等的训练集。最终我们获得了 2 000 条的公交微博训练集（1 000 条有效信息和 1 000 条无效信息），和 4 000 条地铁微博训练集（约 2 000 条有效信息和 2 000 条无效信息）。从这些信息中我们还暂时各抽出 100 条数据作为测试集供下一步准确度测试使用。

2）准确率测试

经过多次测试后，分别获得了分类准确率最高的地铁（最高 0.70）和公交（最高 0.69）的训练集，并以此作为最终筛选有/无效微博的训练集。

3）对微博文本信息进行机器筛选

将我们精确按天爬取的 1～2 月的公交微博进行机器筛选，最终获得了 8 500 条有关公交的有效信息。类似地，我们将精确按天爬取获得的微博信息进行机器筛选，最终获得了约 3 000 条有关地铁的有效信息。我们将对这些有效微博按照评价指标进行下一步分类。

2. 按指标对有效微博信息进行分类

1）创建训练集

我们之前定下的公交评价指标：①服务与监管；②便捷性；③安全性；④舒适性；⑤准时性；⑥乘客素质；⑦无效信息（机器筛选存在误差）。按照此公交评价指标，我们分别对公交和地铁标注了约一千条分类信息。

2）对文本进行按指标机器分类

在分别获得了公交和地铁的训练集后，我们对前一步中机器分类所获得的有效文本信息按评价指标进行了分类。最终，我们将所获得的 2017 年 2 月的公交和地铁的有效文本分类信息进行整合，以待下一步的舆情分析。

4　实例分析——上海市公交舆情报告

4.1　调查基本情况

公交方面共获得有效数据 3 240 条，经过机器学习分类，分成服务与管理、便捷性、舒适性、安全性、准时性和乘客素质这 6 个指标；地铁方面共获得有效数据 2 868 条，分成服务管理、便捷性、舒适性、安全性、乘客素质这 5 个指标。获取全文本热词词频与情感分析结果，以转发量、点赞数来反映热度，以词频来反映具体情感指向，最后汇总为以下数据挖掘成果。

4.2　舆情监测的整体感知

地铁舆情监测的分布结果如图 3 所示，公交舆情监测的分布结果如图 4 所示。

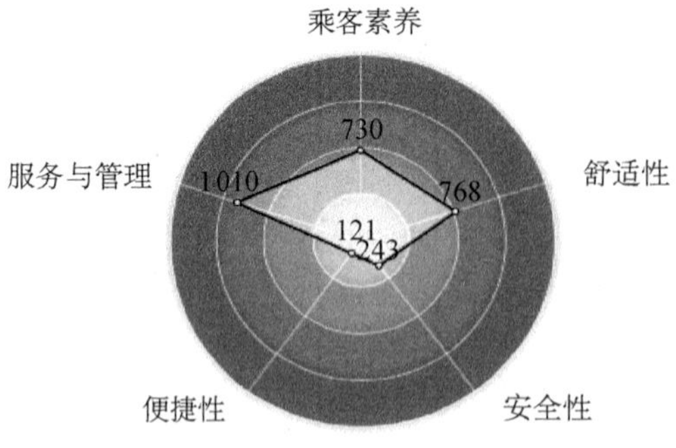

图 3　地铁舆情分布

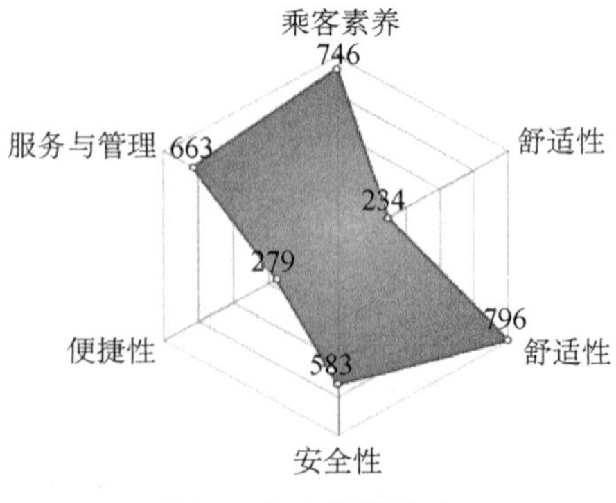

图 4　公交舆情分布

4.3　具体分析

公交舆情负面情感与全内容的关系分布情况如图 5 所示，地铁舆情负面情感与全内容的关系分布情况如图 6 所示。

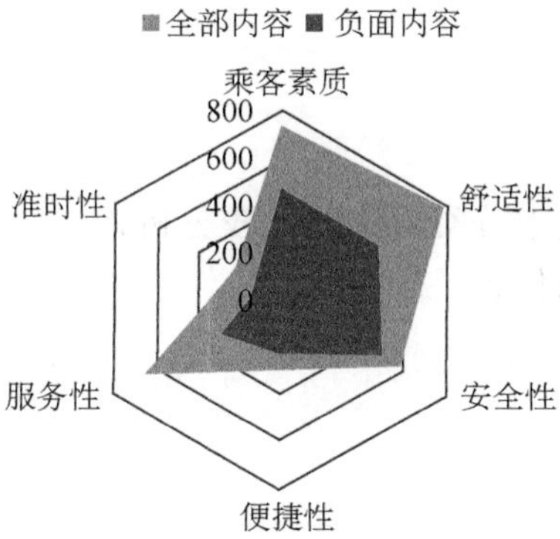

图 5　公交舆情负面内容分布情况

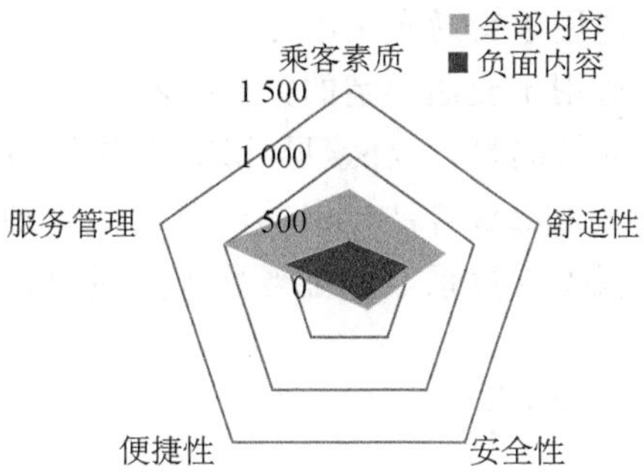

图 6　地铁舆情负面内容分布情况

4.4　结论

上海地铁 2 月满意度得分如图 7 所示，上海公交 2 月满意度得分如图 8 所示。

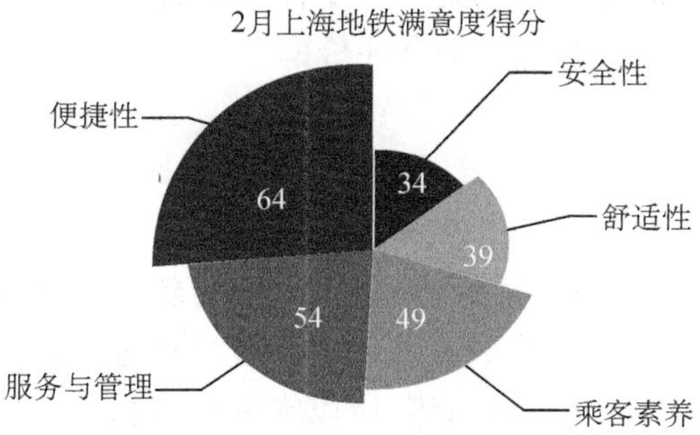

图 7　上海地铁 2 月满意度得分

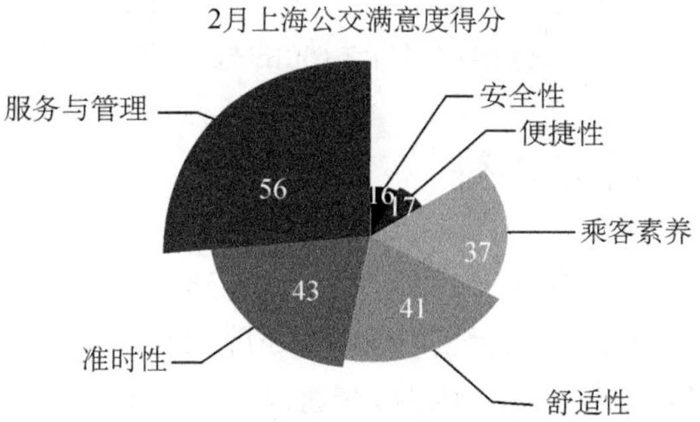

图 8　上海公交 2 月满意度得分

（1）对于公交来说，服务与管理的满意度得分最高，安全性得分最低；综合词频与热点问题，对于中运量公交的运行、公交运行中的占道问题以及车厢内环境的满意度较低。安全性满意度较低主要是 2 月出现了一起重大公交侧滑事故，由此导致民众对于安全性的负面反馈评价较多，因此对安全性问题的检测管理也需要重视。

（2）对于地铁来说，便捷性得分最高，安全性得分最低；综合词频与热点话题，对于乘坐地铁以及换乘的满意度较高，而对于车厢内氛围以及乘客不文明行为的满意度较低。通过信息增益得出地铁的核心指标是安全性，由于易受新闻媒体噪声影响，只可判断地铁安全性指标具有关键的判断价值，而不能评价上海地铁安全性较差。通过进一步深层挖掘发现，对于地铁公众的目光更易聚集在车厢内的环境，如何解决舆论中有关长时间拥挤现象和乘客不文明行为对乘车氛围较大的破坏是未来改善与关注的核心。

5　创新特色

（1）网络舆情与公交满意度的结合；

（2）基于网络舆情的满意度指标；

(3) 结合新浪微博高级搜索功能的爬虫;
(4) 适用于交通舆情的停用词表;
(5) 适用于交通舆情的大量文本分类训练集;
(6) 支持向量机、朴素贝叶斯、余弦相似度多种文本分类方法的比较分析;
(7) 通过 ID3 算法得出的信息增益以判断核心指标;
(8) 根据观察系数挖掘当月热点话题。

6 不足之处

由于时间较短,我们只是对基于网络舆情的公交满意度评价探索出一个初步且粗糙的方法,还有很多地方需要提高与完善:

(1) 文本分类的准确率有待进一步提高;
(2) 没有跟基于字典的文本分类和情感分析方法进行比较;
(3) 各个成员在人工标注时因个人主观判断不同造成训练集准确度有一定的下降;
(4) 没有得出各个指标的权重进而对公交满意度进行整体综合评价。

7 研究心得

通过这个项目,我们深刻地感受到了计算机技术与交通的紧密结合。在日新月异的互联网时代,在传统技术难以处理如此庞大的数据时,利用计算机技术可以高效快捷地实现数据处理与挖掘。因此,交通发展的计算机化与信息化将是一种趋势,所以掌握计算机技术与信息处理对于未来交通将是影响巨大的。

这个项目让我们感受到了网络数据的力量,平日里随心发的内容竟然也可以作为监测交通状况、评价城市交通的重要信息。因此,多关注身边的新鲜事物将其作为新的调研对象,再利用科学合理的研究手段进行分析、展开,可能会有意想不到的结果。

参考文献

[1] 陈忆金,曹树金,陈少驰,等.网络舆情信息监测研究进展[J].图书情报知识,2011(6):41-49.
[2] 徐亚华,冯立光.公共交通优先发展现状及战略规划[J].交通运输工程学报 . 2010,10(6):64-68,81.
[3] 匡星.城市常规公共交通服务水平评价研究[D].长春:吉林大学,2005.
[4] VANESSA A D G, LEAL JUNIOR I C. Performance assessment and evaluation method for passenger transportation: a step toward sustainability[J]. Journal of Cleaner Production, 2017, 142:297-307.
[5] ALONSO A, MONZÓN A, CASCAJO R. Comparative analysis of passenger transport sustainability in European cities[J]. Ecological Indicators, 2015,48:578-592.
[6] 吴剑兰.基于 Python 的新浪微博爬虫研究[J].无线互联科技,2015(6):93-94.
[7] 苏金树,张博锋,徐昕.基于机器学习的文本分类技术研究进展[J].软件学报,2006,17(9):1848-1859.
[8] 刘依璐.基于机器学习的中文文本分类方法研究[D].西安:西安电子科技大学,2009.

作者简介

刘　翔，同济大学交通运输工程学院，交通工程专业。

冯颖佳，同济大学交通运输工程学院，交通工程专业。

张瑞聪，同济大学交通运输工程学院，交通工程专业。

刘　畅，同济大学交通运输工程学院，交通工程专业。

俞　灵，同济大学交通运输工程学院，交通工程专业。

指导老师

杨晓光，教授，同济大学交通运输工程学院。

车辆自动互联环境下瓶颈交通流建模与仿真

张卓玮，王哲楠，薛　晖，陈紫千

|摘要|

在自动驾驶车辆技术快速发展并趋于普及，且互联交通日益受到重视的环境下，针对自动网联汽车交通流的研究具有重大意义。快速路瓶颈是导致快速路通行能力不足的主要原因。由于自动网联汽车的实车测试存在耗时长、成本高等缺点，为此，我们利用 Vissim 仿真软件针对自动网联汽车对瓶颈交通流的优化进行了建模与仿真研究。利用 Vissim 仿真软件的外部驾驶员模块，对 Vissim 进行二次开发实现按照我们的模型和意愿来控制 Vissim 中全部或部分车辆的结果，并进行评估与可视化展示。

|关键词|

自动网联汽车；快速路瓶颈；Vissim 仿真软件；外部驾驶员模型；协同换道；礼让系数；鱼群算法

1　研究背景

瓶颈路段存在大量的换道情况，通过拍摄等调查方式可以得出较多的数据，然而纯粹依靠人工调查的方式需要调查和处理大量的数据，而动态瓶颈的特殊性使得调查难以开展，所以调查交通流基本数据再通过模拟软件的方式可以从另一个角度来分析瓶颈路网的交通流状况。模拟软件在基于现状数据的研究基础上使得模拟能够更好地符合现实。

自动驾驶是发展方向，无人驾驶技术受到越来越多的重视并逐渐成为一种趋势。对自动驾驶环境下交通系统的影响，仿真是唯一手段：仿真系统可以对无人驾驶进行直观研究。交通流仿真是再现交通流运行规律，对交通系统进行管理、控制和优化的重要实验手段和工具。

鱼群效用可以给自动驾驶很好的借鉴：加入鱼群算法以后，运行会不一样，并可以进行领航者优化。

1.1　国外研究现状

随着世界科技的不断发展，借助各种仿真软件来模拟和对比交通流特性渐渐成了交通学科内一种常用的方法。目前，国外也有部分研究人员采用仿真软件模拟的方式来对交织区的交通流特性及通行能力进行模拟和对比。主要的研究成果如下：

Vermijs 和 Schuurman 提出了道路交织区的交通流函数，他们使用的是 FOSIM（高速公路运行模拟）模型。以道路中的检测器及视频拍照的方法收集基础车流信息，并进行模型参数的标定。对于 FOSIM 的三个核心基础模型（跟驰模型、换道模型、期望车速模型）的分析研究表明，大部分车辆的换道行为选择在交织区上游 200 m 处，且交织比越低，交织区通行能力越高。

Alexander Skabardonis 通过 CORSIM 软件对交织区交通流的行驶状况进行了动态分析。同时，他以多个调查点的现实数据为分析样本，对 CORSIM 模型中的关键参数（如车辆跟随灵敏度、换道强度等）进行了标定。再对标定后的 CORSIM 模型进行仿真，导出的模拟数据与现实状况较为接近。

Wa'el H'Awad 采取神经网络计算方法对交织区通行能力进行了分析。通过对交织区内交通流运行模式及通行能力的分析，他提出了神经网络及线性回归两种不同的交织区通行能力计算方法。在计算结果的对比中，他得出神经网络计算的交织区通行能力相比线性回归法更加优秀，且计算结果与现实数据之间误差较小。

1.2 国内研究现状

随着我国各大城市道路施工、线形改造、交通量上升等情况日益增多，瓶颈路段极大地约束了道路的通行能力，这也是造成城市道路拥堵的重要原因。因此，我们需要在借鉴国外已有研究成果的同时，以我国针对交织区的研究成果为基础，对瓶颈路段交织区的交通流及通行能力进行研究分析。

我国对交织区的研究始于环形交叉口交通特性研究，主要是以国外的研究成果为基础进行分析。最初，我国学者采用的是英国的 Wardrop 公式来分析交通流。之后，东南大学的徐吉谦教授提出了基于可插入间隙理论的环形交叉口通行能力计算方法，并得出通行能力高于 Wardrop 计算值的结果。

我国交通部发起对部分道路的交织区进行分析，由此逐步建立了符合我国交通状况的道路通行能力手册。目前，我国的道路通行能力手册主要包含了交织区分类，并以实际调查的交织区数据建立了数据库，通过对数据库数据进行分析得出影响交织区的关键因子，以数据库为基础建立了部分城市道路交织区的通行能力计算模型。

陈金川通过对多个大型城市交织区的统计数据进行分析，从中发现城市道路交织区的交通流特性，并针对我国特殊的道路交通提出了交织区理论分析模型。在研究中，他还创新性地提出以有效车头间距来进行通行能力计算，有效车头间距被定义为车辆在进行换道时大于最小插入间隙的所有车头间距，在进行通行能力计算时通过有效车头间距来确定交织的最大插入量，从而得出交织区的通行能力函数。

刘小生通过对南坪快速路的调查，得出快速路最大交通量及道路服务水平分析，以此为据提出快速路设计的优化方案。其核心结论是，只有当交织区交织流和非交织流的服务水平均不低于设计服务水平条件时，才无须做出改进措施，反之则须对快速路进行改造。同时，他还提出了快速路交织区优化的常用措施，如改变交织区结构、设置集散车道等。

孟祥燕通过大量现实数据的统计分析来对第1类交织区进行了交通流特性和通行能力方面的研究。研究包括以下内容：①通过对现实数据进行统计，从而分析得出交织区通行能力影响因子；②基于陈金的车头间距模型计算得到交织区内所能接受的最大变换车道数量；③在现实数据的基础上，采用TSIS仿真软件对最终的快速路交织区交通流特性及通行能力模型进行了验证。

钟连德以仿真软件CORSIM为工具，对交织区通行能力进行了求解。他主要通过标定微观仿真参数来得出适合我国快速路交织区的交通流参数组成，再加载不同的交通流量、大小车比例等变量，得出不同变量条件下交织区的通行能力，将实测数据与模型输出结果进行对比，从而检验模拟是否合理，并得出模型的实际应用范围。

赵靖以HCM2000为研究基础，通过建立交织区通行能力模型的方式验证了交通流特性及最大交通流量通过现实数据进行分析的可行性。

2 设计原理

在自动驾驶车辆技术快速发展并趋于普及，且互联交通日益受到重视的前提下，自动驾驶除车辆本身的智能化研究外，它放置在路网中与其他自动驾驶或非自动驾驶车辆共同作用形成交通流的研究也必须抓紧，并希望利用自动网联车辆的研究来进一步提高通行能力。所以，针对自动网联汽车交通流的研究具有重大意义，这也是我们的第一个研究方向。

快速路瓶颈是导致快速路通行能力不足的主要原因，对交通瓶颈处的交通流及最大交通量展开研究是解决或缓解城市交通拥挤问题的关键，为了解决和缓解整个区域网络的交通拥堵问题，必须通过合理的交通规划与管理措施来解决源头问题。因此，快速路瓶颈交通流则是我们研究的第二个重点。

但是，由于自动网联汽车现在难以通过大量实车实验得到研究数据，为此，我们利用Vissim仿真软件针对自动网联汽车瓶颈交通流进行了建模与仿真。利用Vissim仿真软件的外部驾驶员的dll接口对Vissim进行二次开发，以实现按照我们的模型和意愿来控制Vissim中全部或部分车辆的结果，并进行评估与可视化展示。

我们根据自动驾驶车辆的特性分别建立了一般条件下主线与匝道的跟驰和换道模型。同时，重点提出了协同换道的概念，并建立了协同换道模型，主线车辆在满足协同条件的情况下，会采用换道或减速两种方式为即将汇入的车辆创造间隙，以实现协同换道。协同换道是优先采用的换道方式，它对系统产生的影响较小。然而，并非所有车辆都会选择协同换道为汇入车辆创造间隙，所以我们又提出了礼让系数的概念。不同礼让系数条件下对交通流会有不同的影响，我们通过结果输出与分析对不同礼让系数下的交通流状况进行了研究。

接下来我们将建立的模型利用C++进行编程，运行成功后生成.dll文件，利用Vissim的外部驾驶员模型的接口将我们生成的.dll文件导入，实现对用户自定义车辆按用户建立的模型进行控制的目的，并利用Vissim中的动画进行展示与观察。

输出Vissim的仿真结果，利用MATLAB进行数据处理，研究不同的礼让系数与不同混行比例条件下交通流的特征，以及其他各项对比分析。

与此同时，我们利用鱼群算法提出了基于鱼群算法的车辆协同控制方法，以期更好地提高自动网联汽车瓶颈交通流的运行效率。对于可以协同控制、形成车队的自动驾驶车辆而言，有效的控制方法可以提高道路的通行能力，从而也能使有限的道路资源得到更好的利用，同时提高车辆行驶的安全性以及行驶速度，以缓解车辆汇入匝道导致的城市交通拥挤堵塞问题。我们将鱼群算法应用到道路车流或车队的行驶控制中，应用势场理论等建立群集行为模型，针对自动车辆汇入匝道，提出基于鱼群算法的车辆协同控制方法。

3 创新特色

3.1 基于 Vissim 基础的动画可视性

在创新研究过程中我们建立了新的模型，在 Vissim 基础上构建可仿真自动互联情况下交通流的平台，并用动画将这一过程展示出来，其中普通车辆以黑白两色展示，主道和匝道上的 ACC 车辆以红色和蓝色展示，如此可以较为直观地展现仿真结果，从而便于观察和研究比较。

3.2 模拟过程的真实性

在 Vissim 构建的匝道口模型中，模拟道路中既有普通驾驶车辆，也有加入外部驾驶员模型的可控 ACC 车辆，如此便比较真实地还原了无人驾驶车辆在道路车辆类型混杂情况下的行驶状况。

3.3 多种模型的引入

在编写代码控制和仿真 ACC 车辆行驶的过程中，引入了跟弛和换道模型，较为真实合理地模拟了车辆的行驶过程，同时通过编写程序并导入的方式实现了自主编写模型来直接控制和模拟车辆运行的可能性，为后续引入新的算法奠定了基础。

3.4 基于虚拟领航者的群集算法

本文提出了基于虚拟领航者的群集算法，在自动驾驶互联车辆路段行驶控制的基本规则和实现方式上提出了新的创新和尝试。通过对自然界生物的整体自组织结构与方法的研究，结合人工势场理论等，并尝试将其引入车辆自动驾驶模型中，从而提出新的优化算法，希望以此解决由匝道口交通流堵塞所带来的各种问题。

3.5 提供了一种新的研究方法

利用 Vissim 仿真软件进行二次开发，并用动画的形式展示出来，减少了后期无关工作，并可以直观地对我们所建立的模型进行评估，这为之后的研究提供了借鉴意义。

4 应用前景

引用仿生学观点和知识，将其与自动驾驶车辆的行驶过程相结合是一个很好的思考方向，我们希望可以将更多领域的知识和思路与自动驾驶联系起来，使其相辅相成，拥有更好的发展和效果。

在仿真过程中，我们引入的几个模型较为普遍和常见，未来希望能够引入更多、更好、更有特色的模型，从不同的角度以不一样的方式来展现自动驾驶。

在将外部驾驶员模型导入 Vissim 的过程中，经过了种种尝试，目前仅能通过某一种编程软件的编程对模型进行操控，这在一定程度上限制了新模型在仿真模拟上的表达和应用。在之后的学习研究中，我们希望能够有更多的方式来实现各种模型和 Vissim 等软件的应用，使得好的思路有更多发挥和尝试的空间。

参考文献

[1] 来磊，曲仕茹.基于鱼群效应的多车协同行驶控制方法[J].西北工业大学学报，2012，30(3)：373-377.

[2] 王冬梅.群集运动控制及其相关特性的研究[D].武汉：华中科技大学，2009.

[3] 张硕，孙剑.一种快速路宏观交通流模型的标定方法[J].中国科技论文在线，2011：1-7.

[4] 蒲昕.基于元胞自动机的道路瓶颈交通流的研究[D].西安：长安大学，2015.

[5] 卫立阳.瓶颈路段道路交通流特性及通行能力研究[D].合肥：合肥工业大学，2015.

[6] 谢秋荣.基于 Vissim 平台应用技术研究[D].西安：长安大学，2016.

作者简介

张卓玮，同济大学交通运输工程学院，交通运输专业。

王哲楠，同济大学交通运输工程学院，交通运输专业。

薛　晖，同济大学交通运输工程学院，交通运输专业。

陈紫千，同济大学交通运输工程学院，交通运输专业。

指导老师

孙　剑，教授，同济大学交通运输工程学院。

无人驾驶出租车智能服务管理系统研究

王艺赟，赖金涛，严　妍，闻一权，李　翔

|摘要|

针对传统出租车空驶率高、服务效率低等问题，本文搭建了一套“无人驾驶出租车智能服务管理系统”，其由“寻客服务系统”和“调配管理系统”两个子系统组成，基于智能体自学习等假设，研究实现各子系统功能的算法，并利用 AnyLogic 软件进行仿真，以服务率等指标对系统效果进行评价分析，发现该系统服务效率有所提升。此外，基于 C# 对系统进行开发，管理者在后台可以对路网进行监测并对出租车系统相关参数进行设定。

|关键词|

无人驾驶出租车；智能体自学习；寻客服务；调配管理；C# 系统开发

1　引言

出租车系统作为公共交通系统的一部分，有一个现象一直以来备受关注：在客源密集的区域出租车司机间竞争激烈，而在客流量少的区域存在乘客叫车困难的情况，从而导致了供需难以平衡协调的问题；出租车空载率高，浪费燃料，且给城市道路网络增加了压力，加剧交通拥堵，引发环境污染等问题。打车软件或许在一定程度上可以起到缓解的作用，但无法解决出租车系统和乘客间存在的根本供需矛盾。同时，随着人工智能技术的发展，它将在人类生活的各个领域带来巨大的变革，由此我们认为人工智能也势必会被应用于交通领域。针对出租车系统存在的矛盾，以及考虑到人工智能在交通领域的发展趋势，本文提出了一种基于无人驾驶和人工智能技术来解决出租车系统与乘客间现有矛盾的新思路，并开发了一套“无人驾驶出租车智能服务管理系统”。

该系统可应用于未来的无人驾驶出租车系统，使无人驾驶车辆能较快适应“陌生”的城市路网，在较短时间内提高载客成功率，降低出租车的空载率，提高无人驾驶出租车系统的整体服务水平。当路网中大规模客流集散点发生突变时，系统可以及时适应客流变化，从而避免无人驾驶出租车仍然根据历史学习数据完成载客，导致新客源点产生的大量乘客等待时间过长，或原本客流较大的客源点客流减小后出租车空载率上升的极端情况。在无人驾驶出租车系统中直接实现出租车的调配管理，解决区域间的供需不平衡问题，做到对于乘客需求的“有求必应”。

2 智能服务寻客系统

2.1 基于乘客信息未知假设下的智能服务寻客系统

1. 系统基本内容

(1) 乘客即时呼叫的情况，这个部分的研究主要解决出租车快速寻找到乘客的问题。假设将一群“空白经验”的出租车智能体投入新的环境中，最开始它们通过每次“偶遇”乘客来采集路网中乘客的空间分布信息，并将这些信息通过一定的算法进行整合与共享。经过若干次这样的学习过程，这些出租车智能体将成为“有经验”的智能体，进入路网时便能快速寻找到乘客。

(2) 基于模糊评价方法确定出租车决策依据。以智能体在路口转向后接到乘客的时间长短为衡量标准，定义模糊集的隶属度函数，计算每次接到乘客的时间隶属度函数，用模糊评价法来评定接客时间的相对长短，作为基于 Bayes 原理的自学习算法的决策依据。

(3) 基于 Bayes 原理的自学习算法研究。基于 Bayes 原理来设计算法，从概率分配的角度，对车辆智能体在交叉口的转向决策进行自学习。

(4) L-drive 学习算法的提出与应用。考虑到 Bayes 学习的局限性，提出一种能更好地适应乘客需求动态变化的 L-Drive(Landmark-Drive)学习算法。

2. 基于 Bayes 的自学习算法

基于智能体自学习的概念，系统中运行的每一辆出租车即为一个智能体，对每一个智能体制定规则和算法，优化单个智能体的服务率，以期降低智能体群总体的服务率。

根据 Bayes 学习原理制定算法来训练智能体。Bayes 学习是机器学习的一种，利用参数的先验分布，由样本信息求出后验分布，最终得到总体分布。系统观察到的每个训练样例可以降低或升高某假设的估计概率。其学习框架包含了 Bayes 公式、先验分布估计和后验概率计算。本文出租车学习的样本信息即为出租车转向后接到乘客的时间值。

1) 模糊评价

车辆在交叉口选择转向的概率以接到乘客时间长短为衡量标准，即转向后越短时间内接到乘客，转向概率就越大。由于时间的“长”与“短”是相对概念，所以设定时间长短的评价标准为：假设有一个“短时间”的模糊集，该模糊集中包含了时间值和该时间值对应的隶属度，隶属度越大，表示时间越短。假设路网中的某节点 N_i 有 k 个转向，当 $n_i=j$ 时，即经过节点 N_i 的出租车选择了第 j 个转向，若该出租车在该转向后接到了乘客，即从转向到接到乘客的时间为 t_j^i；$j=1, 2, 3, \cdots, k$ 时，有 n_i 个时间样本，记为$\{t_{j1}^i, t_{j2}^i, \cdots, t_{jn_i}^i\}$，其样本标准差为 s_j。则 $j=1, 2, 3, \cdots, k$ 时，所有从该节点转向后接到乘客的出租车接客时间构成的总样本的标准差为：$s=\sqrt{\sum_{j=1}^{k} n_j s_j^2 / \sum_{j=1}^{k} n_j}$。定义车辆接到乘客的时间样本集合对应的模糊集的隶属度函数为 $f(t)=\mathrm{e}^{-t/s}$，利用隶属度函数计算集合中每个时间值的隶属度，即可得到所有经过该节点接到乘客的“短时间”模糊集。

2）先验概率计算

定义接到乘客时间较短的事件为 T，则对于事件 J，当选择第 j 个转向接到乘客的时间为“短时间”的先验概率为：$P(T \mid J=j)=\frac{1}{n_j}\sum_{n=1}^{n_j} f(t_n^j)$。

3）后验概率计算

根据 Bayes 原理，若要使接到乘客的时间为“短时间”，车辆选择 j 转向的概率应为 $P(J=j \mid T)=P(T \mid J=j)P(J=j)/P(T)$。

由全概率公式有：$P(T)=\sum_{m=1}^{k} P(T \mid J=m)P(J=m)$。从而计算得到后验概率为 $P(J=j \mid T)=\frac{P(T \mid J=j)P(J=j)}{\sum_{m=1}^{k} P(T \mid J=m)P(J=m)}$。其中，$P(J=j)$ 表示车辆在结点 N_i 选择第 j 个转向的概率。

3. L-Drive 算法

将基于 Bayes 的微观自学习算法应用到系统中，发现该算法在乘客集中分布在若干点时有较好的学习效果，但在乘客分布较为分散的情况下学习效果不理想，更不适用于乘客需求动态变化的路网情况。因为 Bayes 学习算法只希望使从节点转向至接到乘客的时间变短，而忽略了乘客与出租车智能体的地理位置分布特征信息，这便使得出租车智能体出现集聚现象并存在明显竞争关系。为了使系统更好地适用于各种情况，本文设计了 L-Drive 算法，实现出租车自学习并快速接到乘客。

本文采用了一种与出租车司机思考方式类似的思路：在一个城市中有多年载客经验的出租车司机，他们了解城市中一个或几个“标志点”，即载到乘客概率大的点，司机会优先前往这些“标志点”载客。

在 L-Drive 算法下，应使服务率最大化：只要乘客产生了需求，即使该乘客所在区域距离中心很远，也应尽最大可能满足。对于路网中除“标志点”外有乘车需求的“非标志点”，将它们分配到离其最近的“标志点”。对于每一个“标志点”，其“非标志点”集合称为该标志点的“树枝”。司机将首先驶向路网中的“标志点”，若车辆在该“标志点”没有接到客，那么它将前往下一个“标志点”或就近驶向“标志点”的“树枝集”。循环上述过程直到接到乘客。

考虑路网动态变化，设定学习周期，每个周期内，系统根据运行结果动态改变“标志点集”“非标志点集”和“树枝集”，以适应变化后的路网。

(1) 学习过程：学习周期内，车辆随机进入路网并在每个节点 N_i 随机转向。出租车在经过某节点后接到的乘客总数称为该节点的需求。所有出租车经过该节点的次数称为该节点的总出租车数。接客成功率 γ 为节点需求与节点总出租车数之比。由此可计算路网中所有节点的节点需求和接客成功率。对于路网的总节点集 N，取节点需求为前 $k\%(k \in (0, 100])$ 的 m 个节点，作为该路网的标志点；对于路网 G 中所有标志点的集合，称为该路网的标志点集 $L=\{l_1, l_2, l_3, \cdots\}$。路网 G 中除“标志点”外有需求的节点构成的集合称为路网的普通点集 $O=\{o_1, o_2, o_3, \cdots\}$。对于每一个普通点 o_i，分别计算其与标志点集 L 中的标志点 l_j 的距离 d_{ij}，取使 d_{ij} 最小的 j，将 o_i 加入 l_j 的树枝集 B_j 中。

(2) 决策过程:学习周期结束后,对每一辆新进入路网的车辆,获取其位置并计算其与标志点集 $L=\{l_1, l_2, l_3, \cdots\}$ 中每个点的距离,得到 $\{d_1, d_2, d_3, \cdots\}$,取使 d_i 最小的 i,令出租车前往标志点 l_i。对于前往标志点后未接到乘客的出租车 C_i,有两种选择方案:寻找下一个标志点或者进入标志点集下的某一普通点。选择概率由接客成功率决定。

(3) 动态变化:每一个学习周期 T 结束后,统计路网中每个节点 N_i 的接客成功率 γ,按照学习过程中的规则更新系统数据,即重新构建路网标志点集、普通点集和树枝集,而后出租车智能体再据此进行决策。

4. L-Drive 学习效果

利用 C♯开发的系统进行情景模拟,得到以下指标随学习周期的变化如图 1—图 3 所示。以 1 200 仿真秒为一个周期,每个周期初始,路网中乘客需求改变。图中描绘了三个周期的平均空驶里程、服务率和乘客平均等待时间的变化趋势。随着学习时间的增加,三个指标分别在每个周期内逐渐减少或增加,平均减少或增加了 35.3%、60.4%和 38.9%。说明 L-Drive 算法能很好地适应呈动态变化分布的乘客需求。

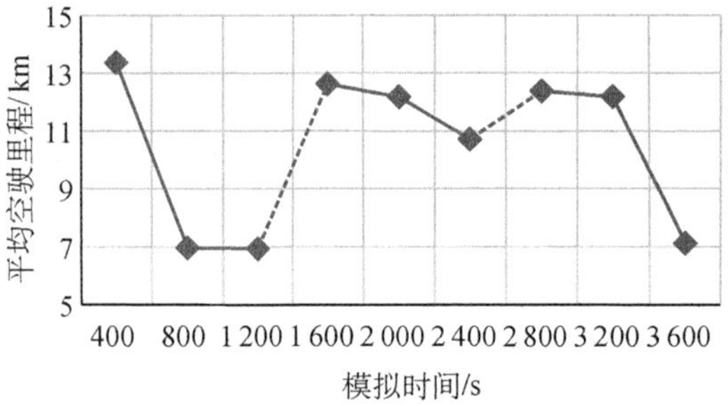

图 1　平均空驶里程随模拟时间的变化

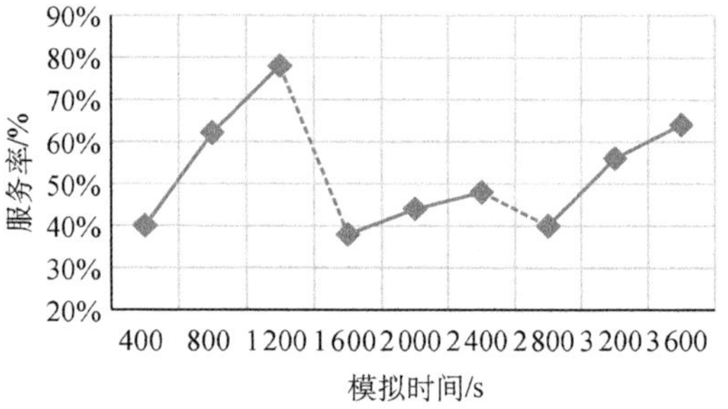

图 2　服务率随模拟时间的变化

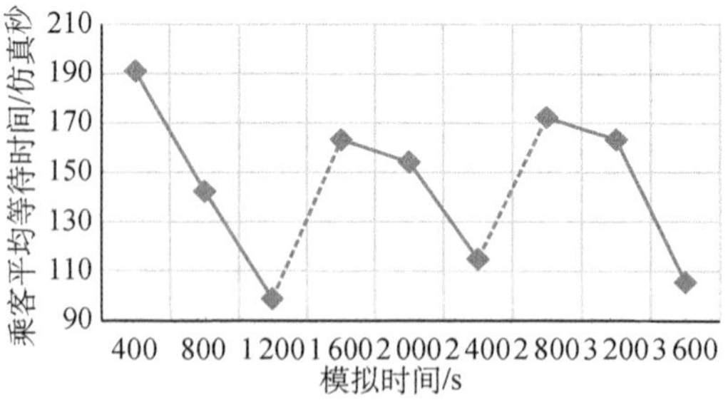

图 3　乘客平均等待时间随模拟时间的变化

2.2　基于有乘客预约假设下的智能服务寻客系统

(1) 当路网中有乘客对出租车进行预约时,系统根据路网中乘客提出的需求(如位置),结合路网状况,合理分配车辆并搜索最优路径,作为其前往用户所在地的路径。

(2) 车辆分配和路径规划:基于最短路径算法,以行程时间最短作为目标函数,找到离预约乘客最近的车辆作为派遣车辆,同时可以得到用时最短的初始路径。

由于路网状况实时变化,初始路径可能出现拥堵,系统会根据其他车辆反馈的路网情况,对派遣车辆的行驶路径进行实时更新和规划。

3 智能调配管理系统

3.1 系统内容

(1) 智能调配管理系统功能:在微观层面的学习中,出租车向乘客分布密集的地点聚集,出现供过于求的现象;而对于需求量少的偏远地区基本没有出租车服务,使得这些乘客的需求难以得到满足,出现供不应求的现象。调配管理系统从宏观层面对车辆进行调度,以实现路网中的供需相对平衡。

(2) 小区划分:采用距离作为相似性的评价指标,基于 K-Means 聚类算法,对整个路网进行划分,将需求特点相似的乘客划分到一个小区,使车辆在小区之间进行调度。

(3) 建立在应用了 L-Drive 算法的系统基础上,基于热传递原理进行车辆调度。以小区的出租车供给量与乘客需求量的比例关系为衡量标准,以两个小区间的供需比之差和小区间的距离为依据来分配并调度车辆,使每个小区的供需比平衡以达到路网整体的供需平衡。

3.2 K-Means 聚类算法

目标函数为在一个小区内的乘客位置与小区中心点的距离最小,即 $\underset{D}{\operatorname{argmin}} J = \sum_{l=1}^{k} \sum_{x_i \in C_l} \| x_i - \mu_l \|^2$。对每个乘客,将其划分到第 m 个小区的依据是:对于乘客的位置,有 $\| x_i - \mu_m \|^2 = \min\{ \| x_i - \mu_l \|^2 \mid 1 \leqslant l \leqslant k \}$。检验每个小区的中心点与重心之间的距离是否在误差允许范围内,若不在则将重心作为中心点重新计算,如此迭代直到符合要求为止,从而得到小区中心点,并最终确定属于小区的乘客。

采用 elbow method 进行筛选,确定小区数量 k。引入 Gap 统计量:$Gap_n(k) = E_n^* \{\ln W_k^*\} - \ln W_k$,其中 $W_k = \sum_{l=1}^{k} \sum_{x_i, x_j \in C_l} \| x_i - x_j \|^2$,$E_n^*$ 为参考分布下 n 个样本的期望值。一旦有 k 值满足 $Gap(k) \geqslant Gap(k+1) - s_{k+1}$,则该 k 为最佳值,作为划分的小区数量。

3.3 车辆调度算法

用“乘车热度”表示小区内的供需状况,即 m 小区的乘车热度为:$T_m(t) = S_m(t)/D_m(t)$,其中 $S_m(t)$ 和 $D_m(t)$ 分别为第 t 时段内小区 m 的供给量和需求量(小区内被服务乘客数量与等待服务乘客数量之和)。用热流量来表示小区间的车辆流动强度,即对于小区 m 与其临近小区 n,热流量为 $Q_{mn} = K(T_m - T_n)/D_{mn}$,其中 D_{mn} 为小区 m 与小区 n 最近标志点之间的距离,K 为热度传递系数。

车辆到达小区 m 边界标志点 L_i 时,其下一步可能去往另一小区的概率为 P(驶向 n_i) $= Q_{mn}/(Q+1)$;继续在本小区寻客的概率为 P(留在本小区) $= 1/(Q+1)$。其中,$Q = \sum Q_{mn}$。车辆通过上述概率到达另一小区标志点或停留在此点后,按照小区内 L-Drive 算法继续行驶。

3.4 系统效果

基于上述算法，C＃情景模拟产生乘客位置数据后，利用 Python 对其进行聚类分析，聚类结果如图 4 和图 5 所示。

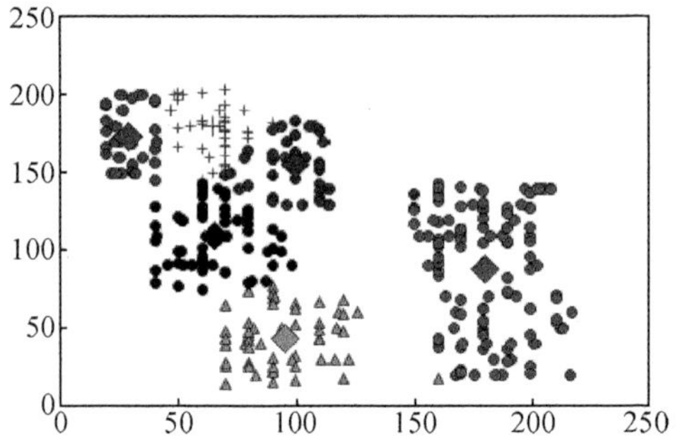

图 4 K-Means 聚类结果

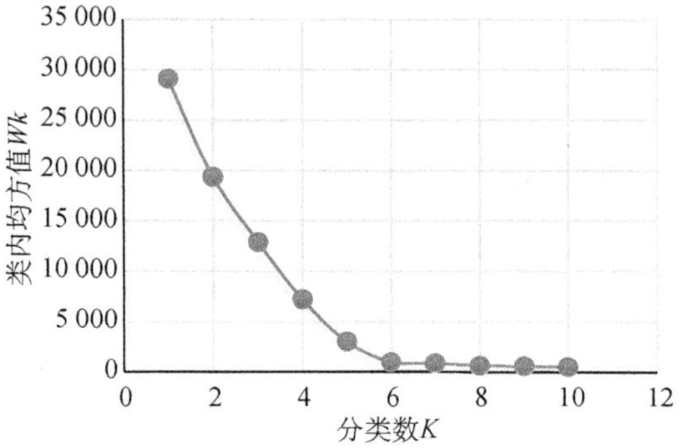

图 5 类内均方值随分类数的变化

图 4 中在路网中分布的乘客被划分到六个簇，K-Means 聚类效果曲线中，根据 elbow method 的原理，手肘点对应的分类数 6 为最佳分类数(图 5)，说明算法效果较好。

利用 C＃开发的系统进行情景模拟，通过多次运行得到以下指标的效果对比，如表 1 所列。从中可以看出，与随机时的情况相比，应用热度传递＋L-Drive 算法的系统效果非常好。

表 1 不同模拟算法下各指标一览表

模拟算法	随机	L-Drive	热度传递＋L-Drive
平均空时里程/km	235.3	106.7	95.6
乘客平均等待时间/min	246	102	89
乘客服务率/%	40	80	88

4 系统仿真

AnyLogic 是一款应用广泛的，对离散、连续和混合系统建模和仿真的工具，可用于系统动力学建模(System dynamics)、离散事件建模(Discrete event simulation)和基于智能体建模(Agent-based modeling)。

本文以路网节点、车辆、乘客以及其之间的信息储存、传递和反馈为基础，搭建仿真模型。路网用“路网节点智能体(Point Agent)”搭建，对城市路网进行简化设计，模仿城市结构中最基础的方格网状结构，将路网设定为 5×5 方格网，共计 25 个节点。路网节点承担形成路网形态和记录数据的功能。车辆用“出租车智能体(Taxi Agent)”搭建，包括车辆产生、车辆到达节点、车辆接到乘客、数据反馈以及车辆重新生成等过程的具体操作、编程。乘客用“行人智能体(Pedestrian Agent)”搭建，调节有乘客需求的行人在路网中的分布。三种智能体之间信息的储存、传递和反馈通过后台系统实现。

完成了仿真模型的初步设计后，搭建模型的可视化展示部分，通过 2D/3D 的仿真效果展示模型运行效果以对系统设计情况进行评价。界面及效果视图如图 6 所示。

(a) 2D视角　　(b) 3D视角

图 6　仿真视窗

在仿真系统运行过程中，可以实时查看系统中任何一个智能体个体的具体信息，包括出租车、乘客以及路网中的预设节点，查看界面如图 7 所示。

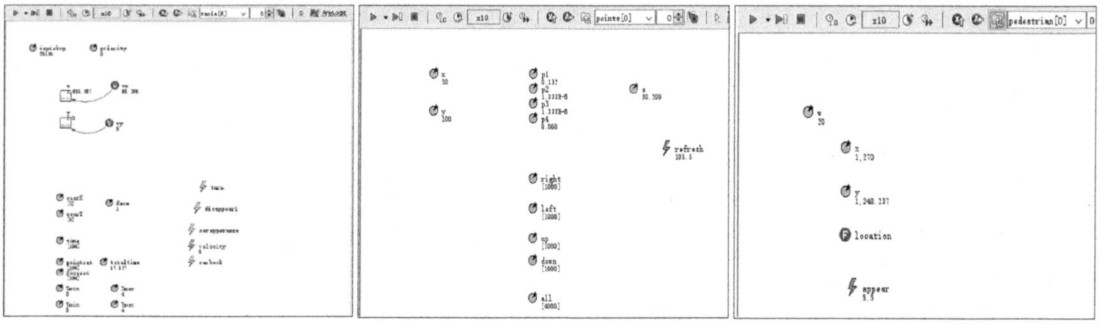

(a) 出租车个体　　(b) 节点个体　　(c) 乘客个体

图 7　实时状态查看

5　系统开发

5.1　需求分析

为了能给出租车智能体提供决策信息，同时帮助出租车管理者进行管理并做出相应决策，就需要搭建智能服务管理系统进行辅助决策。对于出租车智能体，系统通过为其提供有效的决策信息，帮助它避开拥挤路段，减少启停时间，减少油耗，延长使用寿命，并且提高载客效率，减小空驶里程。于管理者而言，系统可通过对运行状况的实时汇报，为管理者提供运行效率、收益状况等必要的分析图表，管理者据此做出相关决策如调整出租车的投放量等。

5.2 系统架构

本文将系统逻辑体系结构分为四个层次，结构如图 8 所示。

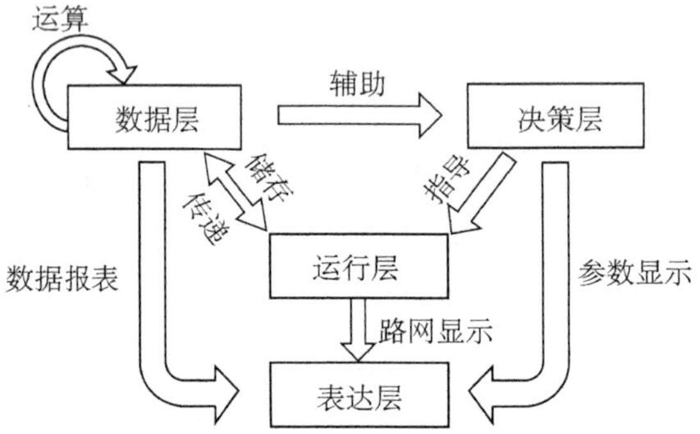

图 8　系统构建

(1) 数据层。它是指系统数据储存的地方。储存的信息包括路网基本信息、车辆基本信息、乘客信息、车辆轨迹以及行程时间记录，是计算决策的基础。

(2) 决策层。决策层主要为车辆行动提供决策支持。决策层需要完成服务子系统和管理子系统的核心算法计算，并提供各自的决策数据。该层主要分为两个方面，一方面是 timeStock 类与 Decision 类对已有的时间样本的记录和计算，帮助服务子系统实现车辆最快接到乘客的任务；另一方面 Division 静态类和 Region 类完成了管理子系统的小区划分功能，并能够计算小区的热度。

(3) 运行层。囿于无人驾驶车辆还未普及以及现有出租车实际数据难以获取，我们采取"模拟"手段来产生乘客以及出租车智能体的实时动态数据。该层次中乘客和车辆的行为满足以下基本规则：乘客的出现满足一定时空变化特性；乘客可预约车辆也能路边招手呼叫；车辆遵循跟车模型等。

(4) 表达层。在程序窗体中，管理者可以进行实时路网查看、数据报表分析以及系统参数查看和修改，这些都能够被展示和直观地表达出来，称为表达层。在路网查看(NetworkForm)窗体中，可通过实时重绘窗体面板来实现路网和车辆的动态信息图展示。在数据监控窗体(DataForm)中，可通过对系统运行状况数据的计算分析，进行可视化操作。在对象跟踪窗体(AgentForm)中，可对每辆出租车的信息进行调用和展示。在系统调控窗体(ModificationForm)中，管理者可查看当前系统的重要参数并对其进行更改。

5.3 UI 设计

本系统采用 C# 语言编写，以 vs2015 作为开发环境，进行 WPF 窗体程序开发。一方面，界面 UI 设计通过 xaml 脚本编写完成，界面风格采取扁平风格，如图 9 所示；另一方面，通过将界面与数据层数据绑定，实现界面信息实时动态变化。

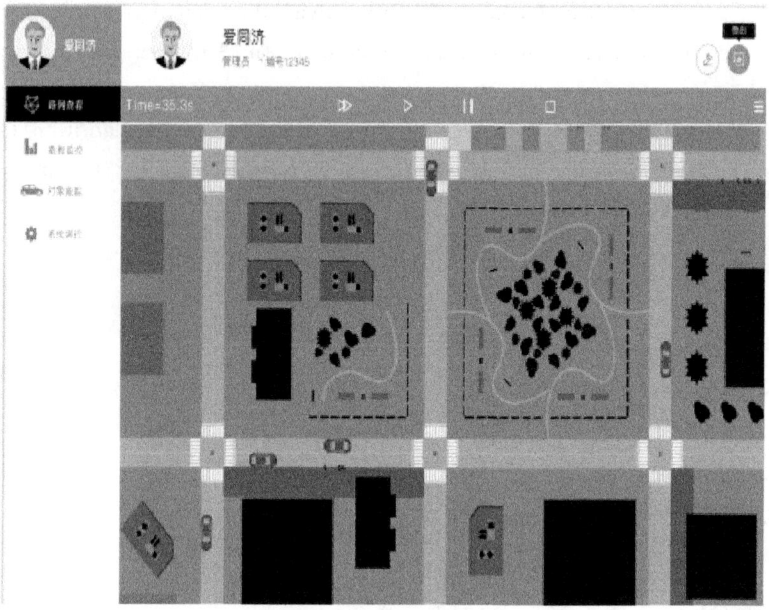

图 9　系统界面展示

6　结语

本文针对传统出租车系统存在的问题，基于智能体自学习，设计并搭建了一套可应用于未来无人驾驶出租车的智能寻客服务管理系统，实现智能寻客和调配管理功能，以及响应乘客预约。针对各子系统功能设计相应算法，比如基于 Bayes 的微观自学习算法，对不理想的效果原因进行分析并提出了一种 L-Drive 算法，以改进系统；根据最短路径算法，规划相应乘客预约车辆的路径；根据 K-Means 聚类算法划分小区并基于热传递原理调度车辆。利用 AnyLogic 仿真软件搭建路网模型，进行仿真和效果检验，结果证明该系统有很好地适应动态路网的效果，能较好地提高路网的整体服务水平。该系统不仅可以应用于传统的出租车系统，为驾驶员提供辅助决策，更可以应用于未来的无人驾驶车辆。

参考文献

[1] 陈少杰.智能出租车调度系统的设计与实现[D].合肥：中国科学技术大学，2011.

[2] 贾婷.基于乘客需求及分布的出租车调度方法技术研究[D].成都：成都理工大学，2013.

[3] 孙晋文，李明树，鄂卓茂.基于 Agent 的智能交通体系及仿真[J].计算机仿真，2002，19(3)：46-49.

[4] 欧海涛，张卫东，许晓鸣.基于 RMM 和贝叶斯学习的城市交通多智能体系统[J].控制与决策，2001，16(3)：291-295.

[5] 丛培盛，龚沛曾.计算机软件开发技术与应用[M].北京：高等教育出版社，2008.

[6] TIBSHIRANI R，HASTIE T. Estimating the number of clusters in a data set via the gap statistic[J]. Journal of the Royal Statistical Society，2001，63(2)：411-423.

[7] YUAN J, ZHENG Y, ZHANG C, et al. T-drive: driving directions based on taxi trajectories[C]// Gis Proceedings of the Acm International Symposium on Advances in Geographic Information Systems, 2015.

[8] WONG S C, YANG H. Network model of urban taxi services: improved algorithm[J]. Transportation Research Record Journal of the Transportation Research Board, 1998, 1623(1):27-30.

作者简介

王艺赟,同济大学交通运输工程学院,交通工程专业。

赖金涛,同济大学交通运输工程学院,交通工程专业。

严　妍,同济大学交通运输工程学院,交通工程专业。

闻一权,同济大学交通运输工程学院,交通工程专业。

李　翔,同济大学交通运输工程学院,交通工程专业。

指导老师

马万经,教授,同济大学交通工程运输学院。

基于仿生学的互联车辆控制研究

郝若辰，王浩然，戚新洲，毕浩楠，刁晨雪

|摘要|

本研究利用仿生学原理，类比动物集群的行为，令每辆车根据自身需求选择目标车辆，并通过变道、跟车或者加速的方式向其靠拢，最终呈现为车队的形式。经过仿真模拟显示，仿生学集群算法可以使车辆快速达到需求目标，并以稳定的车队行驶，达到有效提高道路通行能力的目的。在交叉口处，以上述仿生学集群算法为基础，建立以通过时间最小为原则的滚动优化算法。滚动优化控制模型与仿生学集群算法相结合，形成仿生学车辆控制算法，这是一套完整的互联车辆道路控制系统，适用于自动驾驶车辆控制，可将城市交通总体效率提升三倍以上的全新控制体系。

|关键词|

仿生学；自动驾驶；车联网；车队；交叉口控制

1　基于仿生学的车辆集群算法

1.1　仿生学集群理念

我们类比鱼群的觅食行为、集群行为、追尾行为、随机行为等，将某一路段上的所有车辆看作一个鱼群，其中的每辆车都看作一条人工鱼，而一个路段上具有相同需求的车辆可以作为其伙伴。起初，道路上的“鱼群”处于混乱的状态，但当道路上的车辆以其“伙伴”中具有最优特征的个体为目标，向其移动靠拢，就会逐渐形成车辆“集群”，也就是一个车队。

1.2　车辆集群规则

1.2.1　目标车辆与车辆应答

基于仿生学形成车队的基本原理是：每一个个体车辆（下称“决策车”）寻找相应的目标车辆并尽量向其靠拢。为了实现这一过程，首先要找到对于每个决策车来说的最优个体。最优个体是具有相同需求的车辆群体中（包括决策车自身）当前运转最良好的车辆，即与其需求状态最接近的车辆。由于多辆车行驶状态相同的情况很常见，因此对于路段上某一个决策车来说，可能存在多个最优个体。但决策车必须明确一个靠拢目标，因此规定每个决策时间点内仅能选取一个目标车辆。目标车辆的选取有两个优先原则：

(1) 方位优先原则：前方最优个体>决策车。

(2) 距离优先原则：优先选择与决策车距离近的最优个体作为最优车辆。

在这一系统下，做出决策的基本单位是车辆。根据检测到的目标车辆所处位置的不同，车辆需要做出不同的反应，分为以下三种情况，如图 1 所示。

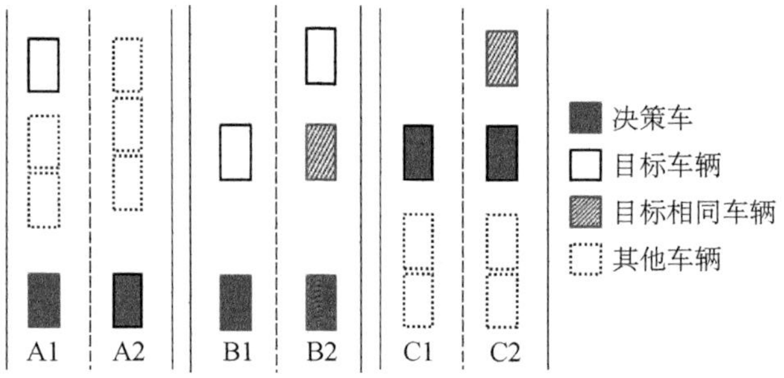

图 1　目标车辆所处位置的三种情况

决策车在某一决策时间段(即两次探测之间)，首先按照上述分类进行判断，然后如表 1所列进行决策，并执行可行的指令。在下一决策时间段内重复这一过程。

表 1　不同情况下的车辆应答

目标车辆的位置	车辆应答
A	变道，无法变道时请求前方车辆变道
B	向目标车辆靠拢
C	以最大加速度至目标车速

1.2.2　变道规则

当发生情况 A 时，应当通过变道或请求前方车辆变道来实现目标车速。变道的基本规则是：优先考虑本车变道，其次请求考虑前方车辆变道。为了保证交通法规中“左侧超车”的规定，将具体执行方式定为：当前方车辆目标车速比本车目标车速小时，若左侧无障碍则决策车向左侧变道。若有障碍，则请求前方车辆向右侧变道。

1.2.3　追逐模型

当发生情况 B 时，需要向前方的目标车辆靠拢，实现对目标车辆的追击。当前的研究中主要存在三种追击模型：IDM，ACC 及 CACC，仅有 CACC 控制下前车速度波动引起后车速度波动是收敛的，而 ACC 和 IDM 控制下后车速度波动是发散的，不符合本模型建立的要求，本控制模型应形成稳定的车队，故而最终选择 CACC 算法作为跟车模型。

1.2.4　加速规则

当发生情况 C 时，以及上文追击距离的考虑中，都需要运用到“最大加速度”的概念。这一加速度的确定应是在保证道路安全、人体感到舒适的前提下，车辆性能所能达到的最大加速度。

2 交叉口滚动优化控制模型

2.1 控制思想

滚动优化控制的原理是:交叉口控制中心实时计算四个进口道当前第一个车队的通过时间,选择通过时间最小者,向其发出优先通过指令,并在对向和侧向车流中选择次通过者,发出第二通过指令,再进行下一轮计算。

2.2 滚动优化算法

根据滚动优化的控制思想,其算法可以抽象为以交叉口通过时间最小为目标函数,以车队长度和速度为约束条件,求最优解的过程。以一个双向两车道的十字路口为例,该交叉口滚动优化的过程用线性模型数学形式表示如下:

$$t_k = \frac{1}{2}\left(\sqrt{4 \cdot y_k^2 + v_k^2} - v_k\right) + 10\ 000 c_k,\ k = 1, 2, 3, 4 \tag{1}$$

$$tt_k = \frac{1}{2}\left(\sqrt{4 \cdot (y_k + l_k)^2 + v_k^2} - v_k\right) + 10\ 000 c_k,\ k = 1, 2, 3, 4 \tag{2}$$

$$dt_{mn} = \begin{cases} tt_m + \sqrt{l_n} - tt_n, & tt_m > t_n \\ 0, & tt_m < t_n \end{cases},\ m = 1, 2, 3, 4;\ n = 1, 2, 3, 4 \tag{3}$$

$$do_{mn} = \begin{cases} 1, & dt_{mn} > 0 \\ 0, & dt_{mn} = 0 \end{cases},\ m = 1, 2, 3, 4;\ n = 1, 2, 3, 4 \tag{4}$$

$$c_k = \begin{cases} 0, & x_k > 0 \\ 1, & x_k = 0 \end{cases},\ k = 1, 2, 3, 4 \tag{5}$$

$$\left.\begin{aligned} dt_{w1} &= \begin{cases} tt_w + \sqrt{l_x}, & tt_w > t_x \\ tt_x, & tt_w < t_x \end{cases} \\ dt_{w2} &= \begin{cases} dt_{w1} + \sqrt{l_y}, & dt_{w1} > t_y \\ tt_y, & dt_{w1} < t_y \end{cases},\ w, x, y, z = 1, 2, 3, 4;\ w \neq x \neq y \neq z \\ dt_{w3} &= \begin{cases} dt_{w2} + \sqrt{l_z}, & dt_{w2} > t_z \\ tt_z, & dt_{w2} < t_z \end{cases} \end{aligned}\right\} \tag{6}$$

$$dt_w = \min\left[(dt_{w1} - tt_x) \times \frac{7}{l_x} + (dt_{w2} - tt_y) \times \frac{7}{l_y} + (dt_{w3} - tt_z) \times \frac{7}{l_z}\right],\ w = 1, 2, 3, 4 \tag{7}$$

$$i=\begin{cases}1,\ \min(d_{tw})=dt_1\\2,\ \min(d_{tw})=dt_2\\3,\ \min(d_{tw})=dt_3\\4,\ \min(d_{tw})=dt_4\end{cases}\quad lj_j=1;\ j=\begin{cases}1,\ i=3\\2,\ i=4\\3,\ i=1\\4,\ i=2\end{cases}\quad lj_j=\begin{cases}1,\ t_j<t_{jl}\\0,\ t_j>t_{jl}\end{cases}\tag{8}$$

$$t_{mn}=\begin{cases}tt_m+\sqrt{l_n}-tt_n, & tt_m>t_n\\0, & tt_m<t_n\end{cases},\ m=1,\ 2,\ 3,\ 4;\ n=1,\ 2,\ 3,\ 4\tag{9}$$

$$t_{jl}=\begin{cases}(tt_3-tt_1)\times(a_2\times do_{32}+a_4\times do_{34})-(dt_{13}+\max(\sqrt{l_2}\times do_{12},\ \sqrt{l_4}\times do_{14})\times a_3),\ j=1\\(tt_4-tt_2)\times(a_1\times do_{41}+a_3\times do_{43})-(dt_{24}+\max(\sqrt{l_1}\times do_{21},\ \sqrt{l_3}\times do_{23})\times a_4),\ j=2\\(tt_1-tt_3)\times(a_2\times do_{12}+a_4\times do_{14})-(dt_{31}+\max(\sqrt{l_2}\times do_{32},\ \sqrt{l_4}\times do_{34})\times a_1),\ j=3\\(tt_2-tt_4)\times(a_1\times do_{21}+a_3\times do_{23})-(dt_{42}+\max(\sqrt{l_1}\times do_{41},\ \sqrt{l_3}\times do_{42})\times a_2),\ j=4\end{cases}\tag{10}$$

式中 t_i——第 i 个进口道第一个未放行车队到达时间；

tt_i——第 i 个进口道第一个未放行车队全车队通过交叉口所用时间；

x_k——第 k 个进口道未放行车队数量；

y_k——第 k 个进口道第一个未放行车队至交叉口距离；

v_k——第 k 个进口道第一个未放行车队的车速；

l_i——第 i 个进口道未放行车队的车队长度；

t_{ij}——冲突点在先放行 i 车队再放行 j 车队的情况下的最小清空时间；

a_i——第 i 个车队车辆数目；

lj_i——第 i 个冲突点的逻辑值，在数值上等于该冲突点上最先到达车队的进口道编号；

i——被放行的第一个车队的进口道编号；

u——最优车队编号；

t_{jl}——j 车队占用冲突点的最小时间；

do_{mn}——判断是否对正被放行车辆的对向车辆采取放行措施的逻辑值。

3 仿真建模与评价

3.1 集群仿真模型的建立及评价

本研究采用 Netlogo5.3 软件进行仿真。在仿真过程中，将仿生学集群算法的应用场景设定为一条双向六车道的城市主干道，但由于对向车流不会对车队的形成产生影响，同时也为了使仿生学车队的效果更佳直观地展现出来，故仅模拟其中一侧的单向三车道。每条车道宽 3.5 m，行驶车辆为宽 1.5 m、长 3.6 m 的小客车。各车道上初始车辆数、位置以及目标速度随机生成(图 2)。总体来说，车辆进入路段后能够在较短的时间内调整为该环境下车辆的目标车速并保持稳定(图 3)。

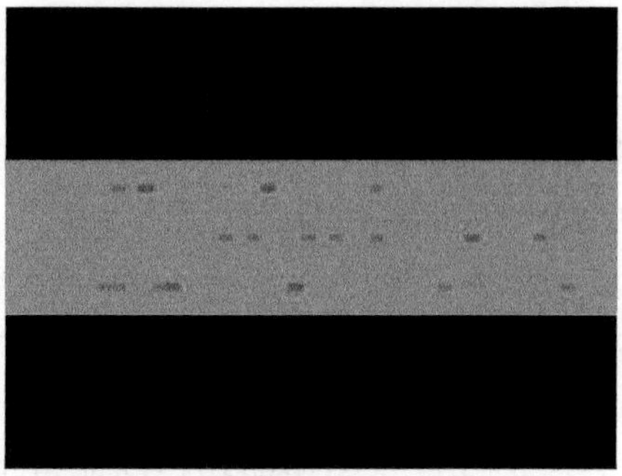

图 2　道路初始状态

图 3　采用仿生学集群算法后道路状态

3.1.1　达成需求的稳定性

选取一个车队中的所有车辆观察速度波动过程，如图 4 所示，一个车队内的各辆车达到目标车速的时间有所差异，但均能在 1 000 ticks（约 30 s）内完成。速度波动的幅度也有所不同。

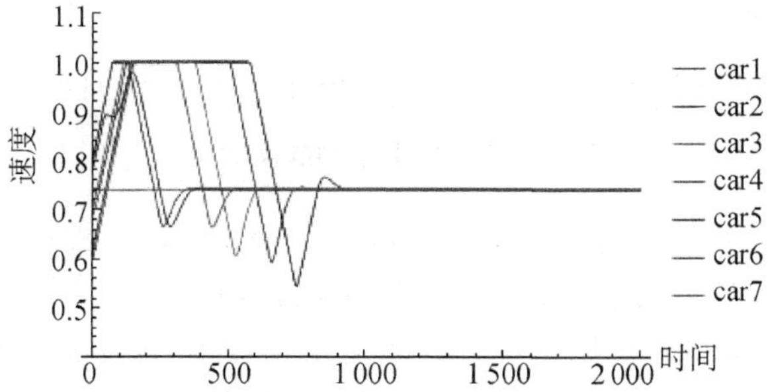

图 4　同一车队内车辆速度波动二维图

3.1.2　效率与道路通行能力评价

建立一个主支路交汇处的停车让行交叉口，观察主路车流分别以随机到达模型、仿生学集群算法模型通过的时候，对支路车流的影响，如图 5 所示。当主路车流增加至2 000 pcu/h 时，传统的单车行驶模式会使支路车流无法通行，但应用仿生学集群算法的支路车辆仍有较高的通过量。因此，仿生学集群算法有效提高了主路的接入能力，为主支路的良好衔接提供了保障。

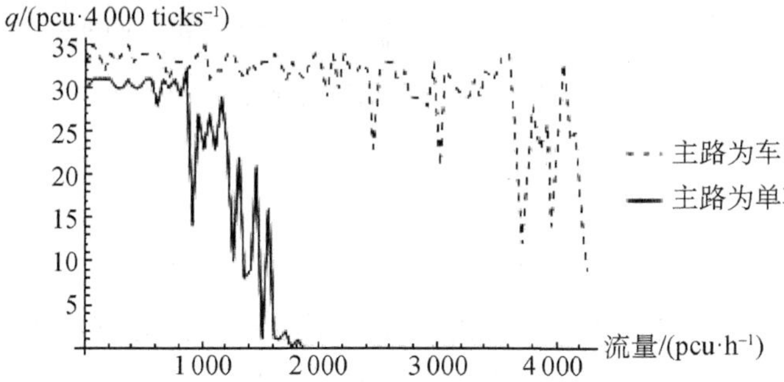

图 5　支路通过量随主路流量的变化

3.2 交叉口仿真模型的建立及评价

目前为止本文中已经涉及了三种交叉口控制模型，并对其进行了仿真模拟。为了更显著地对比这三种模型的效果和使用范围，在这一节中对这三种模型进行比较。如图 6 所示，当到达量小于 1 500 pcu/(ln・h)时，三种控制模型下车辆延误均很低，能够稳定在 5 s 以内。单车 FCFS 模型和车队 FCFS 模型分别在到达量达到 1 500 pcu/(ln・h)和 2 000 pcu/(ln・h)时开始出现剧烈波动，其中单车 FCFS 控制模型延误出现激增，在高到达量下延误接近 1 min，基本可以认为模型失效。三种模型中，只有滚动优化模型能够在高流量情况下仍将延误控制在 25 s 以内，优势明显。

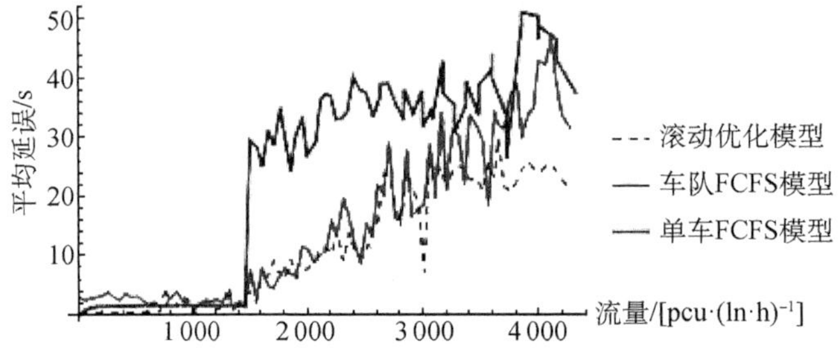

图 6 三种模型平均延误对比

如图 7 所示，当车道的到达量小于 1 500 pcu/(ln・h)时，三种模型通行量差异小，单车 FCFS 模型延误较为稳定，采用单车 FCFS 模型是比较稳定的，但是其他两个模型由于波动最大延误不超过 5 s，故而也是可以选用的。当流量超过 1 500 pcu/(ln・h)时，无论从通行量还是延误的角度，均宜采用滚动优化控制模型。综合考虑三种模型下通行量和延误水平，在交叉口处宜采用滚动优化模型。

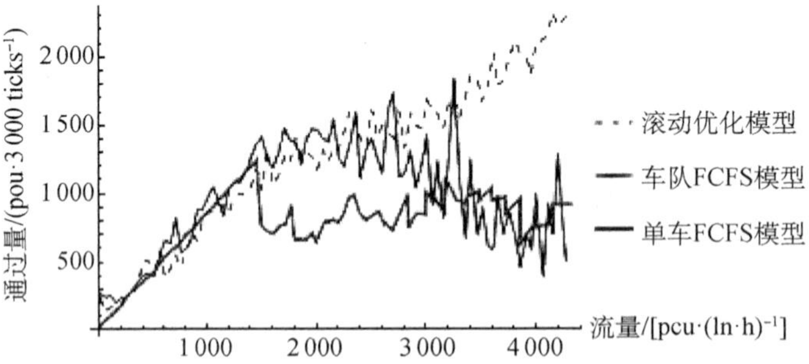

图 7 三种模型通过量对比

4 结语

本研究致力于应用仿生学原理，在车辆网环境下寻找一种能够使车辆快速达到需求并提高道路通行能力的算法，通过仿真手段对这一算法在路段和交叉口中的应用效果进行评价。通过鱼群的仿生学集群算法，提出个体车辆的通行规则，由于缩小了车头间距，路段的理论通行能力可达 6 000 pcu/(ln・h);根据迭代和系统优化的思想提出了"滚动优化控制算法",证明了应用该算法在较小的到达量情况下延误不超过 5 s,在较大的到达量情况下延误不超过 25 s,且随到达量增大延误收敛,由此证明了滚动优化算法是一种适用于各种到达量的交叉口控制方法,优于经典单车预约通过交叉口的算法。

本文的主要贡献是为互联车辆的控制提供了一种新的思路,并给出了基本的解决方法。在未来的研究中,应注重对此的改进和完善,相信本研究提出的算法有良好的研究和应用前景。

参考文献

[1] DRESNER K, STONE P. A multiagent approach to autonomous intersection management[J]. Journal of Artificial Intelligence Research, 2008, 31:591-656.

[2] 邱钊鹏.无人驾驶车辆控制方法研究[D].北京:北京工业大学,2009.

[3] MILANÉS V, SHLADOVER S E. Modeling cooperative and autonomous adaptive cruise control dynamic responses using experimental data [J]. Transportation Research Part C: Emerging Technologies, 2014, 48:285-300.

[4] 路甬祥.仿生学的科学意义与前沿:仿生学的意义与发展[J].科学中国人,2004(4):22-24.

[5] 李晓磊.一种新型的智能优化方法:人工鱼群算法[D].杭州:浙江大学,2003.

作者简介

郝若辰,同济大学交通运输工程学院,交通工程专业。

王浩然,同济大学交通运输工程学院,交通工程专业。

戚新洲,同济大学交通运输工程学院,交通工程专业。

毕浩楠,同济大学交通运输工程学院,交通工程专业。

刁晨雪,同济大学交通运输工程学院,交通工程专业。

指导老师

马万经,教授,同济大学交通运输工程学院。

基于多源数据融合的道路交通排放评估技术与应用系统开发

潘　昂，刘睿奇，戴　南，李诗琪，康　振

|摘要|

传统的道路交通排放评估方法仅在中、宏观层面粗略地估计交通排放量。本文开发的基于轨迹重构的道路交通排放评估技术可显示微观动态的污染物排放分布。现有的轨迹重构技术仅适用于单车道少量进出车辆干扰的情况，且主要依赖于高密度、高数据上传频率的浮动车数据，这与我国城市的浮动车数据采集现状不符。本文通过融合固定微波检测器数据、信号灯配时方案与监测视频数据，设计了在多车道大量进出车辆的情况下仍能精确匹配各项现实交通数据的轨迹重构算法，结合基于车辆轨迹的排放模型，开发了动态显示各污染物排放分布的可视化应用系统。

|关键词|

多源数据融合；轨迹重构；排放估计；应用系统

1　研究背景

由我国大城市机动车污染物分担率分析结果可知，机动车污染已成为我国大城市空气污染的重要来源。据2013年的统计，由机动车直接排放的固体悬浮微粒、一氧化碳、二氧化碳、碳氢化合物、氮氧化合物、铅及硫氧化合物造成的直接污染以及二次污染，对空气污染的总贡献约为25%。为了减少机动车污染，改善道路交通排放，首先应对排放现状进行评价。

随着交通信息化的不断发展，各城市主干道上的视频探头、微波检测器和浮动车等交通信息采集设备已越来越完善。在此背景下，本文通过多源数据融合重现了车辆在路段中的轨迹，得到实时微观的交通排放估计，并通过开发可视化应用系统，完成了在现有交通采集设备获取数据的条件下，对路段交通排放进行动态可视化展示。

2　设计原理

2.1　技术路线

本文对现实中的交通数据进行采集与融合处理，开发了符合现实交通数据状况的轨迹重构技术，以重现车辆在研究路段上的轨迹，代入基于车辆轨迹的污染物排放模型来计算微观准确的排放，最终开发可视化应用系统输出具体时间污染物的排放分布，以及一段时间内污染物的分布视频。

2.2 数据采集与处理

2.2.1 数据采集

本文的研究数据采集自青岛市香港中路山东路至福州南路路段。该路段为城市主干道，总长 1.4 km，共包含 5 个信控交叉口。采集时间为 2014 年 11 月 1 日 7:00—8:00。

通过各种交通信息采集设备所采集的数据如下：信号灯配时方案、视频数据、微波检测器数据和浮动车数据。其中，信号灯配时方案为研究路段中各信控交叉口的粗略配时方案；视频数据为各交叉口的监控摄像头拍摄的交叉口内部视频；微波检测器数据则提供了该路段各车道每分钟的交通量与平均速度等数据；浮动车数据为上传频率 1 min 的浮动车瞬时经纬度、速度、具体时间等数据。

2.2.2 数据处理

1. 数据清洗

本文通过阈值法筛选微波检测器采集的交通量和平均速度数据，去除流量大于 23 veh/min 和小于 0 veh/min 的记录，以及速度大于 70 km/h 和小于 0 km/h 的记录。通过参数一致性检验，去除交通量或地点车速中任一项为 0 的记录。通过对研究路段进行经纬度边界划定，去除浮动车数据中不属于研究路段的记录。

2. 可用数据提取与融合

本文提取与融合数据的具体过程如图 1 所示。

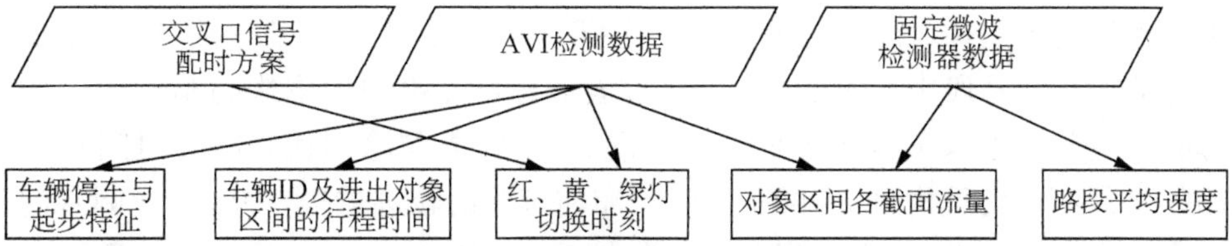

图 1　多源数据提取与融合

2.3 轨迹重构算法

2.3.1 动态规划算法框架

与 Babak Mehran, Masao Kuwahara 等提出的基于浮动车数据的算法不同，本文算法主要基于我国城市大量布设的固定微波检测器，更符合我国交通数据采集现状。

对于车辆的轨迹重构，本文认为在合理的位置生成车辆，再利用动态规划算法对车辆在每个瞬时的状态进行判断，并做出合理的选择，从而不断进行状态转移，就可以生成完整的车辆轨迹。当车辆判断无任何约束时就会选择以路段平均速度匀速行驶，当车辆判断遇到交通量约束、交通波理论约束、轨迹相交约束等情况时，会选择停车或变道等行为，各种约束的情况由以下几种算法完成。

2.3.2　基于微波检测器所得交通量约束的车辆随机生成

在路段入口处本文会根据微波检测器所得的各车道每分钟交通量数据约束，随机生成车辆。而对于车辆在交叉口转入或转出研究路段的情况，本文认为在左转与右转车道的车辆不会在到达交叉口前出现突然变道的情况，因此所有出现在转弯道的车辆都会在到达交叉口后转出研究路段。直行车辆则会直行至下一个微波检测器处，此时会进行判断：若微波检测器所得交通量小于重构交通量，则会使多余车辆变道至相邻的不饱和车道。当所有由上一路段直行过来的车辆通过微波检测器后，会出现微波检测器所得交通量大于重构交通量的情况，这部分车辆会通过上一交叉口的转入车辆在对应时间补充（靠左侧车道所缺失交通量由左转车辆补充，靠右侧交通量由右转交通量补充）。这就解决了传统方法无法解决的多车道、大量进出车辆的问题。

2.3.3　基于交通波理论约束的车辆跟驰模型

当遇到信控交叉口时，车辆也会选择停车。具体的停车与起步的位置与时间由交通波理论确定。具体过程为红灯相位第一辆到达的车辆会选择在到达停车线时停车，绿灯相位开始时起步，同时向后以交通波的形式传递一个影响区域。在影响区域内的车辆会选择在波线处停车与起步，影响区域外的车辆则直接通过。交通波的集结波与消散波波速由式(1)确定：

$$w=\frac{Q_1-Q_2}{k_1-k_2} \tag{1}$$

式中　Q——流量；

k——密度。

2.3.4　基于轨迹相交约束的轨迹整理

由于车辆轨迹的重构顺序为先处理直行车辆，再处理转入路段的车辆，因此车辆轨迹的重构顺序并非按其在路段中通过的时间顺序，这就有可能出现后重构的车辆无论选择行进或停车都必然会与已重构车辆轨迹相交的情况。此时，先删除到达该路段时间顺序靠后的导致轨迹相交的部分已重构轨迹，再完成时间靠前车辆的轨迹重构，并将经过删除的部分轨迹压入一个栈中记录下来，在完成当前车辆的轨迹重构后依次弹出栈再重新重构轨迹。结合以上各步骤，就可得到车辆完整的轨迹。

2.3.5　轨迹重构结果与精确度检验

图2为由轨迹重构算法所得的左侧第二根车道（直行车道）的轨迹图。

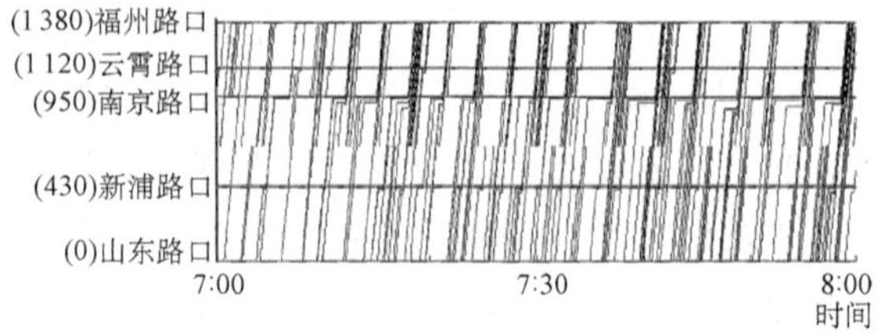

图2　左侧第二根车道（直行车道）重构轨迹图

对于轨迹重构结果的检验，传统算法主要依赖浮动车和行程时间作为检验标准。而我国现有浮动车的密度与上传频率都较小。因此，本文仅选用行程时间做宏观的检验标准。

计算得到 49 组理论行程时间和观测行程时间的均方根误差（RMSE）为 26.7 s，将此误差与传统算法基于其他路段的误差进行比较，为了消除路段差异的影响，我们选取单位行程时间的均方根误差进行比较，得到表 1 的结果。

表 1　本算法误差与传统算法误差比较

算法	平均行程时间/s	RMSE/s	RMSE/平均行程时间＊100%
传统算法（含大量浮动车）	328.2	27.3	8.32%
传统算法（不含浮动车）	328.2	181	55.15%
本研究算法（不含浮动车）	180.8	26.7	14.77%

从表 1 中可以看出，本研究算法即使在缺少浮动车数据的条件下，仍明显优于传统算法。

2.4　排放估计

2.4.1　轨迹细节处理

由于车辆在停车与起步时的轨迹重构是基于交通波理论的，因此并没有明显的加减速过程，而这是不符合现实中车辆运行状态的。所以，本文基于聚类提取的车辆停车与起步时所用时间，将车辆在停车与起步时的折线轨迹线处理为圆滑曲线，使其更符合实际情况。

2.4.2　基于车辆轨迹的交通排放估计方法

本文通过将车辆轨迹按每秒读取其瞬时速度与加速度，代入 Cappiello 等于 2002 年提出并标定的基于车辆行驶状态的排放估计模型来计算排放，具体公式如式(2)—式(5)。

$$CO_2=\begin{cases}1.02+0.0118v+1.92E-06v^3+0.224av, & \text{if } P_{\text{tract}}>0\\ 0.877, & \text{if } P_{\text{tract}}=0\end{cases} \tag{2}$$

$$CO=\begin{cases}0.0316+1.09E-07v^3+0.00883av, & \text{if } P_{\text{tract}}>0\\ 0.0261, & \text{if } P_{\text{tract}}=0\end{cases} \tag{3}$$

$$HC=\begin{cases}0.00916+7.55E-09v^3+0.00111av, & \text{if } P_{\text{tract}}>0\\ 0.00528, & \text{if } P_{\text{tract}}=0\end{cases} \tag{4}$$

$$NO_x=\begin{cases}-0.00391+0.000305v+2.27E-08v^3+0.00307av, & \text{if } P_{\text{tract}}>0\\ 0.00323, & \text{if } P_{\text{tract}}=0\end{cases} \tag{5}$$

式中　P_{tract}——发动机功率；

v，a——车辆的速度和加速度。

2.5　可视化应用系统开发

本文开发的可视化应用系统基于 MATLAB 语言环境，读取并处理各污染物排放的时空分布矩阵、轨迹重构图，将路段排放量直接显示在地图上。通过将计算所得排放量分别在瞬时、累计两种形式下转换为不同颜色，输出在相应的路段位置，直观地展示污染物排放的分布情况。同时，将各车道重构所得轨迹图显示在地图上方，以显示车辆轨迹与排放量的关系。最终，系统能根据用户需要来选择不同污染物，以及选择输出某一时刻的排放分布图或某一时间段内的排放分布视频。应用系统结构与界面如图 3 所示。

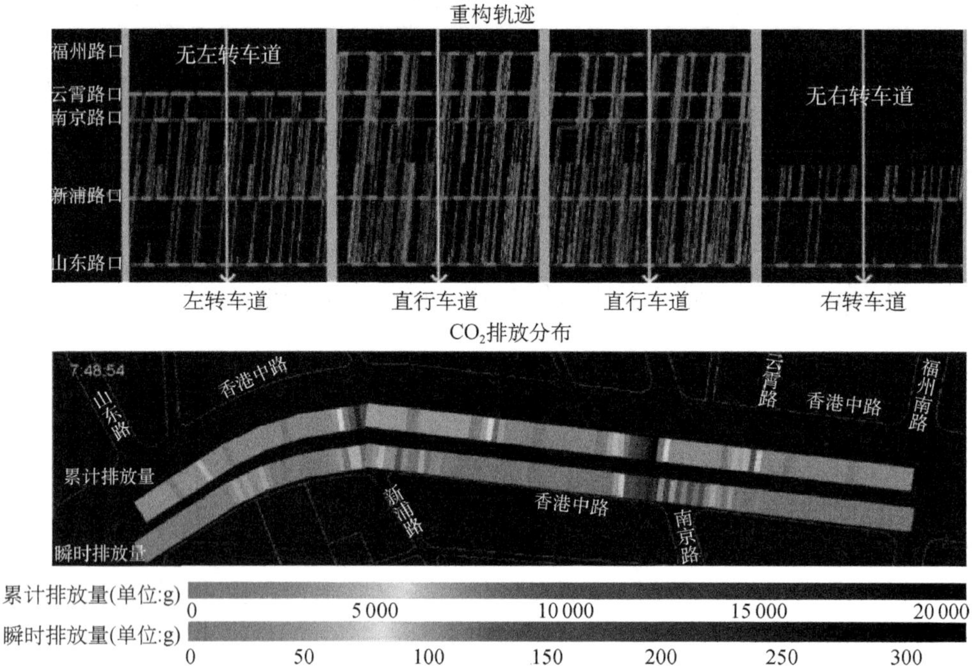

图 3　应用系统结构与界面

3　创新特色与应用前景

本文开发了基于多源数据融合的轨迹重构算法，摒弃了无法直接与我国浮动车采集密度与质量相匹配的基于浮动车数据的传统算法，改为基于我国城市布设密度较大的微波检测器数据的轨迹重构算法。在没有浮动车数据支持的情况下，本文开发的算法其精度和传统算法在同一水平线上。同时，依托路段各车道的交通量数据，实现处理多车道大量进出车辆的情况，使重构轨迹能更符合现实情况。基于轨迹重构的道路交通排放估计可视化应用系统，不依赖于交通仿真软件，在输入现实采集交通数据的情况下，直观地展示路段各污染物排放的瞬时与累计排放分布。

本文开发的基于多源数据融合的轨迹重构技术，除了能被应用于排放估计上，还能用于干线信号配时方案评价，以及信控交叉口延误与排队长度估算等方面。对于应用系统输出的排放分布图与排放分布视频进行分析，可以直观地看出路网中排放积累较为严重的节点，并通过输入不同的交通量、信号配时等数据，得出减少污染严重节点排放量的方案。同时，能通过分析不同污染物的排放分布得出不同污染物的排放特性。

参考文献

[1] 环境保护部. 2013年中国机动车污染防治年报[R].北京:中华人民共和国环境保护部,2014.

[2] Babak Mehran, Masao Kuwahara, Farhana Naznin. Implementing kinematic wave theory to reconstruct vehicle trajectories from fixed and probe sensor data[J]. Procedia-Social and Behavioral Sciences, 2011, 17: 247-268.

[3] 王殿海.交通系统分析[M].北京:人民交通出版社,2007.

[4] Cappiello A, Chabini I, Nam E, et al. A statistical model of vehicle emissions and fuel consumption [C]//Proceedings of the IEEE 5th International Conference on Intelligent Transportation Systems, 2002.

作者简介

潘　昂,同济大学交通运输工程学院,交通工程专业。

刘睿奇,同济大学交通运输工程学院,交通工程专业。

戴　南,同济大学交通运输工程学院,交通工程专业。

李诗琪,同济大学交通运输工程学院,交通工程专业。

康　振,同济大学交通运输工程学院,交通工程专业。

指导老师

唐克双,教授,同济大学交通运输工程学院。

基于多源数据融合的干线信号协调控制策略与应用系统开发

蔡　茜，臧照奇，周　围，周清雅

|摘要|

城市干道作为城市道路网的骨架，承担了大量的过境交通和通勤交通，在城市道路网中发挥着至关重要的作用。本文基于数据融合技术，综合利用不同类型的交通检测数据，研究了干线排队长度估计与预测算法，针对欠饱和、接近饱和与过饱和三种不同的干线交通状态，开发了干线信号协调控制策略，并研究开发了拥堵预警系统。经验证，通过应用不同预警状态下的干线协调策略，平均延误减少了 19.4%，平均停车次数减少了 22.8%，平均排队长度减少了 7.4%，表明本文的研究成果可以有效减少排队，优化交通运行状态。

|关键词|

干线协调；数据融合；卡尔曼滤波；排队预警

1　研究背景

随着我国城市道路的交通信息化水平不断提高，线圈、雷达、视频等各种类型的交通数据被广泛采集应用，但是单一检测器数据往往各有不足，无法满足交通控制精度和实时性的需要。然而，通过数据融合可以取长补短，有效提高数据的精度，弥补单一数据源的缺陷和不足。

城市干道作为城市道路网的骨架，其运行效率与整个路网效率直接相关。但是传统的干线信号协调控制策略绝大部分是分时段的定时协调。目前，较为常用的干线信号控制策略主要针对欠饱和的交通状态，具体可以分为两类：一类是基于延误最小的 TRANSYT-7F、SIGOP Ⅲ等方法，即通过建立延误、停车次数等指标与配时参数的关系，求得使延误最小的信号配时方案；另一类是基于最大绿波带宽的方法，即通过对主干道上信号机进行协调，使车辆以一定的车速不停车通过干道，其中代表性的有 MAXBAND 模型、MULTIBAND 模型。但是，关于干道过饱和情况下的信号控制策略研究得非常少，只有 Zaher K. Khatib 提出的以通行能力作为目标函数的控制模型。

另外，现有干线预警系统的缺失不利于快速有效地应对交叉口过饱和状态，而干线预警需要对未来流量有准确的预测。流量实时预测模型可以分为统计模型和人工智能模型。其中，统计模型有线性回归模型、时间序列模型、卡尔曼滤波模型和支持向量机模型等；人工智能模型主要指各类神经网络模型。

2 基于数据融合的干线协调控制策略

基于数据融合的干线协调控制策略如图 1 所示，具体包括如下几个部分：

(1) 数据融合，主要融合并且相互验证不同位置不同类型检测器数据。

(2) 交通流量的获取与预测，估计现状交通流量，然后运用卡尔曼滤波空间模型对下一阶段交叉口各进口道的转向流量进行预测。

(3) 交叉口排队长度和延误的计算，利用预测的交通流量和信号控制方案，结合 HCM 排队长度计算公式预估下一阶段交叉口的排队长度和延误。

(4) 干线预警系统的开发和信号控制策略的研究，通过 Vs. NET 开发干线预警系统，将道路的交通状况可视化。在不同的道路交通状况下，综合比较不同的干线协调控制算法，提出不同道路交通状况对应的最优信号控制策略。

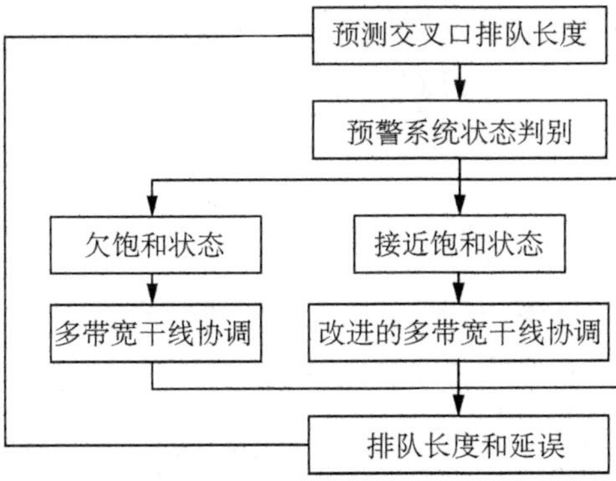

图 1 基于数据融合的干线协调控制策略

3 研究成果

3.1 排队长度和延误计算及干线协调策略算法研究

排队长度计算流程如图 2 所示。

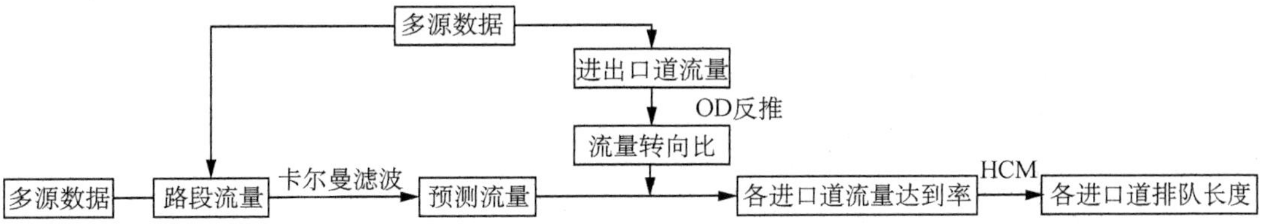

图 2 排队长度计算流程

3.1.1　各进口道流量的预测

流量转向比预测采用基于卡尔曼滤波的状态空间模型，具体算法如下：

状态方程；$b_{ij}(k)=b_{ij}(k-1)+w(k)$；其中 $w(k)$ 为过程方差　(1)

观测方程：$Y(k)=Q(k)\times b(k)+(k)$；其中 $e(k)$ 为观测方差　(2)

根据预测的转向比（b_{ij}）求出下一阶段交叉口各进口道的转向流量：

$$q\_forecast_{ij}(k)=b_{ij}(k)\times q_i(k) \tag{3}$$

式中　$q_i(k)$，$y_j(k)$—— 时段 k 自进口道 i（出口道 j）流入（流出）交叉口的流量，i，$j=1$，2，…，4；

$b_{ij}(k)\geqslant 0$—— 时段 k 的划分参数，即 $q_i(k)$ 中自出口道流出 $y_j(k)$ 交叉口的所占 $q_i(k)$ 流量的比例。

3.1.2　交叉口排队长度和延误的计算

HCM 中把信号交叉口平均排队长度分为两部分，一部分是由均匀到达的车流产生的，另一部分是由交通流的随机扰动产生的：

$$Q=Q_1+Q_2 \tag{4}$$

第一部分排队长度 Q_1，其值可由式(5)得到：

$$Q_1=PF_2\frac{\frac{vLC}{3\,600}\left(1-\frac{g}{C}\right)}{1-\left[\min(XL,1.0)\frac{g}{C}\right]} \tag{5}$$

第二部分排队长度 Q_2 是一个增量项，与到达流率的随机性和由于短暂崩溃造成的排队溢出相关，这种情况在需求小于通行能力时也可能出现。

$$Q_2=0.25cLT\left[(XL-1)+\sqrt{(XL-1)^2+\frac{8kBXL}{cLT}+\frac{16kBQ_{\mathrm{bL}}}{(cLT)^2}}\right] \tag{6}$$

对于信号周期时长为 C，有效绿灯时间为 g，到达流率为 q 的情况，交叉口延误计算公式为

$$d(q,C,g)=\frac{\sum_{i=1}^{n}\left[\frac{C(1-\lambda_i)^2q_i}{2(1-\lambda_{i\min}(1,x_i))}+900Tq_i\left(x_i-1+\sqrt{(x_i-1)^2+\frac{4x_i}{ciT}}\right)\right]}{\sum_{i=1}^{n}q_i} \tag{7}$$

式中　n—— 车道组数目；

λ_i—— 车道组 i 的有效绿信比；

x_i—— 车道组 i 的饱和度；

T ——分析时段长度，一般取 0.25 h；

c_i—— 车道组 i 的通行能力；

PF_2—— 连续车流影响的调整因子；

vL ——车道组每车道流量，veh/h；

XL—— 流量和通行能力的比；

cL ——平均每条车道的通行能力，veh/h；

kB—— 第二部分与提前到达相关的调整系数；

Q_{bL} ——分析时段初平均每车道初始排队长度，veh。

3.1.3 干线协调策略的研究

欠饱和状态：采用多带宽干线协调模型

$$\text{Max } B = \frac{1}{n-1}\sum_{i=1}^{n-1}(a_i b_i + \bar{a}_i \bar{b}_i) \tag{8}$$

接近饱和状态：采用改进的多带宽干线协调模型

$$\text{Max } B = \frac{1}{n-1}\sum_{i=1}^{n-1}(a_i b_i + \bar{a}_i \bar{b}_i) \tag{9}$$

约束条件除了原来的部分，还需要有所增加，我们必须保证有饱和趋势的路段的车辆排队可以在下一信号周期消散，不会产生二次排队，即

$$\begin{aligned} \tau_i &\leqslant 1 - r_i \\ \bar{\tau}_i &\leqslant 1 - \bar{r}_i \end{aligned} \tag{10}$$

式中，i 为有拥堵趋势的交叉口。

过饱和状态下：采用平均排队占比最小模型

$$O_{\mathrm{L}} = \min\left(\frac{len}{L}\right)_{\max} \tag{11}$$

式中 $\left(\frac{len}{L}\right)_{\max}$ —— 各交叉口同一方向的最大排队占比；

len—— 预测排队长度；

L—— 运动方向的最大可容纳排队长度。

3.2 模型及仿真评价

3.2.1 排队长度估计算法的实证评价

估计排队长度的算法可以分为三个步骤，通过比较该算法的预测值与真实值，可以评价该算法的精度，真实值来源于视频：

第一步，使用卡尔曼滤波预测下一时段流量，图 3 为流量预测与真实值的对比，误差基本低于 5%。

第二步，使用 OD 反推，通过路段交通流量数据，反推相应时段的交叉口各进出口道的转向比。图 4 为 OD 反推的精度对比，误差均处于 10%以下，误差均值约为 4%。

第三步，针对各进口道，使用 HCM 算法预测排队长度，图 5 表示四个交叉口的排队长度与真实排队长度的对比，误差较小。图 6 为一个交叉口东进口道直行方向不同时段的预测排队长度与真实排队长度的对比，平均误差为 5.85%。

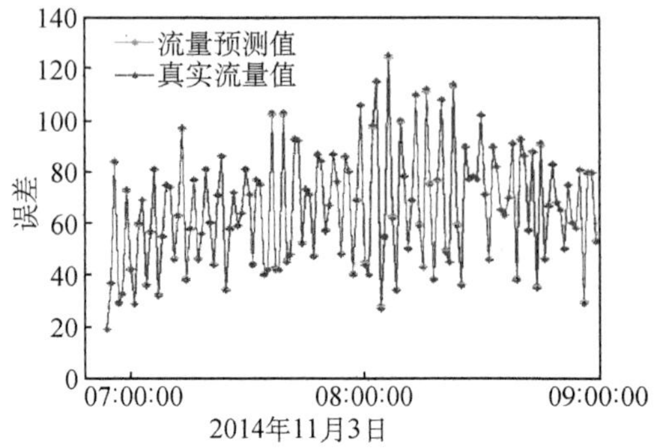

图3　流量预测值和真实值对比

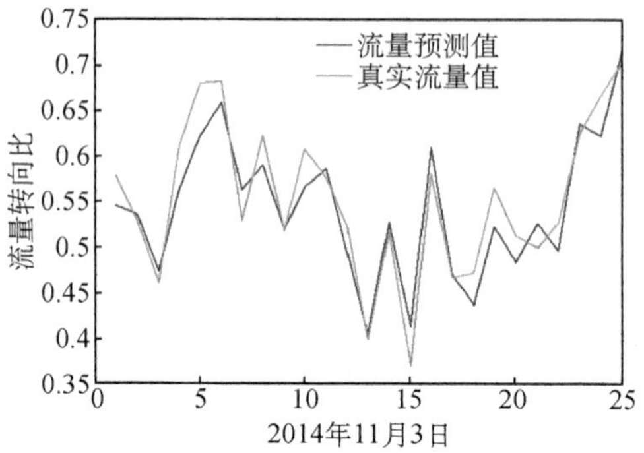

图4　OD反推预测值和真实值对比

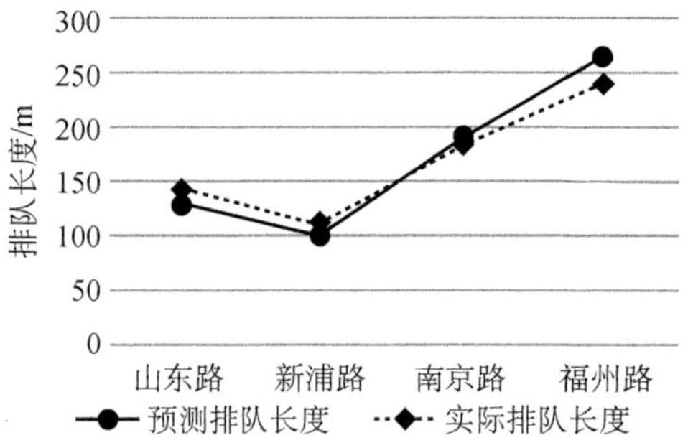

图5　四个交叉口排队长度预测值和真实值对比

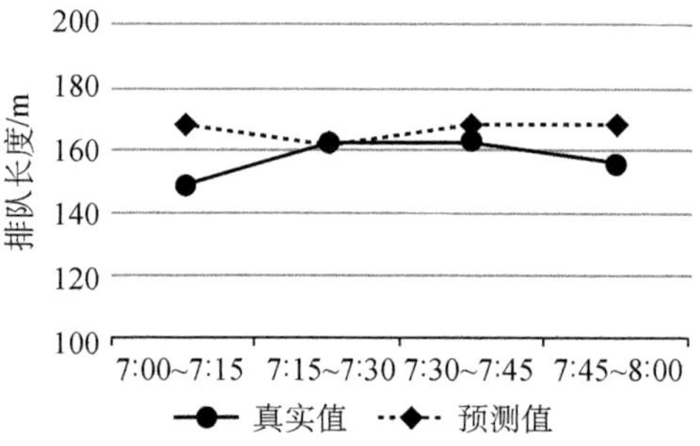

图6　交叉口东进口道直行方向预测值和真实值对比

3.2.2　干线协调控制策略的仿真评价

依照香港中路山东路—香港中路福州路的实际道路情况，在Vissim中构建路网模型。在图7所示的4个位置设置检测器，其地理位置与实际检测器相吻合，通过比较流量与速度的拟合程度来确定整个模型是否真实可靠。

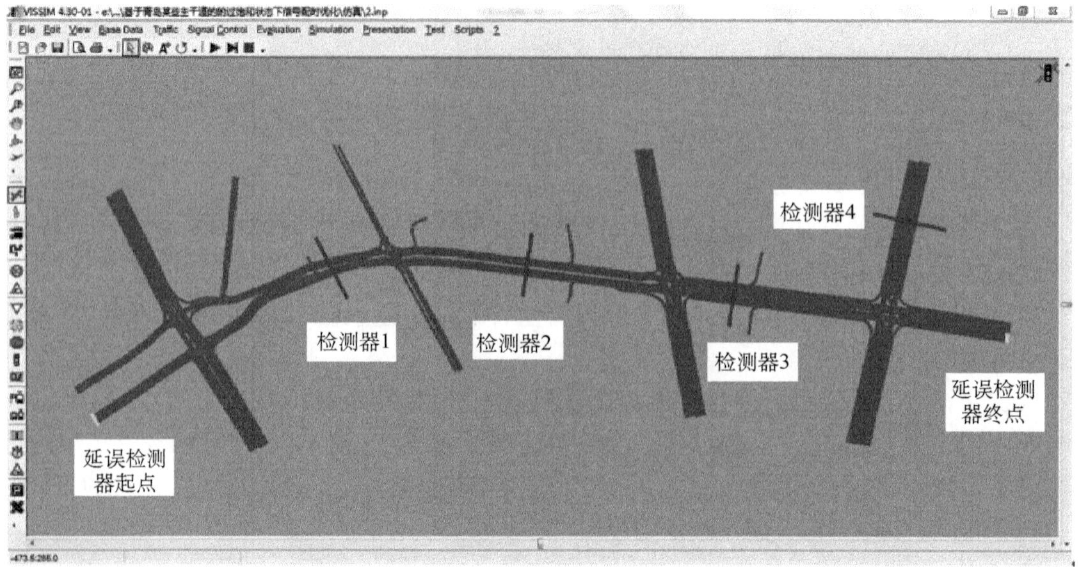

图7　Vissim仿真模型

以每 60 s 为间隔，事先输入各进口道流量，该流量是根据线圈、微波等检测器数据结合流量反推计算得到的。结果显示流量的平均误差为 5.27%，速度的平均误差为 4.3%，实际检测器检测得到的速度范围为 30～60 km/h，仿真模型中设置的速度范围为 40～60 km/h，与真实情况相近，故速度分布比较合理。仿真输入的信号灯配时包括两种情况，一是香港路 4 个连续交叉口的现有配时；二是对应于三种不同的状态，根据不同的模型计算得到的新的干线信号协调配时方案，如图 8 所示。仿真结果如表 1 所列，说明基于多源数据融合的干线信号协调控制策略是有效的，它能够提高交叉口的运行效率。

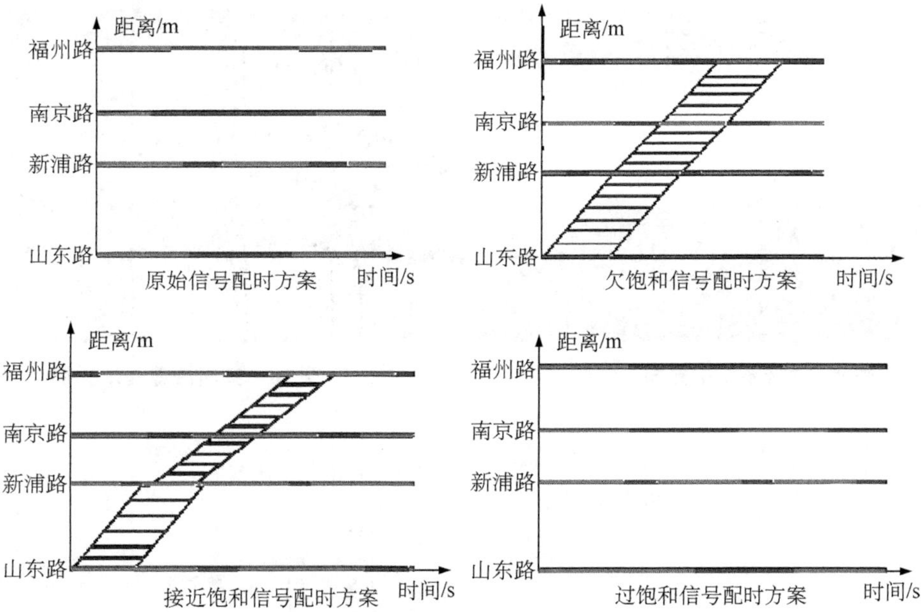

图 8 信号配时方案

表 1 计算及仿真结果

两种配时方案	延误/s	停车次数	平均排队长度/m
原有信号配时方案	136.13	2.46	70.1
改进后的信号配时方案	109.67	1.9	64.9
改善效果	19.4%	22.8%	7.4%

3.3 预警系统开发

3.3.1 系统框架

预警系统包括三部分：数据采集、数据处理和前台显示。数据采集部分主要是现有道路数据采集器；数据处理部分已在前文中进行了说明；前台显示部分利用 Vs.NET 来调用处理数据并进行加工显示。

3.3.2 系统界面及功能

通过预警系统主界面，即预警系统首页（图 9），可进入三个不同板块。道路基本情况界面:直接连接百度地图,便于查询道路的有关信息。实时流量显示界面:根据管理者的需要,可以自行选择需要显示的道路实时流量。如图 10 所示,交叉口进口道左转、直行和右转的具体流量,每分钟动态更新一次。干线拥堵预警界面:反映各交叉口按现行配时方案,未来 15 min 拥挤情况,根据拥挤状态的判别,不同颜色文字表示不同运行状态;同时显示各交叉口的平均延误,每分钟动态更新一次,如图 11 所示。排队长度预警界面:显示未来 15 min 内平均排队长度,矩形(绿色、黄色、红色)分别代表不同路况,而矩形条的长度与图中路段长度均由实际长度按等比例尺缩放得到,可直观表示排队空间占比情况,如图 12 所示。

图 9　预警系统主界面

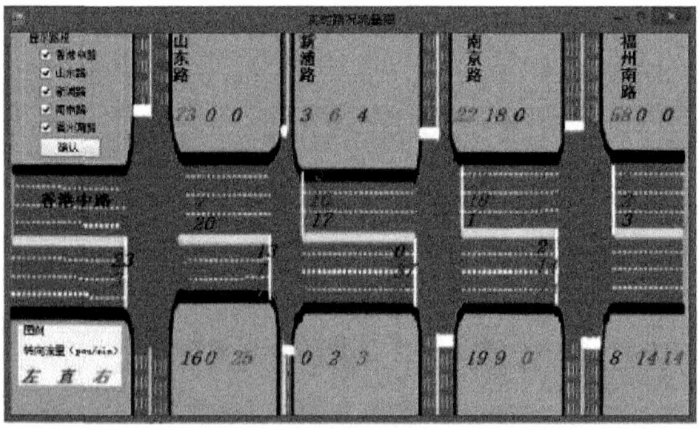

图 10　实时流量显示界面

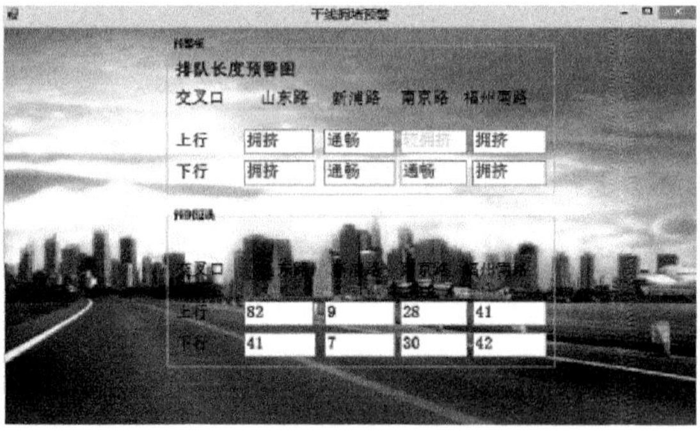

图 11　干线拥堵预警界面

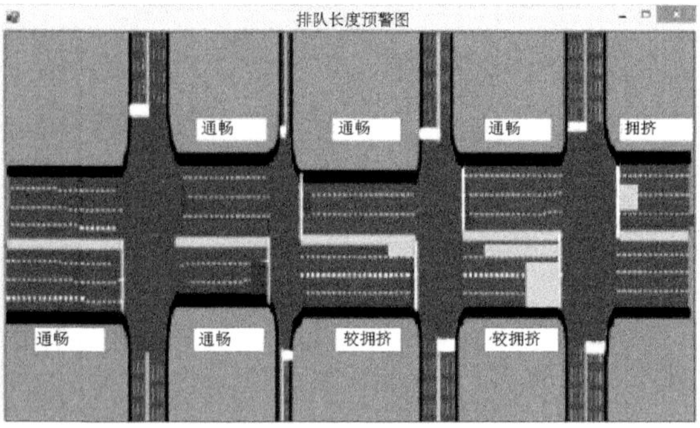

图 12　排队长度预警界面

4　结语

本文采用线圈、微波雷达和视频等多源数据,利用卡尔曼滤波进行 OD 反推和流量预测,以排队长度、行程延误等为控制参数,建立了一套基于实时道路运行状态的路况预警系统,同时针对不同路况提出了干线协调策略。但其中还存在许多不足和可以进一步深入研究的问题:VB 的二次开发进行实时仿真和应用以及干线预警系统的功能完善。

| 参考文献 |

[1] 唐克双,孔涛,王奋,等.一种改进的多带宽干线协调控制模型[J].同济大学学报(自然科学版),2013,

41(7):1002-1008.

[2] LITTLE J D C. The synchronization of traffic signals by mixed-integer linear programming[J]. Operations Research, 1966, 14(4):568-594.

[3] LITTLE J D C, KELSON MD, GARTNER NH. MAXBAND: a versatile program for setting signals on arteries and triangular networks[J]. Transportation Research Record Journal of the Transportation Research Board,1981,795:40-46.

[4] XIA Jingxin. Dynamic freeway travel time prediction using single loop detector and incident data[D]. Lexington: University of Kentucky,2006.

[5] LI Baibing, MOORB D. Recursive estimation based on the equality-constrained optimization for intersection origin-destination matrices[J]. Transportation Research Part B: Methodological, 1999, 33(3):203-214.

[6] 聂庆慧,夏井新,张伟华.基于多源 ITS 数据的行程时间预测体系框架及核心技术[J].东南大学学报(自然科学版),2011,41(1):199-204.

作者简介

蔡　茜,同济大学交通运输工程学院,交通工程专业。

臧照奇,同济大学交通运输工程学院,交通工程专业。

周　围,同济大学交通运输工程学院,交通工程专业。

周清雅,同济大学交通运输工程学院,交通工程专业。

指导老师

唐克双,教授,同济大学交通运输工程学院。

基于移动通信数据的城市轨道交通运营服务评价系统

张卓野，陈金生，吴玥辉，龙安刚，杨心怡

|摘要|

本文希望能够在掌握确实的乘客出行轨迹、了解轨道交通各线路乘客流量与流向的基础上，建立指标体系来评价城市轨道交通系统的运营服务水平。根据现有的已经被人们广为接受的定位技术，针对轨道交通系统自身的特点，把定位技术和轨道交通有机结合起来，建立适应轨道交通的流量、出行特征的运营服务评价系统，解决城市轨道交通难以掌握客流流向的技术难题，并合理优化改善城市轨道交通的运营管理水平。

|关键词|

城市轨道交通；无线通信定位技术；运营评价

1 研究背景及意义

近年来，城市轨道交通以其大运量、安全、快捷、舒适、环保的特点，在我国得到了快速发展，北京、上海、广州等一线大城市已进入网络化运营的新阶段。伴随着城市轨道交通的不断发展，越来越多的城市居民借助轨道交通方式完成了日常出行活动，同时也对轨道交通系统提出了越来越高的要求。如何获取充分数据信息，准确评价轨道交通系统运营服务水平，并在此基础上寻求改进与提升策略从而更好地为乘客出行提供服务，已成为当前迫切需要解决的重要问题。

本文拟在国内外已有研究成果的基础上，利用手机信号数据、Wi-Fi 信号数据等移动通信数据进行城市轨道交通乘客网络出行路径与站内走行轨迹还原的关键问题研究，构建关于城市轨道交通运营服务水平的综合评价指标体系与方法，并在上述基础上最终开发基于移动通信数据的城市轨道交通运营服务评价系统。课题成果将丰富和完善现有城市轨道交通客流分析及运营服务评价理论与方法，并最终有助于提升国内城市轨道交通网络化运营管理水平。

2 基于 GSM 蜂窝网络数据的乘客定位模型及算法

处于待机状态的手机通过基站与无线通信网络保持联系，无线通信网络对手机所处的位置区信息进行记录，记为位置区代码，在用户拨打电话或者接听电话时根据所记录的位置区信息可通过呼叫路由选择找到手机，建立通话连接，位置信息都以数据库的形式存储在来访用户位置寄存器中。在正常情况下，当移动台发生以下事件时会向寄存器上传信息，其中上传的信息包括：时间、事件编号、所使用基站编号等，最终成为位置信息，如表 1 所列。

如果没有发生以下事件，移动台会以一定的时间间隔上报位置信息给移动寄存器。

(1) 需要使用网络通信时，如主叫、被叫、发短信、收短信；

(2) 开关机；

(3) 周期性位置更新：长时间没有上报位置信息时；

(4) 小区切换：在移动中打电话切换了所使用的基站时；

(5) 正常位置更新：在待机状态下跨越了位置区时。

表 1 位置信息数据字段

字段名	信号类型	信息内容
IMSI	VARCHAR2	手机识别号，储存在用户 SIM 卡中，可区别移动手机用户
TIME	DATE	时间戳，成功发生信令过程的时间标记，精确到 s
LAC	NUMBER(8)	位置区编码
CellID	NUMBER(8)	基站编码
EventID	NUMBER(8)	事件类型(编号用前面数字代替)

在移动通信中，为了保持良好的无线通信服务，通常每个车站都会有一个基站，每条线路的所有车站属于同一位置区，例如地铁 1 号线的所有车站 (SS_{11}，SS_{12}，SS_{13}，…，SS_{1n}) 属于同一位置区(LAC_1)。在一段时间内，用户出行过程中，由于使用手机发生主叫、被叫等能够触发位置信息上传的事件，手机会将用户此时的位置信息上传至寄存器。

一天之中，人们的出行无非是根据 OD 需求来进行的，假设某人在某一时段的出行是从家里出发去上班，在从家里到公司的这一过程中，假设会有 n 次能够促使位置信息上传的事件，则途中就会有 n 个位置信息点，用此位置点数据库和地铁站基站位置数据库作比对，如果某一位置点 i 和地铁站基站的位置相同，则表明该出行方式中包括乘地铁，通过这样的迭代比对位置信息，得出该用户的出行方式是否包括地铁出行。居民出行链如图 1 所示。

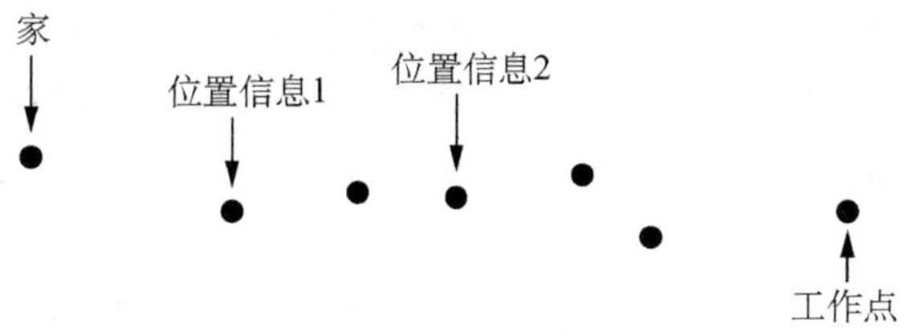

图 1 居民出行链

人们乘地铁出行无非有两种形式：一是不用换乘；二是需要换乘，如图 2 所示，从不属于地铁的 GS1 到地铁 1 号线的 S11，其间发生了位置区变化，所以在穿越位置区的过程中会上传位置信息，如果该乘客不换乘，则在 S12 处出站发生位置区变化，上传位置信息；如果该乘客换乘地铁 2 号线，在 TS12 处发生位置区变化，上传位置信息，在 S21 处出站，发生位置区变化，上传位置信息。通过这样的事件发生的情况、站点来判断地铁乘客出行所选择的路线。地铁出行路径辨识原理示意图如图 2 所示。

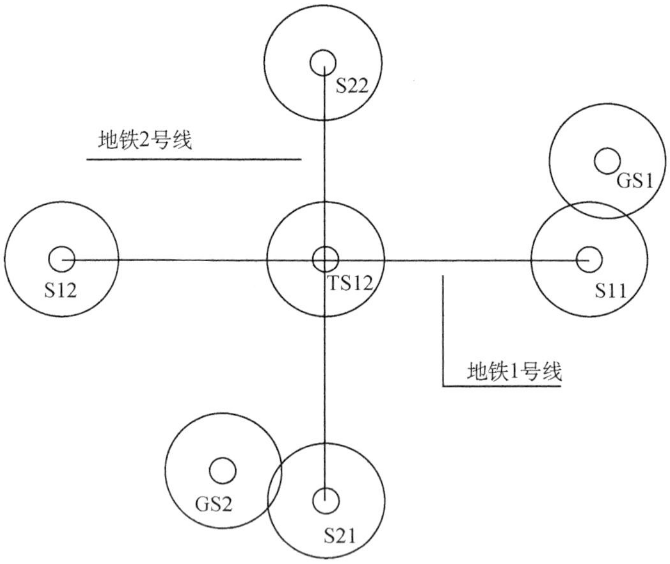

图 2　地铁出行路径辨识原理示意图

在捕捉地铁乘客的出行轨迹时，需要对其位置信息与地铁站基站位置信息进行匹配，所以此时应先建立两个数据库，一是用户出行位置信息数据库；二是建立地铁站基站位置信息数据库，其中包含地铁站线路编号、站点编号、基站 LAC 号、Cell-ID 号以及引起位置信号上传的事件表，如表 2 所列。

表 2　地铁基站数据库

表名	包含信息内容
地铁基站 ID 表	地铁站线路编号、站点编号、基站 LAC 号、Cell-ID 号
事件信令对应表	周期性位置更新、开关机、正常位置更新、主叫、被叫、发短信、收短信、位置区切换

在进行位置信息匹配的过程中，主要包含三项内容：进站点的判断、换乘站的判断和出站点的判断。定义出行者在某一时刻上传的位置信息为 $T_i(C_i, L_i, t_i, E_i)$，其中 C_i，L_i，t_i，E_i 分别是 i 时刻位置信息对应的 Cell-ID 号、LAC 号、上传时间和事件类型；地铁基站数据库 DB(C，L，Line，Station)。其中 C，L 意义同上，Line，Station 分别表示线路编号和站点编号。然后，开始如下算法步骤。

(1) 先将信令数据按时间顺序排列，然后按信令提交时间先后排序开始迭代判别。

(2) 当首次出现 $T_i(C_i, L_i, t_i, E_i)$ 中的 $T_i(C_i, L_i) \in DB(C, L)$，且 $T_i(E_i)$ 为正常

位置更新(即位置区变化)时,该基站对应 DB 中的地铁站点为进站点,记为Enter(Line, Station)。

(3) 继续信令数据迭代,如果 $T_{i+k}(C_{i+k}, L_{i+k}) \in DB(C,L)$,且 $T_{i+k}(E_{i+k})$ 为正常位置更新,则该基站对应的地铁站点为本次的换乘站点,记为 TS(Line, Station);如果 $T_{i+k}(C_{i+k}, L_{i+k}) \in DB(C, L)$,且 $T_{i+k}(E_{i+k})$ 为非正常位置更新时,说明此位置处没有发生换乘,线路不变,记入 M(Line, Station)中,用于后面路径结果的检验。

(4) 如上继续迭代,若 $T_{i+n}(C_{i+n}, L_{i+n}) \notin DB(C, L)$,且 $T_{i+n}(E_{i+n})$ 为正常位置更新,则该基站对应的地铁站点为本次的出站点,记为 Exit(Line, Station)。

(5) 由于用户在一定时间段出行中,可能存在不止一次的地铁出行,所以对于此条信令数据继续迭代重复步骤(2)到(4),直至该条信令数据判断完毕。

3 基于 Wi-Fi 数据的乘客站内轨迹捕捉模型及算法

由于考虑到硬件对定位精度的影响,我们选取了对于硬件要求较低的基于 Wi-Fi 信号强度的定位算法。根据信号强度—距离间的映射关系,得到两节点间的距离,然后选择信号强度最强的三个 AP 节点与移动端的关系,分别得到距离和根据 AP 节点的 MAC 地址,建立距离模型,求出移动端的位置,从而实现定位。

3.1 测距阶段

通过信号强度的传播模型建模。由电磁波传播模型建立信号强度—距离模型,

$$P_r(d) = P_r(d_0) - 10\gamma \lg\left(\frac{d}{d_0}\right) \tag{1}$$

两节点间距离:

$$d = d_0 \times 10^{\frac{P_r(d_0) - P_r(d)}{10\gamma}} \tag{2}$$

式中 d_0——参考点到 AP 节点的距离;

d ——实测点到 AP 节点的距离;

$P_r(d)$ ——实测点信号强度;

$P_r(d_0)$ ——参考点信号强度;

γ ——路径传播损耗指数。

由于该模型中最影响定位精度的是路径传播损耗指数 γ,而这一参数与定位所处的环境息息相关,很难用某一确定的经验值来代替,所以对于 γ 可以通过建立信号强度—距离的数据关系拟合得到。

3.2 站内二维平面定位

根据测距阶段的三段距离,通过三角算法计算待测点位置,即分别以已知的三个 AP 点为圆心,以它们到待测点的距离为半径来画圆,理论上三个圆的交点就是待测点的位置。如

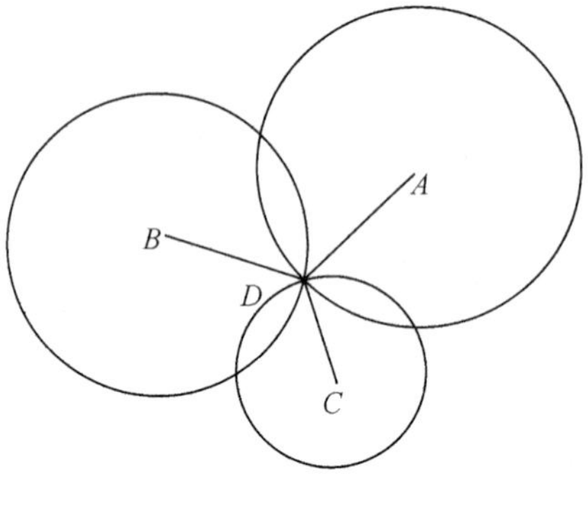

图 3　三角定位算法原理图

图 3 所示。

设待测节点 D 坐标为(x, y)。已知 A，B，C 三个已知 AP 节点的坐标为(x_1, y_1)，(x_2, y_2)，(x_3, y_3)。三个点到 D 的距离分别为 d_1，d_2，d_3，则 D 的位置可由下面方程解得。

$$\begin{cases}(x-x_1)^2+(y-y_1)^2=d_1^2\\(x-x_2)^2+(y-y_2)^2=d_2^2\\(x-x_3)^2+(y-y_3)^2=d_3^2\end{cases} \tag{3}$$

3.3　模型优化

在实际应用中，由于距离测量存在误差，可能导致上述方程无解，情况如图 4 所示。

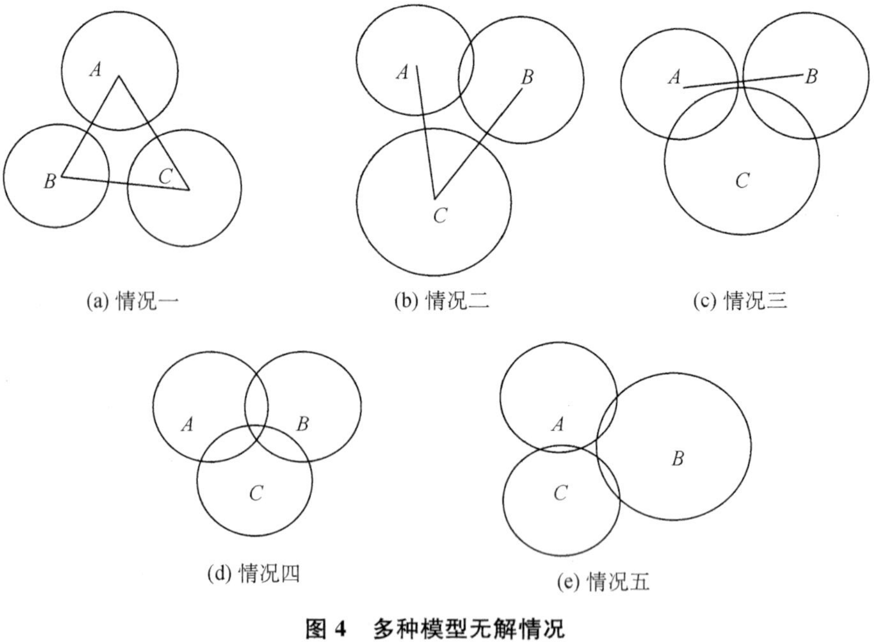

图 4　多种模型无解情况

为此，对于模型进行如下优化：

(1) 首先判断方程组是否有解，如果无解，继而判断三个圆之间是否存在两两相交。如果两两之间都不相交，即出现图 4(a)所示的无解情况，则连接三圆圆心，三条直线与圆分别交于六点，过六点做多边形，然后根据这六点坐标求出多边形的中心坐标，以此作为定位点坐标。假设三圆心连线与三圆分别交于 (x_{ab1}, y_{ab1})，(x_{ab2}, y_{ab2})，(x_{ac1}, y_{ac1})，(x_{ac2}, y_{ac2})，(x_{bc1}, y_{bc1})，(x_{bc2}, y_{bc2}) 这六点，故定位坐标为

$$(x, y)=\left(\frac{x_{ab1}+x_{ab2}+x_{ac1}+x_{ac2}+x_{bc1}+x_{bc2}}{6}, \frac{y_{ab1}+y_{ab2}+y_{ac1}+y_{ac2}+y_{bc1}+y_{bc2}}{6}\right) \tag{4}$$

(2) 如果出现图 4(b)的情况，即如果三圆中只有其中两个圆相交，则求出相交两圆的交点，不相交的则继续连接两圆圆心设 A，两个交点分别为(x_{ab1}, y_{ab1})，(x_{ab2}, y_{ab2})，那么对于这两个交点，把坐标带入到公式$[(x-x_3)^2+(y-y_3)^2]$中，从而判断出哪个交点距离 C 点圆心最近，并把该点记为定位点坐标。A，C 与 B，C 两条圆心连线与圆的交点分别为(x_{ac1}, y_{ac1})，(x_{ac2}, y_{ac2})与(x_{bc1}, y_{bc1})，(x_{bc2}, y_{bc2})，则定位点坐标为

$$(x, y)=\left(\frac{x_{ab}+x_{ac1}+x_{ac2}+x_{bc1}+x_{bc2}}{5}, \frac{y_{ab}+y_{ac1}+y_{ac2}+y_{bc1}+y_{bc2}}{5}\right) \tag{5}$$

(3) 如果出现图 4(c)所示的情况，即只有两个圆不两两相交，则两圆圆心连线与两圆的交点分别为(x_{ab1}, y_{ab1})，(x_{ab2}, y_{ab2})，另外求出两两相交的两圆的交点坐标，分别记为(x_{ac1}, y_{ac1})，(x_{ac2}, y_{ac2})与(x_{bc1}, y_{bc1})，(x_{bc2}, y_{bc2})。然后，分别找出距离第三个圆心最近的点，记作(x_{ac}, y_{ac})，(x_{bc}, y_{bc})。所以，定位点坐标为

$$(x, y)=\left(\frac{x_{ab1}+x_{ab2}+x_{ac}+x_{bc}}{6}, \frac{y_{ab1}+y_{ab2}+y_{ac}+y_{bc}}{6}\right) \tag{6}$$

(4) 如果出现图 4(d)和(e)的情况，即三圆两两之间分别相交，则求出全部六个交点(x_{ab1}, y_{ab1})，(x_{ab2}, y_{ab2})与(x_{ac1}, y_{ac1})，(x_{ac2}, y_{ac2})与(x_{bc1}, y_{bc1})，(x_{bc2}, y_{bc2})。然后，分别求出与第三个圆心最近的点，记为(x_{ac}, y_{ac})，(x_{ab}, y_{ab})与(x_{bc}, y_{bc})。最终，近似得到定位点坐标为

$$(x, y)=\left(\frac{x_{ac}+x_{ab}+x_{bc}}{3}, \frac{y_{ac}+y_{ab}+y_{bc}}{3}\right) \tag{7}$$

4 结语

本文首先通过对比测试以及实验的方法确定了本系统所使用的定位技术及定位原理，并提出了对应轨道交通服务体系的评价系统，之后给出了对应的优化措施。本系统基于手机和 Wi-Fi 信号的定位技术来确定乘客在地铁站中的走行行为以及换乘行为，通过所获得的定位数据来确定客流的数量以及换乘情况，并由这些数据计算出对应的地铁服务评价指标，从而给出对应的优化措施。

参考文献

[1] 丁园园.基于 RFID 的室内定位技术研究[D].成都：西南交通大学，2014.
[2] 黄俊英.手机定位技术的分析与研究[D].杭州：浙江经贸技术学院，2011.
[3] 潘立波.基于 WIFI 技术的无线定位算法研究与实现[D].杭州：浙江大学 . 2013.
[4] 赖见辉，陈艳艳，钟园，等.基于手机定位信息的地铁乘客出行路径辨识方法[J].计算机应用，2013，33(2)：583-586.
[5] MAIERHUBER M, EBNER M. Near field communication — which potentials does nfc bring for

teaching and learning materials? [J]. International Journal of Interactive Mobile Technologies, 2013, 7(4):9-14.

[6] MOLKDAR D. Review on radio propagation into and within buildings[J]. Molkdar, D. Review on radio propagation into and within buildings[J]. IEE Proceedings H (Microwaves, Antennas and Propagation), 1991, 138(1):61-73.

[7] 林玮,陈传峰.基于RSSI的无线传感器网络三角形质心定位算法[J].现代电子技术,2009,32(2):180-182.

[8] 王栋.城市轨道交通运营模式及运营方案评价研究[D].成都:西南交通大学,2010.

[9] 邓雪,李家铭,曾浩健,等.层次分析法权重计算方法分析及其应用研究[J].数学的实践与认识,2012,42(7):93-100.

[10] 严波.城市轨道交通运营组织优化研究[D].南京:东南大学,2006.

[11] 北京城建设计研究总院有限责任公司,中国地铁工程咨询有限责任公司.地铁设计规范:GB 50157—2013[M].北京:中国建筑工业出版社,2014.

[12] 费安萍.大客流地铁运营组织[J].现代城市轨道交通,2005(2):33-35.

作者简介

张卓野,同济大学交通运输工程学院,交通运输专业。

陈金生,同济大学交通运输工程学院,交通运输专业。

吴玥辉,同济大学交通运输工程学院,交通运输专业。

龙安刚,同济大学交通运输工程学院,交通运输专业。

杨心怡,同济大学交通运输工程学院,交通运输专业。

指导老师

朱　玮,副教授,同济大学交通运输工程学院。

实时需求响应的出租车合乘系统

李　婧，王鹏飞，刘孟轩，邹　莉，吴翔宇

| 摘要 |

本文以出租车合乘为研究对象，通过分析大量上海市出租车的 FCD 数据证明了出租车合乘的可行性和潜在价值。然后针对合乘意愿等问题采取社会调研，进而提出一套完整的服务模式，并建立最优车辆匹配模型和提出合乘计费模式，以解决合乘的核心问题。借助 GPS 定位技术、大数据传输技术，完成服务器搭建，开发司机客户端和乘客客户端，建立了完整的智能化出租车合乘系统。该系统实现了乘客在任意时间、地点发送即时合乘请求后，系统能立即响应并实施调度。

| 关键词 |

出租车合乘；需求响应；实时动态；智能系统

1　引言

我国各大城市都存在"打车难"的问题。事实上，行驶中只载单一乘客的出租车约占70%，这就导致人均道路资源占有率高，人均油耗和废气排放量大。而出租车合乘则是一种提高出租车运输效率，缓解道路交通压力，节约乘客出行成本，减少能源消耗的有效途径。

韩国、澳大利亚等早已开始施行出租车合乘，而国内的北京、南京、重庆、福州、烟台等城市也有"合乘出租车"合法化的相关规定，以出租车司机为主导撮合乘客合乘，在合乘路段，乘客各分摊一定比例的车费。这种模式需要司机和多方乘客面对面商议达成合乘协议，过程烦琐、耽误时间，且成功率极低。

随着智能手机的普及，利用手机软件实现出租车合乘的模式逐渐发展起来。近年来，国内打车软件的盛行也带热了拼车软件，但由于缺乏监管导致市场混乱，且几乎未被用于出租车合乘。在国外，如 Lyft，Sidecar 等用于私家车合乘的手机软件已发展得相当成熟，但如 Taxi Share Chicago，FareshareNYC，CabMatch，Split-It 等用于出租车合乘的软件则使用较少。手机软件多以乘客为主导寻找合乘伙伴来实现合乘，这种模式使得信息共享，并提供线上协商平台，从而提高了合乘的成功率，但服务局限在有规律、固定时间的预约用车需求，且安全问题难以得到保障。

出租车合乘的发展方向应是在不改变出租车主要服务于个性化的、对时间要求较高的、临时的用车需求的功能定位的条件下，使人们愿意改变出行习惯选择合乘。因此，本文提出了实时需求响应的出租车合乘服务模式，通过建立统一的智能化监管调度中心，在乘客发送合乘请求后，根据当前时刻所有愿意合乘的在途车辆和乘客信息，为其匹配最佳车辆接送，而非传统意义上的司机和乘客、乘客和乘客先协商成功，之后按照既定线路行驶的合乘模式。本文在出租车合乘可行性分析的基础上，建立了实时需求响应的出租车合乘系统。

2 可行性分析

出租车合乘相关 ITS 技术的发展与应用奠定了合乘实施的基础条件；利用实际出租车乘客需求，量化分析合乘的潜在效益，证明其意义上的可行性；通过社会调研，对出租车乘客意愿上的可行性进行了分析。

2.1 实施基础与条件

与出租车合乘相关的技术主要包括网络与无线通信技术、地理信息系统 GIS、GPS 定位技术等，为了保证合乘相关数据的动态更新，中心能够实时监控车辆和乘客的信息状态，即时与司机和乘客传递信息等。

合乘乘客和出租车司机的终端设备是技术的载体。近年来，智能手机的普及和出租车车载设备的广泛使用为出租车合乘的实施提供了很好的条件。

2.2 潜在效益分析

服务相同数量的乘客需求，通过合乘可以减少出租车总行驶里程，从而缓解道路拥堵、减少燃油消耗和环境污染。利用 2013 年 4 月 1 日上海市强生公司 8 881 辆出租车（占全上海市出租车数量的 18%）全天传回的 GPS 轨迹数据，对合乘带来的这部分效益进行了定量分析。

提取这部分出租车乘客的出行信息，共 296 595 对 OD 记录，其中包括了出行时间、出发地点和到达地点等数据，详细信息如表 1 所列。

表 1 OD 记录数据示例及说明

字段名	数据类型	示例	说明
Otime	Time	144 539	上车时刻 14:45:39
OLng	Double	121.402705	出发地点的经度
OLat	Double	31.16086	出发地点的纬度
DLng	Double	121.650908	到达地点的经度
DLat	Double	31.233132	到达地点的纬度

以乘客的行驶路径和时间为约束条件，对所有的 OD 对进行匹配，结果显示，可以实现合乘的乘客占到 94.3%，可以节省的载客里程为 104 000 km，占总载客里程的 1/10。进一

步计算，这部分乘客实现合乘可节省燃油 10 000 L，减少 CO_2 排放 23 000 kg。可见，出租车合乘可以带来巨大的社会效益和经济效益。

2.3 合乘意愿分析

出租车乘客的意愿是合乘能否实施的关键。在上海、天津和成都三大城市各发放了近 500 份问卷，对出租车乘客展开调研，合乘意愿调查结果如图 1 所示。受访者中，企事业职员、管理层人员占总数的 68%，25～45 岁的人群占 82%，这些均为出租车出行的主流人群，其意愿具有一定的代表性。结果显示有 47% 的受访者有较强的出租车合乘意愿，26% 在合乘模式满意的情况下愿意合乘，而 27% 的受访者则不愿意选择出租车合乘。

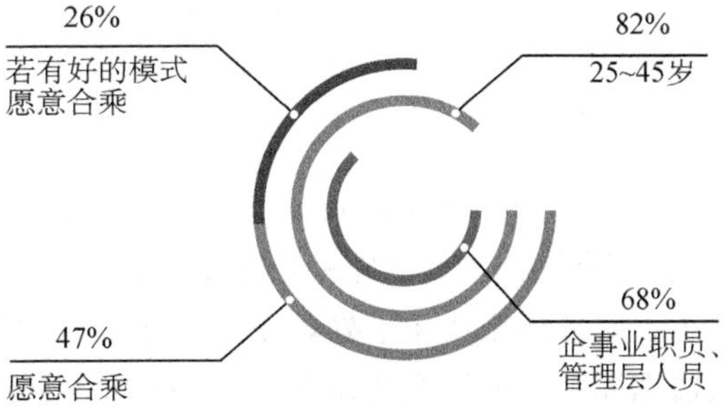

图 1 合乘意愿调查结果

被调查者不愿意出租车合乘，主要有以下几个原因。

(1) 舒适性问题。部分受访者表示希望有较为独立、舒适的乘客空间，不希望有陌生人在同一辆车上。

(2) 便捷性问题。较多乘客认为合乘过程烦琐费事，嫌麻烦而不愿意合乘。

(3) 安全问题。年轻的女性受访者较多顾虑安全问题，不愿意与陌生异性合乘，特别是在夜间以及人少的地方。

(4) 时间问题。若搭载多名乘客，先上车的乘客可能会需要等待后上车的乘客，也可能有一定的绕行距离，从而会耽误出行。调查结果显示，56% 的乘客可接受的等待时间为 5～10 min，81% 的乘客可容忍的绕行时间限度为 5～10 min。

对于问题(2)—(4)，可以通过系统的智能化应用、中心高度的监管与匹配条件设置、合理选择系统时间参数等措施加以改善，从而使更多的人愿意选择合乘。

3 系统设计

基于以上分析，设定系统的服务模式，并搭建系统的框架。系统分为三个部分：乘客客户端、司机车载端和中央调度中心。用户通过客户端程序可以在任意时刻、任何地点向服务器发送合乘请求。中央调度中心通过服务器加载程序进行实时信息的收集、车辆匹配及路径规划。具体而言，服务器收集用户和车辆的实时位置信息，将相应的供需请求进行匹配，再通过路径规划算法规划合乘路线，将路线传输给车载端的司机。车载端的主要功能是司机接受服务请求后，按照规划的路径去接送乘客，最终完成合乘任务。

3.1 系统架构

该出租车合乘系统是以装有 IOS 系统的手机为载体，利用手机内嵌的 GPS 设备和数据传输功能完成数据交互。通过中央调度中心的服务器的运算和数据采集存储技术来实现出租车司机和乘客的关联，从而为乘客提供实时需求响应的出租车合乘服务，为司机提供接送乘客的任务并规划路线的功能。系统的物理框架如图 2 所示。

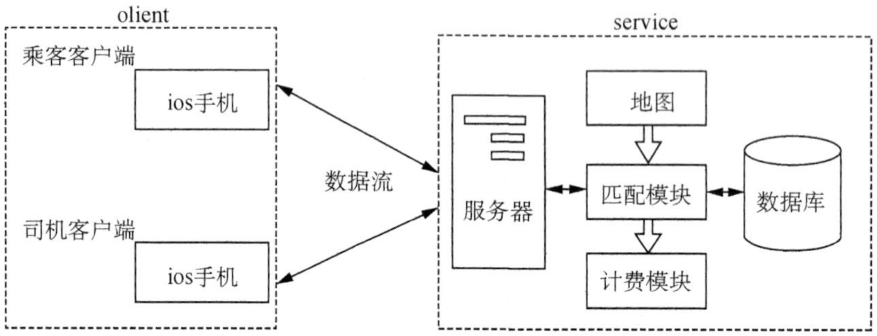

图 2　系统物理框架

系统采用 C/S(Client/Server)模型，即客户端/服务器模型。服务端使用 django 框架，数据库使用 MySQL。数据库主要用于存储用户、司机的身份信息，以及司机当前坐标(经纬度)和状态。服务器主要用于处理用户打车或合乘的请求。当用户发出打车或合乘请求时，服务器从数据库中获取司机的位置信息，并根据乘客信息、司机信息向百度地图服务器发出请求，以获取相关地理信息，然后根据这些地理信息对司机进行选择、匹配。手机客户端分别与系统服务器以及百度地图服务器进行通信。手机客户端与系统服务器之间采用 POST 请求，使用 json 格式的数据进行通信。主要的通信内容为发送打车或合乘请求，更新状态、坐标等信息。与百度地图服务器之间则是使用百度地图 IOS SDK，主要是获取并显示地图、路线等信息。

3.2　客户端软件设计与实现

乘客客户端方面，为了保护用户每次联网登录系统和系统注册时的安全，采用 MD5 算法为用户数据进行加密。用户完成注册后就可以登录系统，之后手机会自动打开 GPS 定位，GPS 会将用户的地理位置信息收集起来上传给服务器，同时在客户端将用户的位置标注在地图上。用户输入目的地等信息并发送请求后，就将相关信息上传给服务器，服务器根据用户信息进行后台运算，向用户返回匹配的车辆信息，用户可以通过点击车辆图标来查看车辆的相关信息，并做出“确定”或“重新搜索”的选择。用户等待车辆到达期间，可实时看到车辆位置，当车辆即将到达时系统给出提示，从而缩短用户和车辆的交互时间。

司机客户端的注册和登录模块的实现与乘客客户端的基本相同。司机可以对自己在系统中的状态进行选择，即选择只要打空车的乘客或选择服务合乘的乘客。司机还可以针对扬招打车的乘客信息进行录入，以便将其纳入系统。司机在接到乘客和送达目的地时都需确认，以便向服务器反馈信息。当有新的订单分配给司机时，将有消息弹出，并实施导航。为司机规划的路线包含了起点、终点以及中间需要停靠的点。

3.3　最优车辆匹配模型

调度中心的工作是在收到请求信息后即时做出响应，并找到最优的匹配车辆。基于问卷调查结果，乘客对于等待车辆到达的时间和车辆绕行距离都有一定的忍耐限度。所以，这里的最优车辆是指在乘客忍耐范围内，找到合乘节约路径最多的车辆，即使得合乘的社会效益最大化。

模型中设定了两个不同的搜索半径。以发送请求地点为中心，在小半径内搜索最优车辆。若无合适车辆，则在大半径内搜索能最快接到乘客的车辆，以保证乘客的需求被满足。

寻找合乘节约路径最多的车辆，就是需求用户的起讫点和车辆位置及目的地的匹配，这类典型的路径匹配问题有过诸多研究。可以应用在合乘问题上的如冯田提出的基于sufferage的动态出租车拼车调度算法；张瑾、何瑞春等应用模拟退火算法解决动态出租车拼车问题；黄文团、高萍、沈张果等基于Floyd算法建立了拼车信息服务系统。各类算法都有各自的适用条件及局限性。

这里采用蚁群算法作为路径匹配的核心算法，以求在较短的时间内搜索到较为满意的路径，对于该启发式算法不再赘述。这里强调作为实时动态的车辆匹配，为了得到更加精准的车辆匹配、线路规划及车辆预测到达时间，路网权重应该为车辆在该道路上行驶的时间。主要方法是根据FCD数据得到精度较高的路段平均速度以及路段平均行驶时间。若无实时道路速度数据或速度数据不足以代表当前时段的交通状况，则可用道路上某一时段的速度数据和速度的远期同期历史数据作为近似替代，参考车速置信权重的交通状态参数算法，从而得到路段的区间平均车速，再通过已知的道路长度容易得到道路平均行驶时间。

当缺少足够的道路当前时段速度数据，且道路上某一时段的速度数据和速度的远期同期历史数据不足以作为参考时，引入阻抗函数BPR模型，再通过较为容易得到的当前时段交通量数据，即可计算出道路当前时段的平均行驶时间。

3.4 合乘计费

合乘服务定价是保障出租车合乘有效实施的关键。国内出租车合乘采用的定价方法基本是合乘路段百分比分担方式，即在合乘路段，乘客只需支付合乘路段费用的一定百分比，例如北京规定为60%，烟台为70%，重庆为80%。

为了适应实时需求响应的出租车合乘服务，建立更为明确的定价机制，对所有愿意合乘的乘客，在原来计价标准上全程采取统一折扣，但仍按照里程收费，即使不管是否有合乘人员以及合乘路段长度，都在每名乘客乘坐的里程所应付的费用上乘以一个小于1的系数作为最终费用。而对所有愿意提供合乘服务的司机，不管愿意合乘的乘客是否最终实现了合乘，司机都将获得载客里程的费用乘以一个大于1的系数的收益。

合乘模式下，全部司机的收益见下式：

$$C(L_{hc}) \times K.d = C(L_{hc}) + [C(L_0) - C(L_{hc})] \times B.d \tag{1}$$

$$K.d = 1 + \left(\frac{L_0}{L_{hc}} - 1\right) \times B.d \tag{2}$$

合乘模式下，全部乘客的费用见下式：

$$C(L_0) \times K.p = C(L_0) - [C(L_0) - C(L_{hc})] \times B.p \tag{3}$$

$$K.p = 1 - \left(1 - \frac{L_{hc}}{L_0}\right) B.p \tag{4}$$

对于起终点行驶距离为 Lp 的乘客的最终费用：

$$C.p = C(Lp) \times K.p \tag{5}$$

出租车司机行驶 Ld 的载客里程的收益：

$$C.d = C(Ld) \times K.d \tag{6}$$

式中 L_0——N 位在非合乘情况下出租车需要服务的载客里程；

$C(L_0)$—— 非合乘总共需要支付的费用；

L_{hc}—— 合乘情况下出租车需要服务的载客里程；

$C(L_{hc})$—— 合乘的收费标准出租司机总应该获得的收益；

$K.p$—— 乘客费用的打折系数；

$K.d$—— 出租车司机收益的增加系数；

$B.p$—— 乘客获得车上的空余座位加以利用带来的收益系数；

$B.d$ ——司机获得车上的空余座位加以利用带来的收益系数。

这种定价方式更适合于实时需求响应的合乘模式，计算简单清楚，选择合乘的乘客出发前即可知道自己需要支付的费用是多少。而司机也因接受合乘乘客而受益，从而增加他们的积极性。定价方案对于同意合乘的乘客而言，实际上是存在一种优惠的，即使没有与人分享乘车空间，也能获得打折的优惠。由此吸引更多的乘客参与出租车合乘，使出租车合乘更利于实行和推广。

4 结论与展望

针对目前一方面出租车载客量少、满载率低，另一方面乘客"打车难"的典型问题，本文设计了实时需求响应的出租车合乘系统。意愿问卷调查的统计数据显示，供给、需求和管理者三方都认为本系统具有非常重要的实用价值，对此我们根据反馈意见提出了实时需求响应的出租车合乘模式。基于出租车 GPS 轨迹数据，从出行者起讫点匹配性的角度分析了合乘的潜在价值，进而建立乘客匹配和路线规划等支撑系统的最优车辆匹配模型和均衡分配计费模型，并创新性地应用蚁群算法实现路径点逻辑判断与匹配，并通过算例分析验证了本方法的可行性和效率。完成服务器的搭建，在手机 IOS 系统下开发了司机客户端和乘客客户端，建立了完整的智能化出租车合乘系统。

自 2013 年以来，打车软件的出现一度备受关注，并引发了各种各样的问题。本系统不同于打车软件，它直接依托于出租车运营调度平台，实现对合乘"供"和"需"的实时最佳匹配调度及路线规划，规避了监管缺失等问题。因此，系统的功能不但从简单的"打车"扩展到"合乘"，而且还不会产生打车软件所带来的诸如扬招拒载、加价收费等问题。

目前，杭州等城市已经开始着手研究私家车合乘的可行性，在未来安全监管问题得到很好解决的条件之下，本文所开发的出租车合乘系统完全可以被应用到私家车合乘上，进一步提高资源利用率，改善环境，也为乘客提供更方便、更优质的服务。

参考文献

[1] MA SHUO, ZHENG YU, WOLFSON O. T-share: a large-scale dynamic taxi ridesharing service [C]//Proceedings of IEEE 29th International Conference on Data Engineering, 2013.

[2] TAO Chi-Chung, CHEN Chun-Yin. Heuristic algorithms for the dynamic taxipooling problem based on intelligent transportation system technologies [C]//Proceedings of the Fourth International Conference on Fuzzy Systems and Knowledge Discovery, 2007.

[3] TIAN C, HUANG Y, LIU Z, et al. Noah: a dynamic ridesharing system[C]//Proceedings of the ACM SIGMOD International Conference on Management of Data, 2013.

[4] 周和平,钟璧樯,彭霞花,等.出租车合乘路径选择与费率优化模型[J].长沙理工大学学报(自然科学版),2011,8(1):20-24.

[5] 张瑾.出租车"拼车"问题研究及其服务系统设计实现[D].兰州:兰州交通大学,2009.

[6] 田智勇.基于Android平台的实时拼车系统的设计和实现[D].武汉:华中科技大学,2007.

[7] TAO C, WU C. Behavioral responses to dynamic ridesharing services: the case of taxi-sharing project in Taipei [C]//2008 IEEE International Conference on Service Operations and Logistics, and Informatics(SOLI), 2008.

[8] 冯田.基于sufferage的动态出租车拼车调度算法[J].电脑知识与技术,2011,7(28):7019-7023.

[9] 张瑾,何瑞春.解决动态出租车"拼车"问题的模拟退火算法[J].兰州交通大学学报,2008,27(3):85-88.

[10] 黄文团,高萍,沈张果.基于Floyd算法拼车信息服务系统[J].电脑知识与技术,2011,7(11):2510-2511.

[11] 王嘉文,王吟松,刘好德,等.面向实时交通状态参数估计的浮动车车速置信优化算法[J].交通信息与安全,2010,28(3):1-5.

作者简介

李　婧,同济大学交通运输工程学院,交通工程专业。

王鹏飞,同济大学交通运输工程学院,交通工程专业。

刘孟轩,同济大学交通运输工程学院,交通工程专业。

邹　莉,同济大学交通运输工程学院,交通工程专业。

吴翔宇,同济大学交通运输工程学院,交通工程专业。

指导老师

马万经,教授,同济大学交通运输工程学院。

基于车路协同技术的现代路面电车速度引导和信号优先控制系统

王一喆，亓庆国，李超逸，范耀璋，陈椰韵

| 摘要 |

本文主要基于有轨电车行驶特性及国内行驶环境的分析，研究车路协同技术下有轨电车速度引导和信号优先控制系统，给予有轨电车在交叉口处时间上的优先通行权以保障其服务水平，同时考虑社会车流和交叉口整体的交通效益。本文研究的重点为有轨电车速度引导核心算法、交叉口单点在线优先控制方法以及系统软件程序的开发。在速度引导系统中根据现实交通状况中有轨电车到达交叉口的三种交通状况，通过有轨电车与交叉口的距离和信号周期时长分布情况计算出提示速度，使得有轨电车按照该提示速度行驶可以在绿灯相位到达交叉口。信号优先控制模块则根据有轨电车到达时间窗在信号周期时常中的分布情况分为8种到达模式，每种到达模式对应着不同的信号优先控制方法。最后，本文根据速度引导和信号优先控制系统工作流程和核心算法基于C#环境进行系统软件程序的开发，同时借助Vissim仿真软件进行系统控制结果的验证。

| 关键词 |

现代有轨电车；车路协同；速度引导系统；单点信号优先控制；交叉口群协同控制

1 引言

随着私人小客车数量急剧增长，城市交通面临着日益严重的问题：愈加频繁的交通拥堵严重影响着出行效率，急剧恶化的气候与环境条件降低了生活质量，对化石燃料的高强度依赖也逐步引发能源危机。毫无疑问，优先发展公共交通是缓解上述问题的主要对策之一，也是全世界大多数城市可持续发展的战略选择。其中，有轨电车具有环境友好、造价低廉、舒适美观的特点，是公共交通模式中一种较好的选择。在欧洲，有轨电车的使用十分普及，到2010年已有137个城市和地区开通运营了有轨电车。然而，在我国，仅有少数城市将有轨电车运用到城市交通系统当中，因此如何使有轨电车，使其更好地适应我国混合交通的环境是亟待解决的问题。

2 有轨电车特征参数及行驶环境

2.1 有轨电车特征

2.1.1 有轨电车车身长度

有轨电车的车身长度一般为 25～50 m，车体长度取决于铰接的车辆段数，铰接车辆段越多，则车体越长。小汽车的车身长度一般为 4.5 m，公共汽车的车身长度一般为 12 m。而有轨电车较大的车身长度会影响到绿灯间隔时间、最小绿灯时间、绿波带宽等诸多控制因素。

2.1.2 有轨电车加减速度

有轨电车一般情况下的最大瞬时加减速度为 1.3 m/s^2，在不利环境下的降级操作仅为 0.5 m/s^2，大大低于社会车辆的加减速度，这一数值相比公交车辆也较低。

2.1.3 有轨电车能源消耗

有轨电车使用清洁能源——电能，可以实现驾驶途中的低污染、零排放。有轨电车在正常行驶过程中，消耗电能较少，而当有轨电车频繁地减速停车、加速启动时，消耗电能则较多，同时，这也会影响乘客的乘坐舒适性。

2.2 有轨电车行驶环境分析

(1) 混合交通特征明显，交叉口非机动车流量较大。

(2) 进出口道设站非常普遍。

(3) 存在交叉口间距短、短连线的情况。

3 系统功能框架

3.1 系统功能

本系统的功能主要分为速度引导和信号控制两大模块。在速度引导模块中会通过路侧的检测器检测出有轨电车通过时刻的行驶速度，并根据其与交叉口的距离和信号分布情况给司机一个提示速度，司机按照该速度驾驶有轨电车就可以在交叉口绿灯相位通过，从而降低人均延误。

然而，速度引导有时会受到有轨电车行驶性能、社会车辆的影响以及司机驾驶水平的制约，导致实际难以按照提示速度行驶。当有轨电车实际行驶速度与提示速度偏差过大时，速度引导系统失效，从而转入信号优化控制系统。

信号控制系统分为交叉口单点信号优化和交叉口群协同控制两个方面。交叉口群协同控制是通过计算交叉口累积延误并与该交叉口允许延误值做对比，当累计延误值大于交叉口允许延误值时，转入单点信号优化，否则不进行单点信号优化，以防止出现被动的"浪费式"信号优先。

交叉口单点信号优化有三种基本模式：绿灯延长、红灯早断和相位插入。通过计算到达时间窗在信号周期中的位置，从而分为 8 种不同的到达情况，同时，每一种到达情况对应不同的优化计算公式，并且通过优化前后交叉口整体延误对比来决定是否进行单点优化，其目的是使有轨电车在交叉口不停车通过，降低人均延误。

3.2　系统逻辑框架

系统的逻辑框架如图 1 所示。

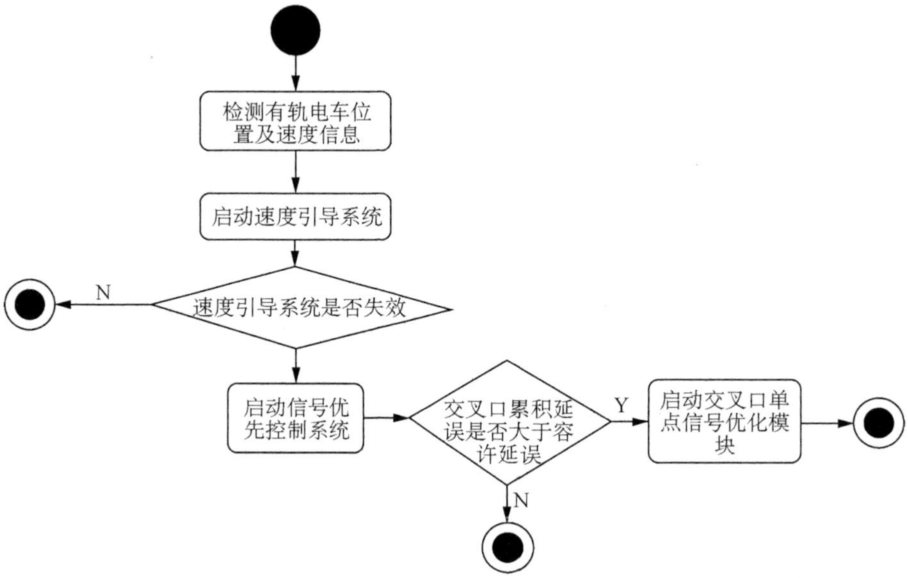

图 1　系统逻辑框架

3.3　系统物理框架

(1) 车载端。车载端由 GPS、天线、数据接收器、数据处理器和显示屏组成。天线与 GPS 分别与数据接收器相连，数据接收器与数据处理器相连，数据处理器与显示屏相连。

(2) 检测站端。检测站端由 GPS、数据发射器和天线组成。其中，GPS 与数据发射器相连，数据发射器与天线相连。

(3) 信号灯端。信号灯端由 GPS、数据接收器、天线、数据处理器和信号灯构成。其中，信号灯与信号灯控制器相连，GPS 与数据接收器相连，数据接收器、信号灯控制器与数据处理器相连，数据处理器与数据发射器相连，数据发射器与天线相连。

(4) 传输协议：UDP 协议

4　速度引导系统

速度引导系统的具体引导策略如下：①引导有轨电车避开红灯相位，在下一个绿灯相位中通过，如图 2 所示；②引导有轨电车在该绿灯相位通过，如图 3 所示。

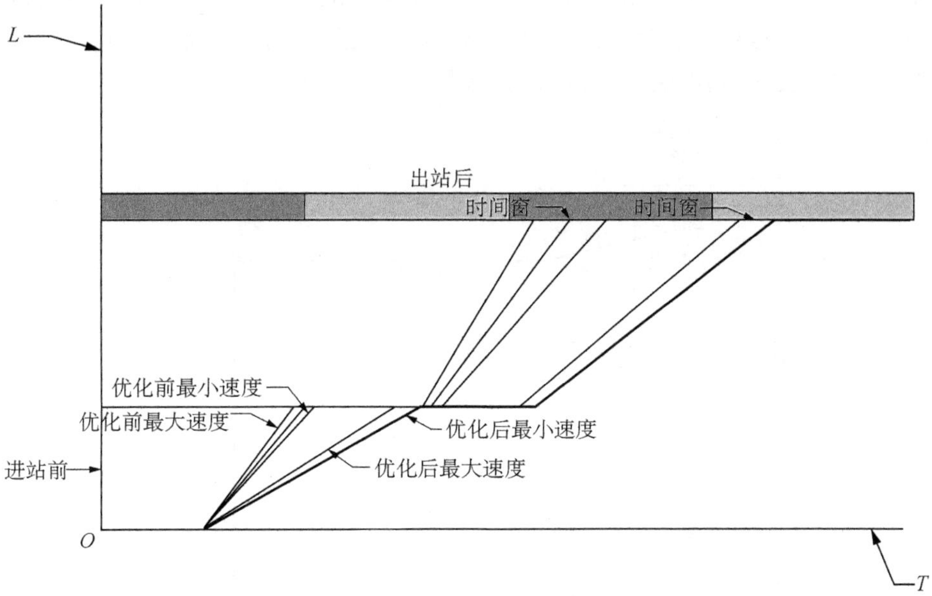

图 2　速度引导方式 1

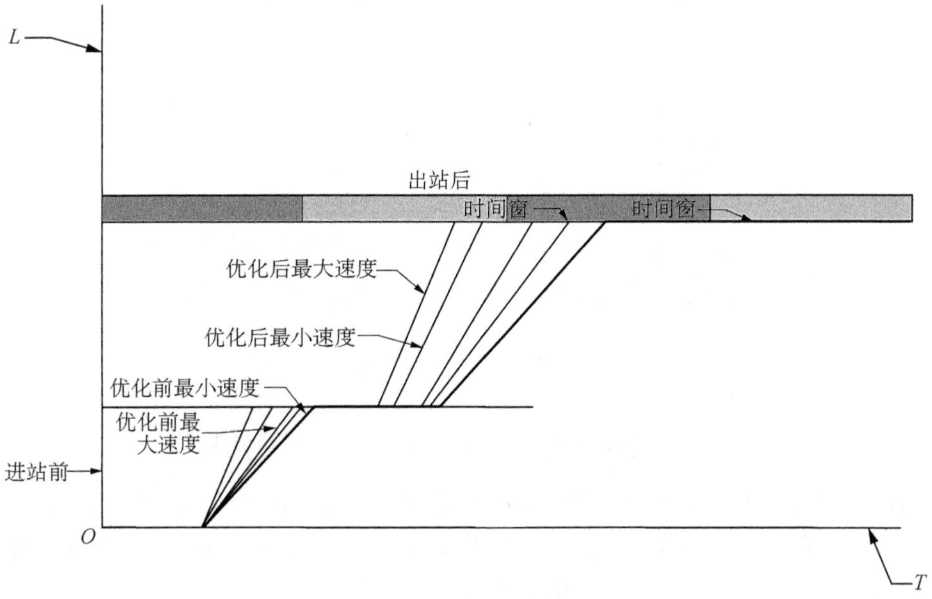

图 3　速度引导方式 2

5　有轨电车交叉口单点信号优先控制系统

由于有轨电车在速度引导过程中会受到行驶过程中偶然因素的干扰，其到达停车线的时刻并不会同预计到达的时刻完全一样，而是处于周期中的不同位置。当有轨电车运行晚点时，应在保障交叉口总体交通效益的基础上，给予有轨电车适当的优先。有轨电车作为使用电能、加减速度较低的公共交通工具，在交叉口频繁地停车、启动并不利于节能以及乘客的舒适性，因此，部分运行没有晚点的有轨电车也可在交叉口给予其优先控制。

有轨电车单点交叉口在线优先控制逻辑流程如图 4 所示。

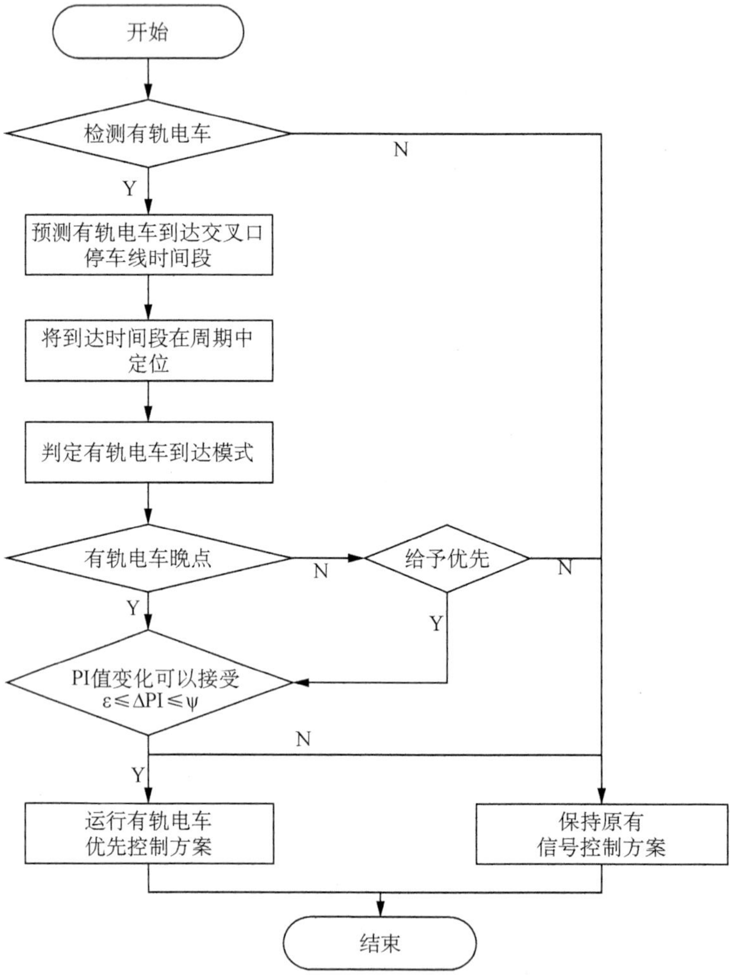

图 4　有轨电车单点交叉口在线优先控制逻辑流程

得知有轨电车预测到达时间段在周期中的定位及所属相位后，可将到达模式分为 8 种情况，每一种情况的时段的下界、中值和上界均处于不同的相位，相应的有轨电车优先控制方案也会有所不同。有轨电车的 8 种预测到达模式如图 5 所示。

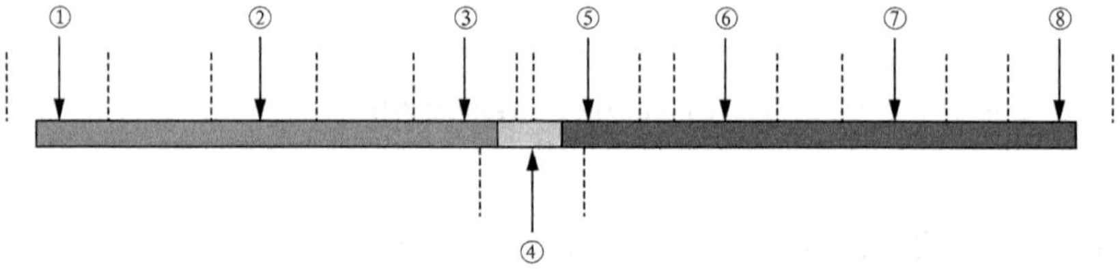

图 5　有轨电车的 8 种预测到达模式

(1) 到达模式①

有轨电车预测到达时段下界位于有轨电车上一红灯相位末期，中值及上界位于有轨电车绿灯相位。此时红灯缩短时长为 $\Delta t_{\text{red}}=\min\left[\sigma, r-\sum_{i=1}^{n-1}(g_i+I_i)-g_{n\min}\right]$。

(2) 到达模式②

有轨电车预测到达时段的下界、中值和上界均位于有轨电车绿灯相位。此时，保持原有控制方案不变。

(3) 到达模式③

有轨电车预测到达时段的下界及中值位于有轨电车绿灯相位，而上界位于有轨电车黄灯相位。此时，绿灯延长时间为 $\Delta t_{\text{gre}}=\min[\sigma, g_{t\text{ma}}-g_t]$。

(4) 到达模式④

有轨电车预测到达时段的下界位于有轨电车绿灯相位，而中值及上界分别位于有轨电车黄灯相位及红灯相位。此时，绿灯延长时间为 $\Delta t_{\text{gre}}=\min[2\sigma, g_{\max}-g]$。

(5) 到达模式⑤

有轨电车预测到达时段的下界位于有轨电车黄灯相位，而中值及上界位于有轨电车红灯相位。此时，绿灯延长时间为 $\Delta t_{\text{gre}}=\min[2\sigma, g_{\max}-g]$。

(6) 到达模式⑥

有轨电车预测到达时段的下界、中值和上界均位于第 m 个相位(非有轨电车上一相位) 的绿灯期间。相位插入的时刻为 $t_{\text{ins}}=\max\left[t_{\text{TTA}}-\sigma, \sum_{i=1}^{n-1}(g_i+y_i)+g_{m\min}\right]$。

(7) 到达模式⑦

有轨电车预测到达时段位于有轨电车绿灯相位前一相位的绿灯期间。此时，红灯缩短时长为 $\Delta t_{\text{gre}}=\min\left[r-(t_{\text{TTA}}-\sigma), r-\sum_{i=1}^{n-1}(g_i+I_i)-g_{n\min}\right]$。

(8) 到达模式⑧

有轨电车预测到达时段的下界及中值位于有轨电车绿灯相位前一相位的绿灯期间，而上界位于有轨电车绿灯相位期间。此时，红灯缩短时长为 $\Delta t_{\text{gre}}=\min\left[2\sigma, r-\sum_{i=1}^{n-1}(g_i+I_i)-g_{n\min}\right]$。

6 在线有轨电车交叉口群协同控制模型

三条路径虽然采用的优先策略不同，但车辆通过三个交叉口的总延误却完全相同，如图 6 所示总延误均为 68 s。显然，在这种情况下，考虑对社会车辆的影响最小，各交叉口均不优先反而是最佳策略。为了避免在交叉口出现被动的无谓优先，因此对于有轨电车线路上交叉口群协同控制的研究是有意义的。

优先控制算法须能够准确地根据车辆运行状况和预先设定的目标来判别是否给予某一特定的公交车辆以优先。在本研究中，将车辆延误的偏移值最小作为是否启用优先策略的

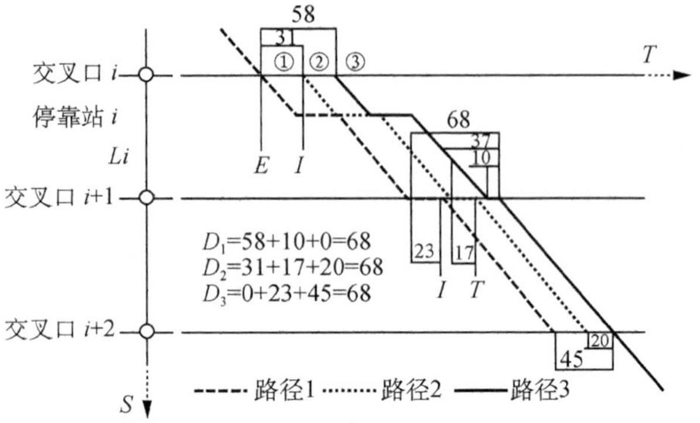

图 6　三种控制策略运行示意图

判别依据，并预先设定许可的偏移范围。将根据上述模型得到的预测延误值与预先设定的容许延误值进行比较，如果预测延误值超出许可偏移范围，则将该辆车纳入优先申请集合中；否则不进行优先计算。同时，优先申请生成时还应考虑车辆在通过上游交叉口群时的延误偏移值，将其纳入本交叉口群优先判别的过程中。设 D_{bp} 为车辆在上游交叉口群的延误偏移值；D_{bs} 为本交叉口群容许延误；D_{brange} 为预先设定的延误偏移许可阈值；$D_{decision}$ 为二元变量，当其值为 1 时，生成优先申请，当其值为 0 时，则不生成优先申请。$P_{decision}$ 可以通过下述不等式计算：

$$P_{decision}=\begin{cases}0 & (D_b+D_{bp}-D_{bs})\leqslant D_{brange}\\ 1 & (D_b+D_{bp}-D_{bs})>D_{brange}\end{cases}\tag{1}$$

7　优化软件实现研究

有轨电车优先控制软件的模块设计如图 7 所示，软件总体类图如图 8 所示。

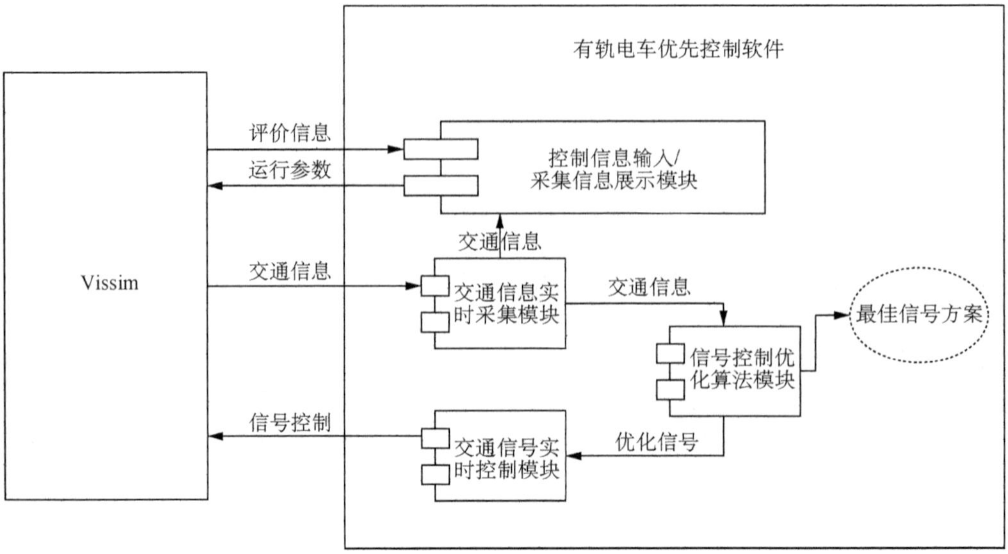

图 7　软件模块设计

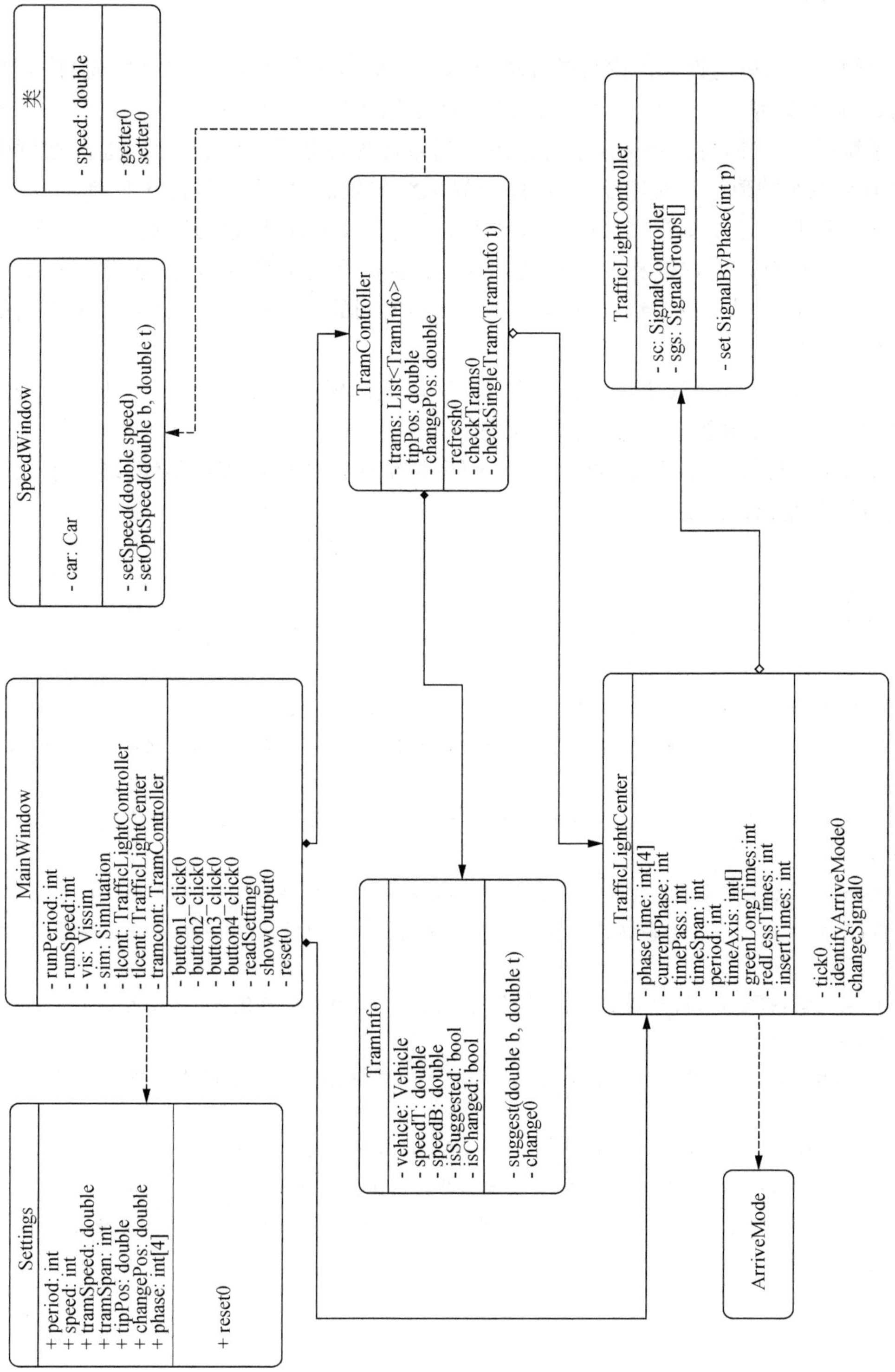
类
- speed: double
- getter0
- setter0
SpeedWindow
- car: Car
- setSpeed(double speed)
- setOptSpeed(double b, double t)
TramController
- trams: List<TramInfo>
- tipPos: double
- changePos: double
- refresh0
- checkTrams0
- checkSingleTram(TramInfo t)
TrafficLightController
- sc: SignalController
- sgs: SignalGroups[]
- set SignalByPhase(int p)
MainWindow
- runPeriod: int
- runSpeed:int
- vis: Vissim
- sim: Simluation
- tlcont: TrafficLightController
- tlcent: TrafficLightCenter
- tramcont: TramController
- button1_click0
- button2_click0
- button3_click0
- button4_click0
- readSetting0
- showOutput0
- reset0
TramInfo
- vehicle: Vehicle
- speedT: double
- speedB: double
- isSuggested: bool
- isChanged: bool
- suggest(double b, double t)
- change0
TrafficLightCenter
- phaseTime: int[4]
- currentPhase: int
- timePass: int
- timeSpan: int
- period: int
- timeAxis: int[]
- greenLongTimes:int
- redLessTimes: int
- insertTimes: int
- tick0
- identifyArriveMode0
-changeSignal0
Settings
+ period: int
+ speed: int
+ tramSpeed: double
+ tramSpan: int
+ tipPos: double
+ changePos: double
+ phase: int[4]
+ reset0
ArriveMode

图 8 软件总体类图

8　主要创新点

(1) 有轨电车行驶特性与国内行驶环境分析。分析其对有轨电车信号(优先)控制的影响,提炼其影响到的信号控制思想及相关参数,为后文的研究打下基础。

(2) 系统的综合性,首次将速度引导系统和信号优先控制系统结合开发,通过速度引导系统给出有轨电车的建议行驶速度,当速度引导系统失效后,转入信号优先控制系统,以确保最大限度地降低有轨电车在交叉口的信号优先对背景交通流造成的影响。

(3) 以交叉口总体人均效益最大化为目标,兼顾有轨电车晚点情况、能耗与乘坐舒适性、背景车流交通效益等,根据到达时间窗分为8种不同的到达模式,为有轨电车提供单点实时条件优先控制。

(4) 引入交叉口群累积延误的概念,并与交叉口允许延误值做对比,以此决定是否进行单点信号优化,防止出现被动的"浪费式"优先。

(5) 通过C#环境下可视化界面的设计,使得系统输出值更加直观易懂,增强系统引导过程中的可操作性和人机友好特性。

参考文献

[1] 薛美根,杨立峰,程杰.现代有轨电车主要特征与国内外发展研究[J].城市交通,2008,6(6):88-91,96.

[2] 薛洪峰.现代有轨电车信号控制关键技术研究[D].北京:北京交通大学,2013.

[3] 訾海波,过秀成,杨洁.现代有轨电车应用模式及地区适用性研究[J].城市轨道交通研究,2009,12(2):46-49.

[4] 马万经,吴志周,杨晓光.基于交叉口群公交优先协调控制方法研究[J].土木工程学报,2009,42(2):105-111.

[5] 马万经,杨晓光.公交信号优先控制策略研究综述[J].城市交通,2010,8(6):70-78,16.

[6] 张存保,陈超,严新平.基于车路协同的单点信号控制优化方法和模型[J].武汉理工大学学报,2012,34(10):74-79.

[7] 马万经,吴明敏,韩宝新,等.考虑可变速度调节的单点交叉口公交信号优先控制方法[J].中国公路学报,2013,26(2):127-133.

[8] 李凯,毛励良,张会,等.现代有轨电车交叉口信号配时方案研究[J].都市快轨交通,2013,26(2):104-107.

[9] 苗彩霞.现代有轨电车系统特点及应用前景[J].都市快轨交通,2013,26(3):9-12.

[10] 喻智宏,孙吉良,申大川.有轨电车通信信号技术与智能交通系统[J].城市交通,2013(4):44-51.

[11] 吴伟,马万经,杨晓光.车路协同环境下基于路径的信号协调优化模型[J].吉林大学学报(工学版),2014,44(2):343-351.

作者简介

王一喆,同济大学交通运输工程学院,交通工程专业。

亓庆国，同济大学交通运输工程学院，交通工程专业。
李超逸，同济大学交通运输工程学院，交通工程专业。
范耀璋，同济大学交通运输工程学院，交通工程专业。
陈椰韵，同济大学交通运输工程学院，交通工程专业。

指导老师

杨晓光，教授，同济大学交通运输工程学院。

基于车车车路协同的公交车辅助驾驶系统

郭启明，柳陈文，陈　赛，蒋萌露

|摘要|

公交车“串车”问题集中反映了公交车运行中调度不足、通信缺乏、可靠性低下与乘客日益增长的对公共交通的需求间的矛盾。这与国家大力提倡的“公交优先”政策是相违背的。为此，本文以多智能体系统为载体，研究分布式的调度策略，以提高公交系统的调度效率，增强公交系统的可靠性，并在理论研究可行算法的基础上，结合实际公交运行情况对算法进行验证。结果表明，智能体调度策略是增强公交车运行可靠性的一种行之有效的办法。

|关键词|

车车协同；车路协同；多智能体系统；公交可靠性

1　引言

公交可靠性问题的影响甚大，从公交公司的角度来说，公交车可靠性下降导致了客源的流失，盈利减少；从乘客的角度来说，“串车”影响其出行的舒适性，增加了出行的时间成本；从全社会的角度来说，公交车的利民性遭到破坏，使管理者与决策者的能力受到质疑。

为此，提高公交可靠性的任务势在必行。传统提高可靠性的办法是让每辆车能按既定的时刻表到达线路上的各个站点。然而，根据 Lin 等完成的美国联邦公共交通管理局“公共交通运行自适应控制”科研项目的研究成果，在较高客流密度且发车间隔密集的情况下，采用基于均衡公交车辆车头时距的实时控制方式更具实用价值。所以，在系统绝对最优的实现条件十分苛刻，因而无法达到的情况下，我们开发了算法鲁棒性较强的辅助驾驶系统，通过策略控制给公交车司机以适当的建议，从而实现车队运行状态向着车头时距均衡的方向调整的目标。

2　调度方案分析

目前已有的调度理论有：基于时刻表的调度理论和基于车头时距的调度理论。具体的调度方案有：基于调度中心的调度方案和基于多智能体的调度方案。

通过对已有调度方法的分析，我们发现，一方面传统的公交调度是以调度中心为基础的，车辆、路段信息都汇集到调度中心，通过调度中心的策略计算、协调统一之后将信息反馈给各辆车和路段上的设备，从而实现调度。然而，调度中心依赖于强大的服务器和精密的算法，这样很难充分发挥各辆公交车的能动性。而调度中心的复杂程度之高导致了其养护成本很高，并且一旦调度中心发生问题，将引起整个系统的崩溃，这就是所谓的系统鲁棒性不够强。

另一方面，充分发挥每个个体的能动性，从而能够达到很高的效率来使系统趋向最优的结果。同样的道理，对于一个公交车队来说，只要每辆车能够控制好它与前后车的车头时距，就可以让整个车队达到一个均衡的状态。而智能体的概念就是这样应运而生的，智能体不用关心整个车队的运行情况，也不用关心整条路线上的道路状况，只要关注自己周围可控的一些情况，就可以让系统达到一个趋近于最优的状态，并且所需的计算量也降低到一个很低的状态。另外，其中某一个智能体发生故障，并不影响其他智能体工作，且很快就能恢复正常的运行车队。也就是说，智能体车队有很强的系统鲁棒性。

3 算法设计

3.1 变量定义及调度标准

单位路段长 s_0	试算车头时距 test1	计算车速下限 $speed_{min}$
路段限速 v_{max}	以最小驻站时间计算得到的车头时距	建议车速 $speed_{mid}$
当前车速 v_t	testheadway	直行车速 $speed_e$
预期运行时间 t_E	标准车头时距 headway	路段限速上限 v_{max}
系统时间 t_S	当前车头时距与标准车	路段限速下限 v_{min}
红灯等待时间 t_R	头时距的偏差 test1	计算车速范围
小驻站时间 t_{zmin}	当前车头时距与标准车	$A=\{v \mid speed_{min}<v<speed_{max}\}$
最长驻站时间 t_{zmax}	头时距的允许偏差 test2	路段限速范围
均延驻站时间 t	容忍因子 tolerance	$B=\{v \mid v_{min}<v<v_{max}\}$
驻站累计时间 t_z	计算车速上限 $speed_{max}$	

Welding 在相关研究中给出了在公交车辆和乘客随机到站的条件下，单线路乘客的平均候车时间模型：

$$E(W)=\frac{1}{2}E(I)\left[1+\frac{Var(I)}{[E(I)]^2}\right] \tag{1}$$

式中 $E(W)$—— 乘客平均候车时间；

$E(I)$—— 公交车辆离站车头时距期望；

$Var(I)$—— 公交车辆离站车头时距方差。

3.2 逻辑设计

调度系统的逻辑主要有以下几个方面：①主循环；②意外判断；③车头时距计算(图 1)；④驻站控制(图 2)；⑤路段车速控制(图 3)。

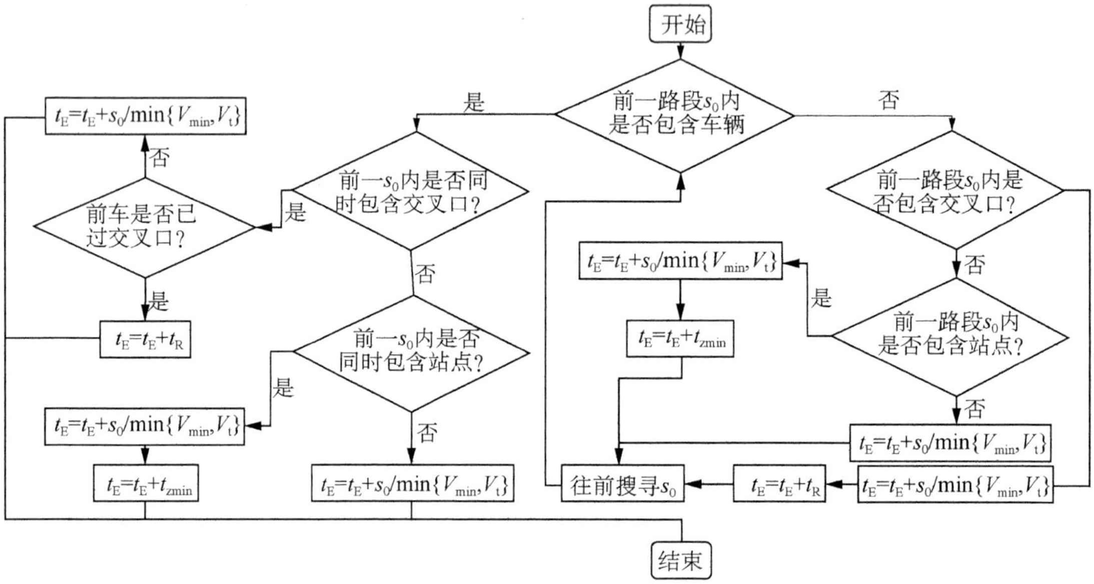

图 1　车头时距计算流程

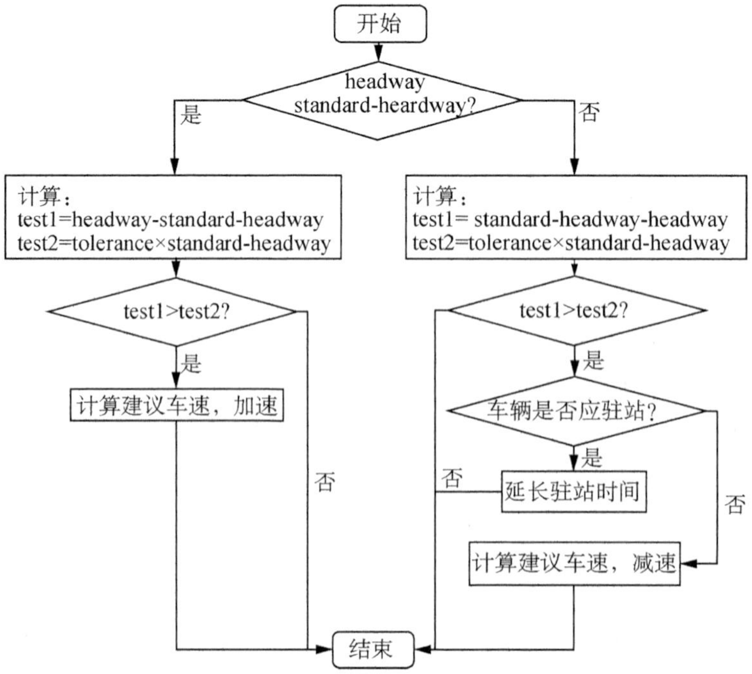

图 2　加减速 or 驻站判断流程

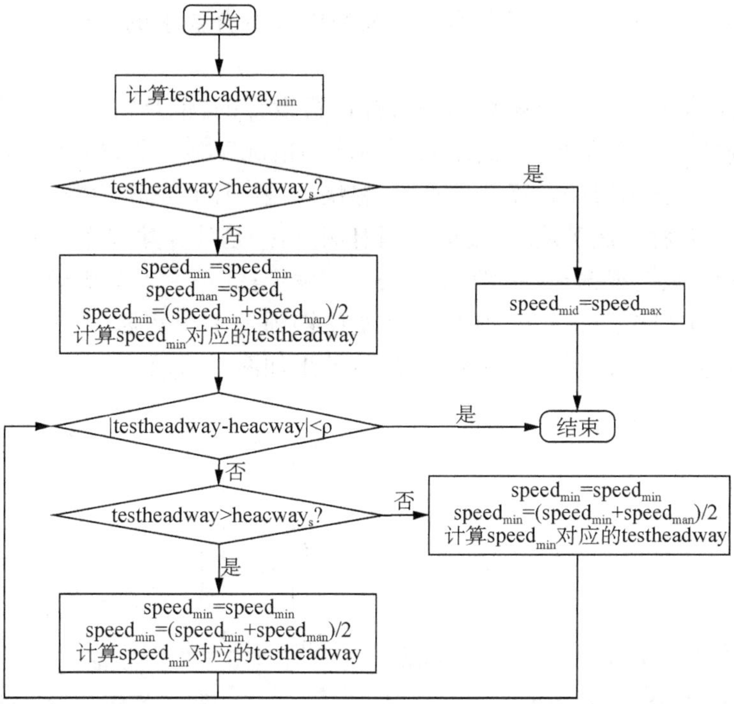

图 3　建议车速计算流程

3.3　模拟仿真

为了验证智能体策略的可行性，需要进行仿真模拟，通过对比分析来判断其有效性。为此，我们选用了基于个体编程的 Netlogo 软件，仿真的界面设置如图 4 所示。

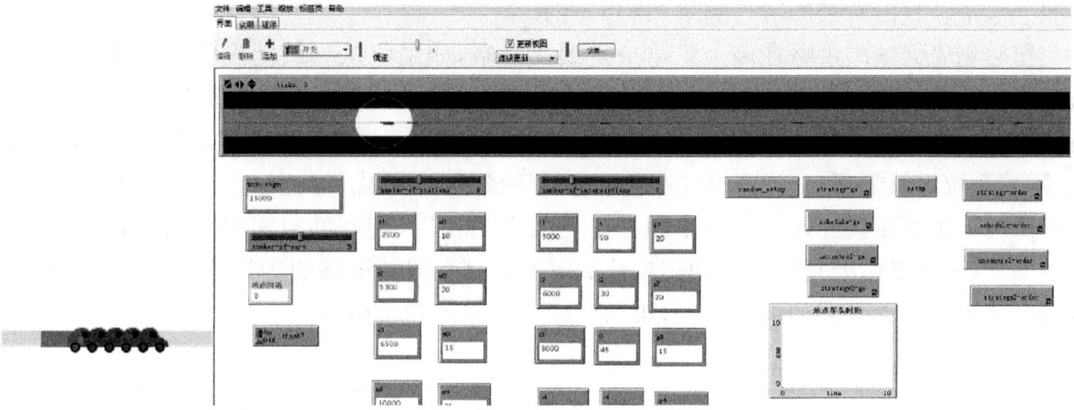

图 4　界面设置

策略 1 指的是“后车考虑前车”的设计策略，策略 2 指的是“车辆同时考虑前后车”的策略。另外两种策略分别是自由驾驶和按照时刻表驾驶的策略，以下分别对四种策略进行评价。

策略 1 的相邻车到站间隔自始至终都控制在较小的波动范围内，最大值和最小值的差距仅为 44，不到平均值的 1/6，计算的标准差也是所有策略中最小的，说明在该策略的控制下，车队基本能保证车头时距的均衡，是4个策略中最符合要求的策略，策略1的运行效果如图5所示。

策略2虽然也是根据车头时距均衡的目标进行设计的，但是实际仿真结果却不尽如人意。首先，车头时距的标准差很大，到站间隔的波动情况明显。其次，在实际程序运行过程中可以直观地看到车辆运行的速度并不平稳，忽快忽慢。而且从该策略运行的均值来看，其值显著地大于其他几种控制策略，可能的原因有两点：一是计算建议车速时无法像策略1那样计算出具体的值，只能根据车头时距差异的比例确定；二是由于车辆运行时只考虑前后车时距的相对大小，而忽略了标准值的限定，这便使得即使整个车队以一个较低的车速在运行，对策略2来说也是可接受的。策略2的运行效果如图6所示。

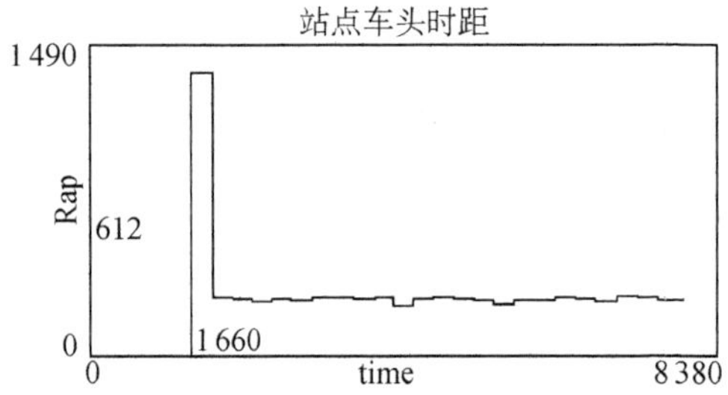

图5　策略1运行效果

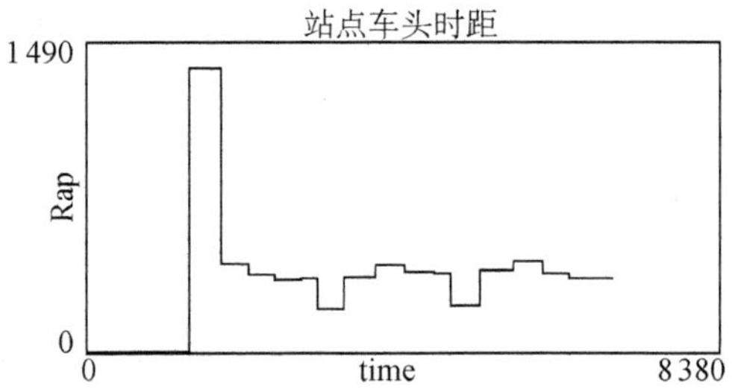

图6　策略2运行效果

自由驾驶策略的平均到站间隔是所有策略中最小的，这主要是由于车队中的所有车都按照路段允许的限速以高速在运行，其循环速度大于其他控制策略，但是与此同时自由驾驶策略的到站间隔波动也最大。这说明自由驾驶策略对车队的车头时距的均衡分布十分不利，对于城区高发车间隔的线路而言，如此失衡严重的到站间隔是难以接受的。从到站间隔最小值为62可以看出，这样的系统继续运行下去，极容易发生串车现象，严重影响公交线路的服务水平。自由驾驶的运行效果如图7所示。

按时刻表驾驶的策略在四个策略中是次优策略，如果仅从到站间隔的均值和标准差来看似乎与策略1差别不大，但是从到站时间间隔的变化图中可以明显地看出，在系统开始运行的时候，这种策略控制下的到站间隔是非常稳定的，这一点也与我们的常识较为符合。但是，随着系统继续运行，一旦车队中的某一辆车受到较大干扰（如连续遭遇两三个红灯），整个车队的车头时距就开始向着越来越差异化的方向发展，到站的时间间隔的差异化也会越来越明显，图8展示的是运行时间较长情况下按时刻表驾驶策略的运行结果，从中可以看出这种策略很容易受外界环境的干扰，难以保证车头时距的均衡性。

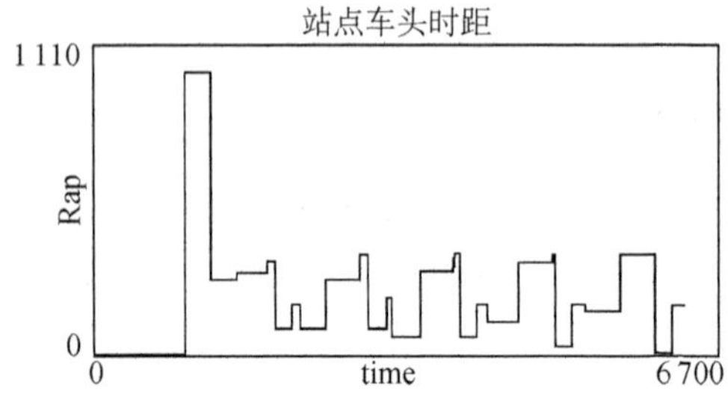

图7　自由驾驶的运行效果

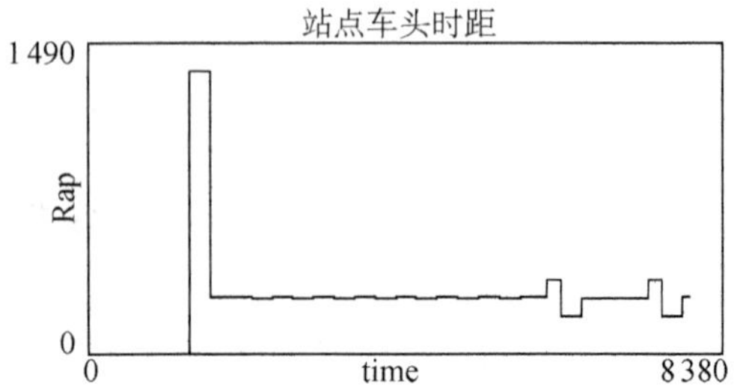

图8　按时刻表的运行效果

为了进一步验证按照时刻表运行的策略容易受外界干扰的观点，对策略 1 和按时刻表这两类控制方式在原本道路路段随机的条件下再施加拥堵干扰(同一时刻同一地点产生等时长的拥堵)，得到的运行结果分别如图 9 和图 10 所示。从图中可以看出，在拥堵条件下，两种策略运行的结果均比原来的情况差，但是策略 1 很快地克服了干扰的影响，使系统重新回到车头时距均衡的情况(图 9)，而按时刻表控制的策略则会使拥堵干扰的影响进一步扩大(图 10)，时刻表控制策略在遇到外界较强干扰的情况下，车头时距会偏离标准值这一点亦与实际情况相符。正是由于按时刻表控制的策略没有进行车车之间的协同，每辆车仅作为单独的个体在车队系统中运行，因此其鲁棒性较差，而策略 1 以车车之间共享实时信息为基础，实现了车队系统在遭遇干扰时的自调整和有效反馈，从而保持了其运行的稳定性。

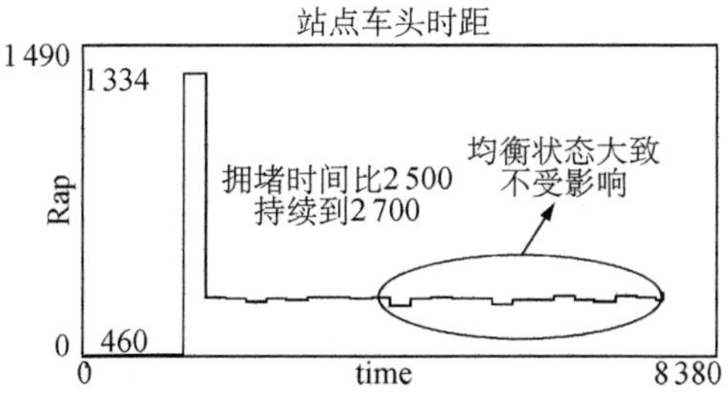

图 9　施加拥堵干扰时策略 1 的运行效果

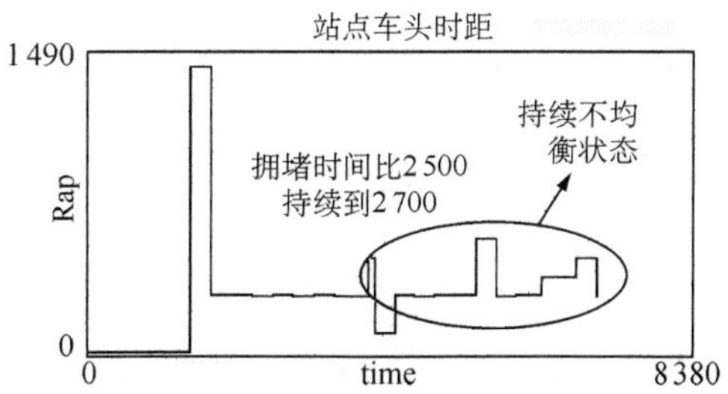

图 10　施加拥堵干扰时按时刻表的运行效果

4　结语

根据模拟情况可以看出，本文提出的以前车为标准，计算距离前车的车头时距，从而给出相应的建议速度的智能体算法是十分有效的，可以很好地应对外界产生的意外干扰。如果有可能进行进一步的研究，我们希望通过在实际公交车上的运行来证实软件的有效性，并开发 Android 终端，以实现推广的目的。

参考文献

[1] LIN Guey-Shii. Adaptive control of transit operations[R].[S.l.]:[s.n.],2007.

[2] 于滨，杨忠振，程春田，等.公交线路发车频率优化的双层规划模型及其解法[J].吉林大学学报(工学版),2006,36(5):664-668.

[3] SCHÉELe S. A supply model for public transit services[J]. Transportation Research Part B: Methodological, 1980,14(1-2):133-146.

[4] ADAMSKI A, TURNAU A. Simulation support tool for real-time dispatching control in public transport[J]. Transportation Research Part A: Policy and Practice, 1998,32(2):73-87.

[5] VERNAZZA G, ZUNINO R. A distributed intelligence methodology for railway traffic control. Vehicular Technology[J]. IEEE Transactions on Vehicular Technology,1990,39(3):263-270.

[6] 张宁，黄卫.智能公交调度中心的规划与设计[J].交通运输系统工程与信息,2004,4(3):65-69.

[7] 俞峥，李建勇.多智能体在交通控制系统中的应用[J].交通运输工程学报,2001,1(1):55-57.

[8] CHAIB-DRAA B, MOULIN B, MANDIAU R, et al. Trends in distributed artificial intelligence[J]. Artificial Intelligence Review, 1992, 6(1): 35-66.

作者简介

郭启明，同济大学交通运输工程学院，交通工程专业。

柳陈文，同济大学交通运输工程学院，道路工程专业。

陈　赛，同济大学交通运输工程学院，道路工程专业。

蒋萌露，同济大学交通运输工程学院，道路工程专业。

指导老师

马万经，教授，同济大学交通运输工程学院。

基于车路协同的公共汽车辅助驾驶系统

夏明烨，于梦乔，仲羽高，常　成

|摘要|

目前，公交线路维持日常调度主要通过首末站点的准点发车来进行简单调控，由于缺乏稳定性和容错性，导致调度工作在拥挤道路水平和乘客高峰时段站台准点性差。而国内研究方法主要涉及基于GPS以整条线路为对象进行车头时距的分配，受路段实时状况影响较大，且大多只适用于公交专用道行驶的公交线路，故推广性不足。本文基于车路协同GPS卫星定位系统设计辅助系统，在算法上采用自组织原理以微观调控宏观的方式进行推导，使得本项目的驾驶辅助系统在调控公交线路运行时具有简易性和稳定性。系统开发上，采用分层式体系架构，在Java平台编写客户端应用程序，通过搭建公交辅助系统专用的PHP服务器来实现信息交互，并利用GPRS进行网络传输，最终建立一个完整可操作的公共汽车辅助驾驶系统。

|关键词|

自组织原理自适应控制；车头时距控制；行车优化；车路协同；GPS定位；HTTP通信；Apache＋MySQL＋PHP；Android编程；百度地图API

1　绪论

1.1　研究背景、目的和意义

公共汽车交通系统是城市公共交通的重要组成部分，但国内大部分城市的公共交通却发展缓慢，且存在准点率低、线路不合理、换乘不便等缺陷，使得公共交通在城市客运服务中沦为次要角色。随着城市机动车拥有量的不断增加，交通拥堵日益严重，公交运行环境也在不断恶化，服务水平降低，从而形成恶性循环。

公交运行管理的智能化、人性化是提高公交服务水平的基础，也是提高运营效率、改善公交运营调度和企业管理的必要手段。

1.2　研究内容和技术路线

本文主要解决如下问题：行车间隔控制模型的建立，研究驾驶员指令速度算法，对于模型实现的公交车车头时距均等的稳定性进行验证，以及驾驶辅助系统的建立等。

(1) 行车间隔控制模型的建立。线路中可以采用多个控制点、控制段来对处于行驶状态的公交车进行控制；对于不同线路中控制点的选择使用控制点设置选择模型，最终确立最优控制方法。

(2) 指令速度算法研究。控制段内含有不同的特殊路段，研究针对不同路段的控制算法，实现指令速度计算，最终为司机提供指令。

(3) 基于 HTTP 通信的驾驶辅助系统的建立。

(4) 模型稳定性验证。采用实验方法对于控制模型进行验证，证明该方法有助于减少行车间隔差异并提高公交线路运行的服务水平。

2 基于自组织理论的车头时距控制运行机制及策略

2.1 自组织理论车头时距控制机制设计思想

本文主要研究方向为指导公交车在线路的运行过程中车头时距之间的偏差不会过大。控制机制主要是基于自组织原理，这也是算法的主要思想。

2.2 重要参数及概念介绍

2.2.1 线路长度

线路长度为公交车沿线路绕行一圈的长度，即首站—末站—首站的长度。

2.2.2 控制点 x_i 及控制段 d_i

在公交线路中设置 i 个控制点，选取沿线站点，考虑到算法的机制，故选择上下客较多的站点可以提高公交服务水平。在实验中，我们在线路中近乎均匀地设置控制点，其中首末站均为控制点，于是共设置 m 个控制点，记为 x_1，x_2，$\cdots x_i$，$\cdots x_m(x_1=0)$。

控制段设在每个控制点之后，记为 d_i。为了方便计算，控制段为前后控制点之间距离的一半，即 $d_i=0.5(x_{i+1}-x_i)(1\leqslant i\leqslant m-1)$，$d_m=0.5(l-x_m)$

2.2.3 车辆数 n 及车辆行驶速度

线路配车数为 n，分别记为第 1，2，3，…，j，…，n 辆车。

2.2.4 车辆平均行驶速度 v_i

由于控制点在实际操作过程中按照路况进行分布，则每两个控制点之间的路段的平均速度不同。设车辆以平均速度 v_{i-1} 在路线中 (x_{i-1}, x_i) 段运行，以平均速度 v_m 在 (x_m, l) 段运行。其中，i 为将正常上下客驻站时间、转弯和等候信号灯等时间考量在内的平均速度。同时，为了满足车辆的实际行驶状况和道路情况，令 $v_i\in[v_{\min}, v_{\max}]$。

2.2.5 调节车头时距的控制参数 α

公共汽车行驶至控制点，记录此时控制点处车辆与后车的车头时距 h，通过调整该车在控制段行驶的速度(不调整后车)，使得该车在到达控制段终点时，与后车的车头时距调节为 $h(1-\alpha)$，其中 $0<\alpha<1$。

3 基于 HTTP 通信分层架构的公交车辅助驾驶系统开发

本文旨在建立一个完整的公共汽车辅助驾驶系统,主要涉及 GPS 定位、搭建专用 PHP 服务器、GPRS 网络通信、百度 API 接口连接、Android 客户端 JAVA 编程等技术方法。本文将对自组织原理指导下的公共汽车辅助驾驶系统的物理结构、逻辑结构和具体的实现方法做相关阐述。

3.1 基本物理结构

公共汽车辅助驾驶系统由车载端和服务器端两部分组成。

3.1.1 车载端

车载端具体指 GPS 模块的安卓终端。终端的 GPS 模块只是 GPS 的用户设备部分,即 GPS 信号接收机。接收机中的微处理计算机可按定位解算方法进行定位计算,算出用户所在地理位置的经纬度、高度、速度、时间等。因此,在公交车行驶过程中通过安卓终端开启 GPS 可以方便地获取到所需信息。

3.1.2 服务器端

服务器能为网络用户提供集中计算、信息发表及数据管理等服务。它的高性能体现在高速运算能力、长时间可靠运行、强大的外部数据吞吐能力等方面。

在公交车辅助驾驶系统中,需要这样一个强大的平台来存储公交系统的数据,提供集中计算并发布指令,因此搭建一个专门的公交车辅助驾驶系统的服务器是有必要的。

3.2 逻辑结构和工作流程

系统的逻辑结构如图 1 所示。

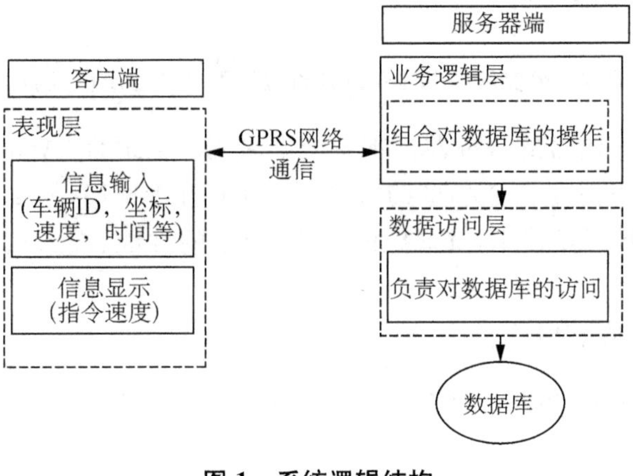

图 1　系统逻辑结构

本系统的工作流程如下:

(1) 用户以车牌号登录系统,客户端向服务器发送信息和请求;

(2) 服务器内部处理数据,向客户端返回“合法信息”,用户成功进入系统;

(3) 运行过程中，客户端实时提取 GPS 模块数据，向服务器发送信息和请求；

(4) 服务器内部执行相关运算，向客户端返回“指令速度”；

(5) 用户界面上显示指令速度，重复(3)—(5)的操作，直至用户退出登录。

3.3 系统研发

3.1.1 准备工作

(1) 我们将公交线路导入地图中(本系统均针对百度地图)。线路和站点位置(坐标)可以直接在百度地图中查询获取，但控制端终点和特殊位置点的位置需要我们计算、实地调研和评估后，在地图中确定并得到坐标。我们在同济大学嘉定校区虚拟设计了一条公交线路，在此线路上进行系统配置、检测和评估。此线路设有 4 个站点 A，B，C，D。

(2) GPS 与百度地图坐标的统一。本系统将利用百度地图 API 将 GPS 采集到的经纬度数据转换到百度坐标系中，将公交车的实时坐标与在百度地图上初始标注的站点、控制端终点和特殊位置点的坐标统一起来。如图 2 中的针状标记是站点，小球标记是车辆位置。

行驶方向：逆时针

图 2 公交线路基本信息在百度地图中的显示(示例)

(3) 搭建基于 PHP 语言的服务器。本系统中采用黄金组合“Apache＋MySQL＋PHP”架构在 Windows 系统下搭建一个小型的服务器。而“PHP＋MySQL”是目前最为成熟、稳定、安全的企业级 WEB 开发技术，其成熟的架构、稳定的性能、嵌入式开发方式和简洁的语法使得系统能被迅速开发。

(4) 在安卓设备上安装应用程序。

3.4 Android 客户端与服务器端通信

3.4.1 通信过程的实现机理

本文选择建网范围广、网络覆盖范围全的 GPRS(通用分组无线业务)网络进行通信，设计了一种基于 GPRS 网络的公交车辅助驾驶系统。

我们利用 GPRS 网络通信在服务器与安卓客户端建立了一个网络连接，这一过程通过

HTTP 协议下的 post 方法实现。服务器收到请求后，会执行 PHP 文件处理数据。最后由服务器通过数据管道直接返回处理结果。

3.4.2 第一种通信功能——用户登录与身份确认

司机在显示屏上输入车牌信息，该数据传输到服务器端并与公交系统数据库的信息进行比对，以确认该车身份(ID)。若判断为合法，则用户可以登录系统，随后系统开启辅助驾驶功能。

3.4.3 第二种通信功能——传输 GPS 信息与反馈指令

待车辆 ID 得到确认后，客户端将每 10 s 向服务器端传送请求，包括 GPS 信息(车辆 ID、经纬度坐标、速度)。10 s 的时间间隔是系统基于服务器性能等方面的综合考量实际检测得到的最佳时间间隔，随着服务器性能的提高，时间间隔存在可优化的空间。公交车的位置、速度信息和返回的指令会实时显示在界面上。

3.5 服务器端数据处理与计算

在客户端实现与服务器端的通信后，WEB 服务器(Apache)接受请求，并根据其后缀进行判断，如果是一个 PHP 请求，WEB 服务器从硬盘或内存中取出用户要访问的 PHP 应用程序，并将其发送给 PHP 引擎程序。PHP 引擎程序会对 WEB 服务器传送过来的文件从头到尾进行扫描并根据命令从后台读取、处理数据，动态地生成相应的 HTML 页面。PHP 引擎将生成的 HTML 页面返回给 WEB 服务器。WEB 服务器再将客户端要求的页面内容返回到客户端。若出现错误则返回错误代码。

4 辅助驾驶系统稳定性实验验证

4.1 实验目的

本实验通过与首末站时刻表发车(非控制状态)的车头时距分布进行数据分析和比对，验证该种控制方法的合理性和稳定性。

4.2 实验过程

4.2.1 参数设定

图 1 中线路总长 982 m，根据试验线路各站点距离等实时测量数据，将其代入式(1)，其中存在两个未知量 h_i 和 α_i。

$$h_i = \frac{\dfrac{(x_2 - x_1)}{v_1} + \cdots + \dfrac{(x_{i+1} - x_i)}{v_i} + \cdots + \dfrac{(x_m - x_{m-1})}{v_{m-1}} + \dfrac{(1 - x_m)}{v_m}}{n - \sum\limits_{i=1}^{m} \alpha_i} \tag{1}$$

对于非自组织原理控制状态的线路车头时距算法：$h = T/n$，其中 T 为线路中车辆行驶的周期时间，n 为车辆数。

对于实验验证，我们可以通过调整参数的大小来进行灵敏度分析，若 α 的大小与车头时距控制的稳定性和车头时距偏差无相关性，在本实验中则可以进行验证。

分别设定 $\sum\alpha_i=4\alpha_i=0.8$，$\sum\alpha_i=4\alpha_i=0.6$，$\sum\alpha_i=4\alpha_i=0.4$。根据式(1)可以求得 h 分别为 49.1 s，46.2 s 和 43.6 s。

4.2.2　实验步骤

(1) 将所需要的信息导入服务器的数据库中。

(2) 小组中的 4 个人分别以四个站点为初始位置，并以 A00001，A00002，A00003 和 A00004 车牌号登录系统。

(3) 每组实验的每辆车连续行驶 12 个周期。在行驶过程中若有指令速度显示，则尽可能按照指令速度行驶；若显示自由驾驶，则可以按照司机的个人驾驶习惯来驾驶。另外，非控制条件下进行一组对照实验。此时每个人应严格遵守时刻表驾驶。同样地，连续行驶 12 个周期。

(4) 在车辆运行过程中，系统将记录每一站的到发时间。待实验结束后，提取相关数据计算出车头时距，以便进行数据分析。

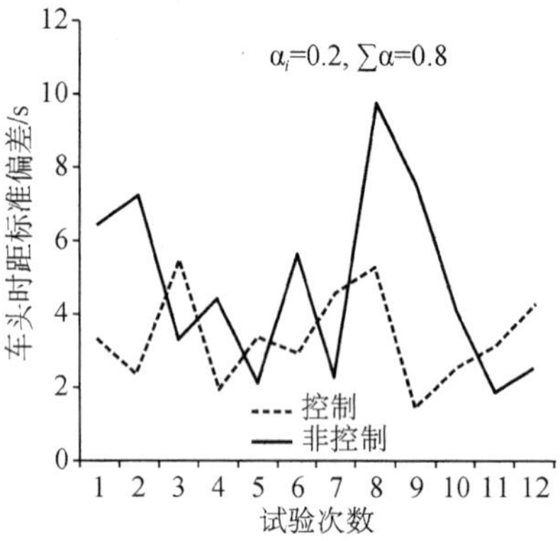

图 3　第一组实验标准偏差统计结果

4.3　实验数据分析

经过上述实验后共获得 4 组(控制组 3 组，非控制对照组 1 组)数据：每组有 9 个车头时距，计算每组的车头时距偏差得到的结果如图 3—图 5 所示。

根据图 3—图 5 的数据显示，非控制状态下车头时距的标准偏差较大，且大于控制状态下的车头时距的偏差统计值；而在控制状态下，在不同的 α 值的影响下，车头时距的偏差并没有发生较大的变化，说明 α 值的灵敏度较低。

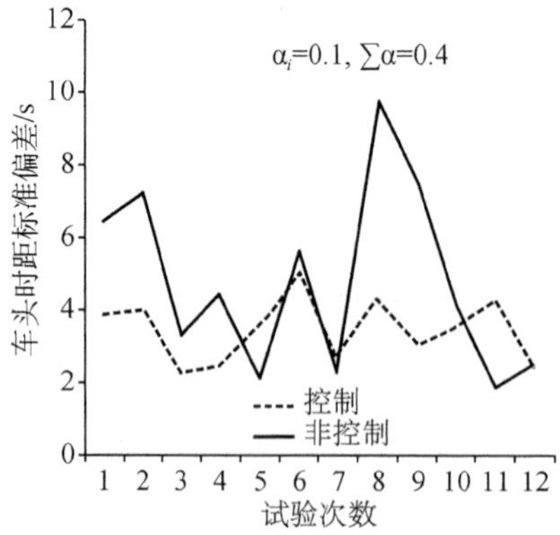

图 4　第二组实验标准偏差统计结果

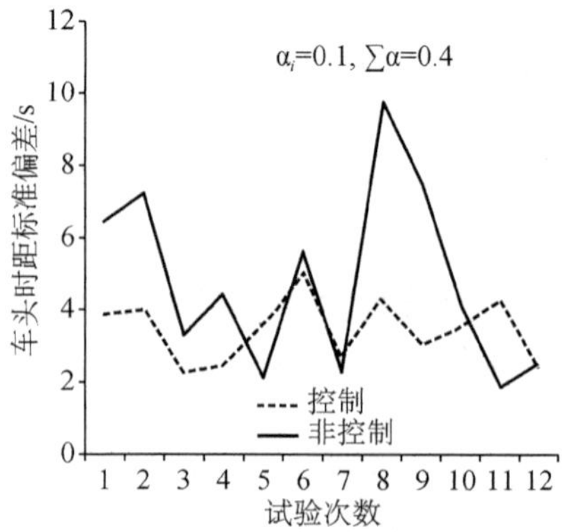

图 5　第三组实验标准偏差统计结果

4.4　实验结论

通过 4.3 节的实验数据分析，可以得出该控制体系的辅助驾驶系统具有抗干扰性、稳定性强、容错性大的优良性能的结论。相比较非控制状态下(仅首末站按时刻表发车)的车头时距具有偏差小、服务水平高等特点。并且通过平行试验，在参数 α 取不同值的试验数据分析中，可以得到参数 α 值在该系统中对于控制车头时距均等方面具有弱灵敏性的特征，其值的大小只对于车头时距的大小有正相关性。这进一步说明了该种控制方法下的车路协同辅助驾驶系统具有稳定性。

5 结语

5.1 研究成果

(1) 根据自组织原理的车头时距均等控制调度的算法实现。通过算法研究获得可靠的、适用于我国公交车行驶现状的调度控制系统算法，使公交车线路系统服务水平得以提高。

(2) 建立基于 HTTP 通信分层架构的公交车辅助驾驶系统实体的开发，车载终端采用 GPS 定位并实现与百度 API 的统一，通过搭建专用 PHP 服务器，将车载移动终端与指挥中心服务器通过 GPRS 网络通信实现信息交互，最终实现以安卓客户端为终端的辅助驾驶系统。

(3) 通过采取实地试验，从而验证了本文提出的基于自组织原理的驾驶辅助系统的稳定性和可行性。

5.2 创新点

(1) 基于自组织原理，开发了控制段控制行驶指令速度的调度运行机制。

(2) 通过采取实地试验，验证了本文提出的控制方法的实用性和可靠性。

(3) 辅助驾驶系统实现了 GPS 坐标与百度 API 坐标之间的转换和统一。

(4) 开发了基于 HTTP 通信分层架构的公交车辅助驾驶系统。

参考文献

[1] BARTHOLDI III J J, EISENSTEIN D D. A self-coordinating bus route to resist bus bunching[J]. Transportation Reaearch PartB: Methodological, 2012, 46B(4): 481-491.

[2] 刘振阳，张秀媛，徐进，等.城市智能公共交通系统[M].北京：中国铁道出版社，2005.

[3] EBERLEIN X J, WILSON N H M, BARNHART C, et al. The real-time deadheading problem in transit operations control[J]. Transportation Research PartB: Methodological, 1998, 32(2): 77-100.

[4] VALOUXIS C, HOUSOS E. Combined bus and driver scheduling[J]. Computers & Operations Research, 2002, 29(3): 243-259.

[5] HALL R, DESSOUKY M, QUAN L. Optimal holding times at transfer stations[J]. Computers & Industrial Engineering, 2001, 40(4): 379-397.

[6] 陈旭梅，于雷，郭继孚，等.美国智能交通系统 ITS 的近期发展综述[J].中外公路，2003，23(2)：9-12.

[7] 陆化普.日本职能公共交通系统的开发应用现状与展望[J].国外城市规划，1999(1)：5-8.

[8] 杨新苗.城市公交发展技术保障体系关键技术研究[D].南京：东南大学，2000.

[9] 李建国.北京市区域调度运营组织与调度体制研究[D].北京:北京交通大学,2000.
[10] 牛学勤,陈茜,王炜.城市公交线路调度发车频率优化模型[J].交通运输工程学报,2003,3(4):68-72.
[11] 杨新苗,工炜.基于准实时信息的公交调度优化系统[J].交通与计算机,2000,18(5):12-15.
[12] 黄溅华,张国伍.公共交通实时放车调度方法研究[J].系统工程理论与实践,2001,21(3):107-111.
[13] 杨明,石晶.遗传算法在公交调度中的应用研究[J].辽宁工学院学报(自然科学版),2006,26(5):329-331.
[14] 任传祥,张海,范跃祖.混合遗传:模拟退火算法在公交智能调度中的应用[J].系统仿真学报,2005,17(9):2075-2077,2081.

作者简介

夏明烨,同济大学交通运输工程学院,交通工程专业。
于梦乔,同济大学交通运输工程学院,交通工程专业。
仲羽高,同济大学交通运输工程学院,交通工程专业。
常　成,同济大学交通运输工程学院,交通工程专业。

指导老师

马万经,教授,同济大学交通运输工程学院。

基于网络舆情分析技术的公交满意度评价系统

韩金彤，罗　雪，万丽娟，刘智立，龙晓捷

|摘要|

在当今互联网时代下，民众舆情成为一种针对性强、数量多、来源广的数据资源。然而，这种数据资源在交通领域的应用却非常少。另外，现阶段用于交通系统评价的方法仍然集中于常规的大型问卷调查和层次分析法，以及专家评价法来获取数据并进行评价结果的计算。这种交通调查方法成本高、耗时长。在此背景下，本文通过Python爬虫技术获取舆情数据源、Google开源库Word2Vec的Skip-gram模型构建关键词库、SnowNLP库分析文本情感以及构建公共交通系统评价的结构方程模型，最终通过信号与系统的思想将舆情信号转换为民众综合评价结果。之后进一步通过RANSAC算法验证系统的准确性，完成舆情信号转换系统的建立。因此，本文的研究成果不仅能够充分挖掘舆情的信息价值，还能够弥补常规交通调查的诸多缺陷，从而实现低成本、高效率、精内容的交通系统综合评价。

本文的评价结果作为随舆情实时变更的信息，将通过网页形式展现；同时还能通过此网站收集更多交通领域舆情信息、发布政府相关政策与措施，使得此网站成为能够实时反映民众对交通系统的关注热点并构建政府与民众良好沟通桥梁的一个平台。

|关键词|

舆情分析；公交系统评价；Skip-gram模型；情感分析；RANSAC算法

1　研究背景与创新点

从传统的社会学理论上讲，舆情本身是民意理论中的一个概念，它是民意的一种综合反映。舆情可以是积极的，也可以是消极的，然而它很少保持中立态度。事实上，虽然对于自然语言文本的完全理解仍然远远超出了现阶段人工智能所具有的能力，但是通过对于相对简单的情感线索进行统计分析可以给我们提供十分重要的信息，而这一重要信息能够将实体的情感量化。

本文利用情感值量化的技术手段，以大数据时代背景下大量具有潜在价值的舆情信息为基础，将舆情信息做分析处理，从而挖掘舆情对于上海市公共交通服务评价的潜在价值，最终给出较为客观的评价结果以及更为细化的热点、焦点问题。

本文以“Internet Public Sentiment”即网络舆情作为关键词，通过 Google 搜索引擎查询各年网络舆情研究成果数，结果如图 1 所示。不难发现，相关研究成果数量保持着稳定上升的趋势，且随着相关技术、算法等研究的不断成熟，近年来的热度虽略有减少，但相对的研究成果质量也在逐渐提高。

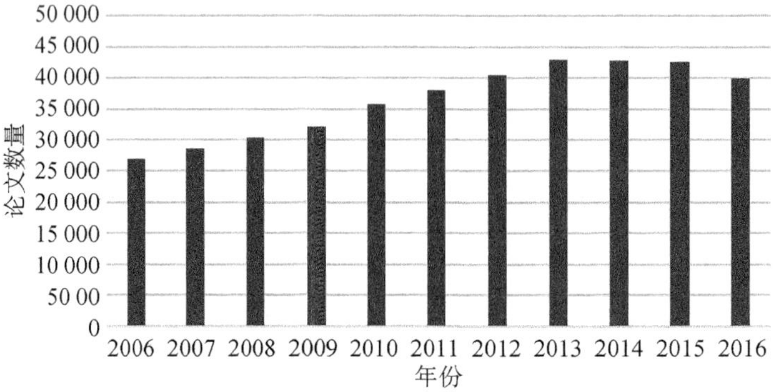

图 1 网络舆情相关论文发表年度趋势

2 设计原理

2.1 设计思路

舆情是参与公共交通评价的重要手段之一。微博等社交平台、大型门户网站、政府新闻网站均是公民与社会新闻媒体以及政府反映社会热点问题的重要途径。对于交通系统的评价而言，以上平台同样也是交通相关信息的重要来源。本文将以上三类网站作为舆情提取的信息来源，基于舆情提取技术以及语义分析技术，以舆情信号与问卷标准信号的系统变换为重要手段，完成了上海市公共交通系统的综合评价，并将热点、焦点细节作为补充和辅助，从而为政府提供全面的交通系统问题分析。

研究内容包括：问卷调查、建立结构方程综合评价模型、进行语义分析、量化舆情情感值、建立舆情综合评价模型、建立交通舆情收集网站。

搭建交通舆情收集网站，民众可通过此平台发表、评论有关上海市公共交通系统所涉及的各项交通问题，并参与热点问题的讨论。此网站还同步展示上述各项评价结果，以及政府针对民众提出的热点问题给出的相应解决方案与回应。我们期望将此网站平台建设成为上海市全民参与交通问题讨论的大型论坛网站，并成为后期舆情分析中采集舆情的重要数据基地。

2.2 设计思路

在确定评价指标后，一方面根据评价指标进行问卷调查，通过构造结构方程获得公交系统评价模型，并利用问卷数据获得每一个问题的细节得分，根据细节得分和评价模型可以得到总体评价得分;另一方面通过爬虫程序,抓取与评价指标对应的舆情信息。本文将同时期的舆情情感分布数据和问卷数据进行比较,通过建立一个信号系统用于将这两种数据进行转换,以实现通过提取舆情数据就可以转换为总体评价的功能。

在评价模型构建完成后,本文通过获取另一时间段的舆情数据和问卷调查结果,综合之前的方法(舆情数据用于信号系统转换,将结果与问卷调查进行对比),以此来验证本文所提出的信号系统及整体方法论的正确性。

为了让计算结果可视化以及更加便于舆情的搜集,本文致力于建设一个公交舆情平台,使其在未来更利于实现舆情的收集。本研究的技术路线如图 2 所示。

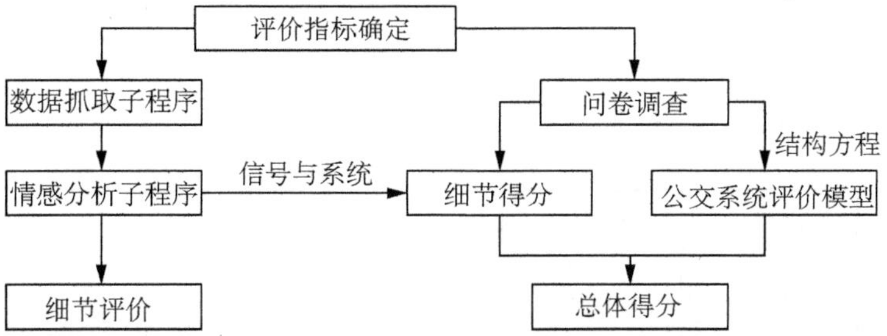

图 2　技术路线

数据抓取及情感分析框架如图 3 所示,在获取数据后进行简单的处理及大致分类,其中分类以关键词库为标准,旨在区别每一条微博所提及的问题范围,而关键词库的构建则建立在分词、词向量与语言模型上;在情感分析阶段,使用 NLP 技术对当前分类下的每条数据标注情感值,从而得到舆情对于某一分类问题的普遍看法,也为之后的信号转换系统提供输入信号。

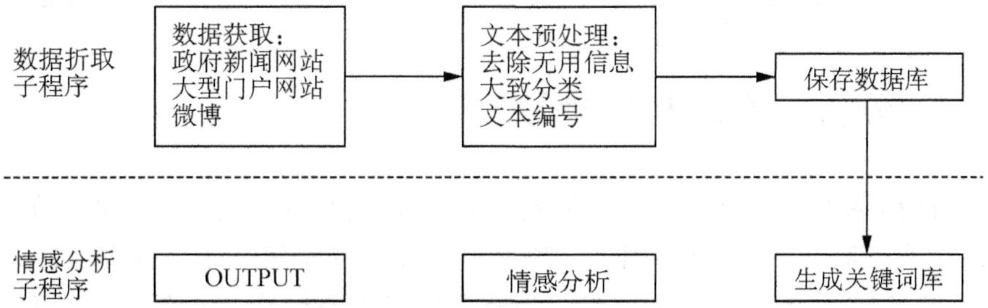

图 3　数据抓取及情感分析子程序的分析框架

3　基于结构方程的公共交通系统满意度评价模型建立

目前,针对满意度的研究中应用较为广泛的模型是结构方程模型。虽然不同领域中建立的结构方程模型形式不尽相同,但建立模型的流程大致相同,一般结构方程模型的建模过程包括以下步骤:模型构建、模型假设、指标测量、模型分析和模型评价。

常规公交系统满意度模型的运算结果如表 1 所列。

表 1 常规公交系统满意度模型的运算结果

指标	权重	均值	潜变量	评分	权重	总评分
车辆配套设施	0.633	5.588	安全性	5.714	0.211	4.216
人身财产安全隐患	0.367	5.000				
平均候车时间	0.184	4.029	便捷性	4.285	0.291	
平均换乘时间	0.211	4.441				
站点覆盖率	0.064	4.745				
准点率	0.193	4.510				
实时信息提供	0.345	4.265				
预计时间内到达	0.003	4.716				
价格合理性	0.598	5.412	经济性	5.571	0.206	
可承受范围内	0.402	5.814				
行驶平稳性	0.164	4.343	舒适性	4.142	0.292	
车间干净整洁	0.065	4.539				
拥挤程度	0.021	3.324				
座椅舒适程度	0.033	3.716				
司乘人员服务态度	0.038	4.618				
乘客素质	0.367	4.108				

4 基于舆情分析技术的指标提取

舆情方面的指标提取主要包含三个步骤:关键词库的生成、情感分析和细节评价。本研究按照文本分词、训练语言模型与词向量生成关键词库,其中主要利用 Google 开源的 Word2Vec 模型,该模型可以生成词向量。根据词向量在空间内的聚集程度,可以在一定方面反映两个词的相似程度,借此来扩充关键词库。

词向量的概念首次由 Bengio 等人提出,即"对字典 D 中的任意词 w,指定一个固定长度的实值向量"。本文所获得的词向量主要用于对空间词向量进行聚类从而得到同义词,在具体实现过程中使用了 Python 的 gensim 包内的 Word2Vec 库。而利用情感词典或词表的关键在于情感词的分类,大致分类流程如图 4 所示。

本研究的情感分析选择使用 SnowNLP 工具内的 sentiment 函数。SnowNLP 是我国学者开发的 Python 类库,可以较为方便地处理中文文本内容,且文献在论证过程中使用 SnowNLP 情感值计算方法,从而获得了理想的结果。另外,本研究通过 sentiment 函数直接计算出文本的情感值,以用于信号系统的转换。

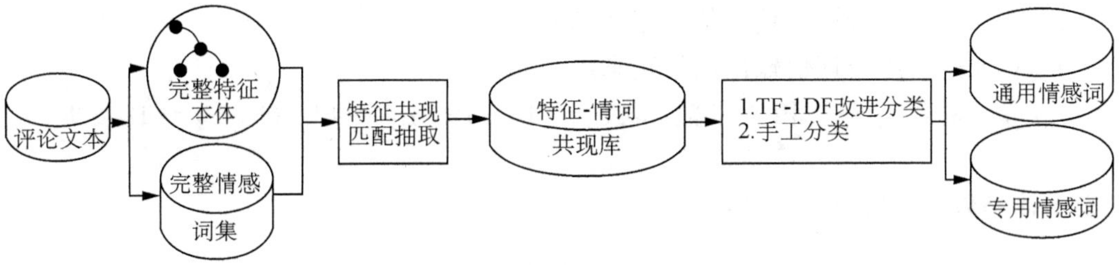

图 4　情感词的分类流程

5　舆情转换系统建立思路

根据舆情转换系统的性质，通过傅里叶变换及卷积算法，即可求得系统函数，具体的求解思路如图 5 所示。

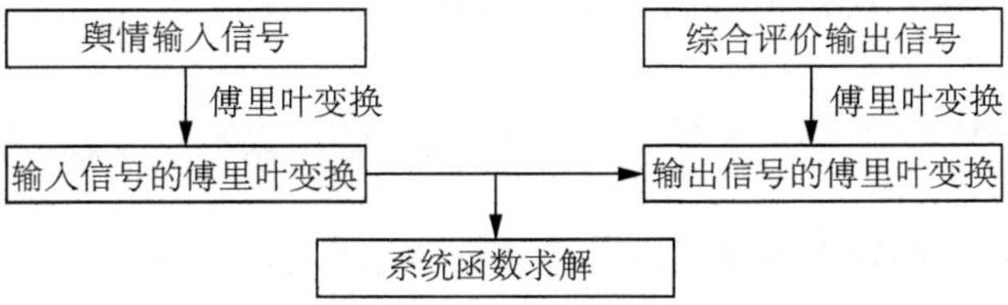

图 5　系统函数求解思路

在此以常规公交的便捷性为例，做以上过程的求解，图 6 为常规公交便捷性舆情输入函数的傅里叶变换结果。

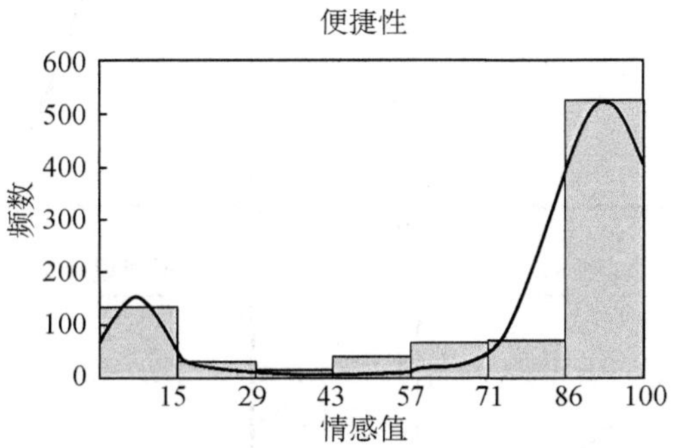

图 6　常规公交便捷性舆情输入函数的傅里叶变换结果

拟合后的正态分布曲线公式为

$$f_{in1}(x)=\frac{1}{\sqrt{2\pi}\times\sigma_1}\exp\left[-\frac{(x-\mu_1)^2}{2\sigma_1^2}\right] \tag{1}$$

$$f_{in2}(x)=\frac{1}{\sqrt{2\pi}\times\sigma_2}\exp\left[-\frac{(x-\mu_2)^2}{2\sigma_2^2}\right] \tag{2}$$

式中　x——情感值自变量；

$f_{in1}(x)$—— 综合评价输出信号正态函数一；

$f_{in2}(x)$—— 综合评价输出信号正态函数二；

σ_1，μ_1，σ_2，μ_2—— 相关参数，取 $\sigma_1=18.915$；$\mu_1=13.603$；$\sigma_2=12.228$；$\mu_2=92.550$。

对上述函数进行傅里叶变换：

$$\int_{-\infty}^{+\infty} e^{itx}\frac{1}{\sqrt{2\pi}\sigma}e^{-\frac{(x-\mu)^2}{2\sigma^2}}dx=e^{i\mu t-\frac{\sigma^2 t^2}{2}} \tag{3}$$

则最终变换结果为

$$f_{in}\widehat{(x)}=e^{13.603it-178.87t^2}+e^{92.550it-74.76t^2} \tag{4}$$

而后进行系统函数求解，由卷积定理，两个二维连续函数在空间域中的卷积可通过求其相应的两个傅里叶变换乘积的反变换而得。反之，在频域中的卷积可通过在空间域中乘积的傅里叶变换而得。因此，该系统函数经过傅里叶变换后的结果即为

$$\widehat{System}(f)=f_{out}\widehat{(x)}/f_{in}\widehat{(x)}=\frac{e^{5.92it-0.75t^2}}{e^{13.603it-178.89t^2}+e^{92.550it-74.76t^2}} \tag{5}$$

将上述函数输入 MATLAB 中，得到系统函数模式如图 7 所示。

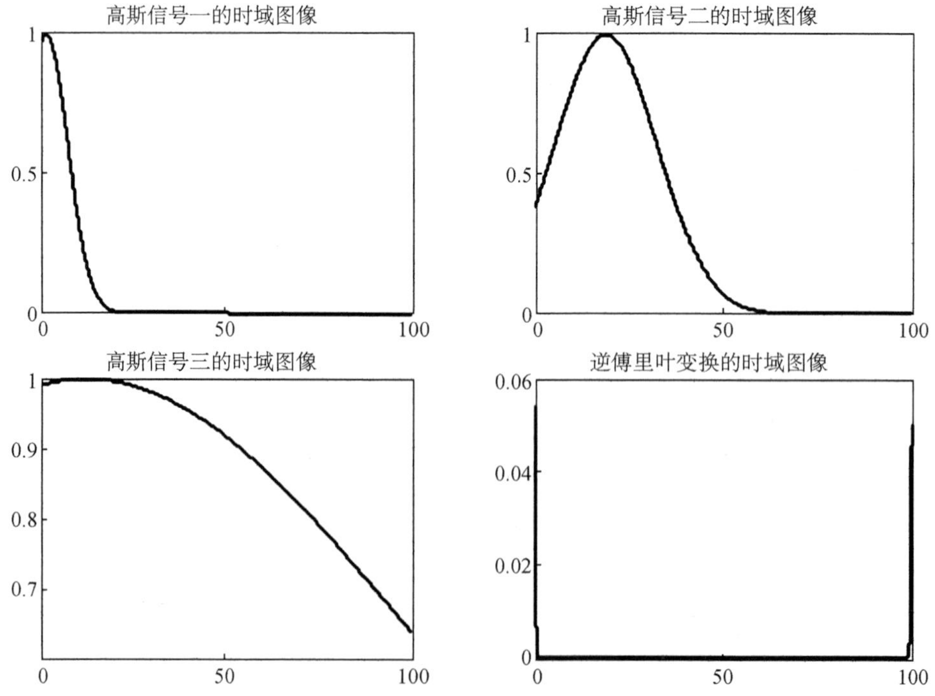

图 7　信号变换图像

上述系统函数为输入、输出均为复变函数的四维系统，无法做出对应的二维或三维图像，但可得到系数矩阵 G 的全部取值，在该取值基础上通过 MATLAB 程序可保存该系统的

计算方法，并直接在MATLAB中输入其他输入信号，即可得到通过该系统的输出信号，如此便完成了舆情信息向总体评价的转换过程。

6 结语

通过利用本研究的关键词库和信号转换系统，舆情在反映某一问题的民众情绪上，与问卷调查结果有极大的相似性，且总体趋势一致，由此也证明了本研究所使用的方法论的正确性。在将来的交通领域可以利用舆情技术来代替大量的问卷调查，但需要保证问卷的问题可以在舆情中找到相关的关键词，且有大量数据作为调查样本，对此就需要对相应问题进行详细的设计。本研究同时实现了交通方面的舆情监控，通过发布的分值实时反映交通大类问题，再结合细节评价提供详细的交通问题相关信息，如此有助于政府采取进一步措施来改善交通状况。

参考文献

[1] LU L Y Y, LIU J S. The major research themes of big data literature: from 2001 to 2016[C]// Proceedings of the IEEE International Conference on Computer and Information Technology, 2016.

[2] BENGIO Y, SENÉCAL J S. Adaptive importance sampling to accelerate training of a neural probabilistic language model.[J]. IEEE Transactions on Neural Networks, 2008, 19(4):713-722.

作者简介

韩金彤，同济大学交通运输工程学院，交通工程。

罗　雪，同济大学软件学院，软件与数字媒体专业。

万丽娟，同济大学交通运输工程学院，交通工程。

刘智立，同济大学软件学院，软件工程。

龙晓捷，同济大学交通运输工程学院，交通工程。

指导老师

杨晓光，教授，同济大学交通运输工程学院。